英大国际信托有限责任公司课题组 主编

# 产融结合产品设计

# Production Design of Industry-finance Integration

经济管理出版社
ECONOMY & MANAGEMENT PUBLISHING HOUSE

**图书在版编目（CIP）数据**

产融结合产品设计/英大国际信托有限责任公司课题组主编．—北京：经济管理出版社，2016.9

ISBN 978-7-5096-4619-9

Ⅰ.①产… Ⅱ.①英… Ⅲ.①企业集团—企业管理—研究 Ⅳ.①F276.4

中国版本图书馆 CIP 数据核字（2016）第 226796 号

组稿编辑：张　艳
责任编辑：任爱清
责任印制：黄章平

出版发行：经济管理出版社
（北京市海淀区北蜂窝 8 号中雅大厦 A 座 11 层　100038）
网　　址：www.E-mp.com.cn
电　　话：（010）51915602
印　　刷：三河市延风印装有限公司
经　　销：新华书店
开　　本：720mm×1000mm/16
印　　张：15.5
字　　数：254 千字
版　　次：2017 年 1 月第 1 版　2017 年　1 月第 1 次印刷
书　　号：ISBN 978-7-5096-4619-9
定　　价：59.00 元

# 《产融结合产品设计》
# 编委会名单

**组　长：**张传良

**副组长：**周丰收　徐　军　刘　澄

**课题组成员：**潘炳超　左土民　黄晓舰　翟红卫　冯　书　曹　妍
高会青　何　伟　蒋　红　吴雪丽　王恒磊　孟祥秋
王甲磊　祁洪亮　邱艾超　吴思竹　刘翔宇　刘　亮
王晓楠　刘海超　杨　朔　鲍新中　吴鸣鸣　李　凯

# 序

金融是人类社会与经济发展到一定阶段的产物，是人类为了提高生产效率与生活的幸福感而发明出来的一种制度技术。所以说，金融既是“生产的金融”，也是“生活的金融”。而生活是人自我生产的过程，因而金融归根结底是“生产的金融”。因此，“产”与“融”总是结合在一起，有什么样的“产”，就会有什么样的“融”。

产融结合，即产业资本和金融资本的结合，指两者以股权关系为纽带，通过参股、控股和人事参与等方式而进行的结合。从世界范围来看，产融结合大体上可以分为“由产到融”及“由融到产”两种形式。据统计，在世界500强企业中，80%以上都采取了产融结合战略。实业集团通过实施产融结合战略，可以降低融资成本，实现利润内部化，提高集团效益，还可以充分利用产业集团品牌与资源优势，改进资源的整合效率，延长价值链管理时间和空间，提升集团的价值。一些企业通过产融结合保持强大的地位和竞争实力，或是藉此实现超常发展。在这些跨国知名企业的产融结合实践中，美国联合包裹速递服务公司的存货融资业务、零售巨头沃尔玛公司的信用卡业务、万豪国际酒店集团的资产证券化业务、卡特彼勒的融资租赁业务、福特汽车的汽车金融业务、通用电气和西门子的金融服务业务，具有显著的代表性。

当前，受“三期叠加”的影响，中国经济发展步入“新常态”，正从依靠投资、出口拉动向依靠消费拉动转型，投资、净出口增长放缓，甚至反转，消费和服务业内生增长难以弥补，经济下行压力不断加大。在全球经济再平衡和中国经济结构调整过程中，企业发展出现“增长动力空档期”，结构调整正在加速倒逼企业转型。习近平总书记在主持召开的中央全面深化改革领导小组第十三次会议上强调，要把国有企业做强做优做大，不断增强国有经济活力、控制力、影响力、抗风险能力。在“新常态”下，如何从发挥协同效应的角度深化产融结合，以达到“产”和“融”两者良性互动发展，助推企业改革，推动转型升级，实现“降风险、调结构、促转型、提增速”等宏观目标，具有重要的现实意义。

就国内产融结合的绩效而言，成功与失败的案例兼而有之。众所周知的德隆破产案，至今让中国大陆金融监管当局心有余悸。2007 年，鉴于保险业务连年亏损，陕西电力挂牌转让了永安财险的股权。首都机场与美国大都会合资经营寿险后，由于业绩不佳，最终选择了全面撤资。海尔集团较早进入金融领域，但每年需要由实业部门向金融板块注入巨额资金。而另一些实业集团则通过实施产融结合战略，开展产业链的纵向整合，在营销方面获得了协同效应。例如，中意人寿获得大股东中石油 200 亿元的天价保单，中石油加油卡与昆仑银行零售业务领域的合作，威海商业银行与大股东山东高速联合开发的一卡通产品，中国移动与浦发银行移动支付业务的结合等，金融业务的发展与集团主业实现了互补双赢，是产融结合战略的成功范例。

纵观国内外产融结合的经验教训，基于经营协同的产融结合一定是发生在那些稳定上升的产业中，一旦产业基础遭遇增长“瓶颈”，金融业务的规模化平台和低成本资金也将化为泡影。目前，国内真正基于经营协同考虑的产融结合案例并不多，更多的企业选择进入高成长的金融领域，更多的是希望用金融杠杆来撬动和放大产业现金流。但是，石油、电力、有色金属等行业周期性都较强，一旦进入产业低谷，金融业务赖以扩张的低成本资金和流动性支持可能难以为继，这也是产融结合道路上需要面对和解决的重要问题。

本书在系统阐述产融结合相关理论的基础上，对诸多国内外产融结合的案例进行了详细的分析，最后结合国网英大集团的现状，提出了英大集团开展产融结合业务的策略。本书研究课题组成员由金融业从业人员与高校教师队伍组成，基于多年的金融从业经验和前沿的学术研究成果，开创性地对产融结合问题进行了系统深入的研究，相信本书将为产融结合在我国的发展提供有益的指导和借鉴。

白津夫

盘古智库学术主任委员、中共中央政策研究室经济局原副局长

# 目　录

## 第一篇　理论篇

# 第二篇 案例篇

# 第三篇　实践篇

# 第一篇　理论篇

# 第一章　产融结合的内涵及沿革

产融结合，即产业资本和金融资本的结合，指两者以股权关系为纽带，通过参股、控股和人事参与等方式而进行的结合。从两种资本（产业资本、金融资本）的载体来看，产业资本一般是指工商企业等非金融机构占有和控制的货币资本及实体资本；金融资本一般是指银行、保险、证券、信托、基金等金融机构占有和控制的货币资本及虚拟资本。

产融结合是产业资本发展到一定程度，寻求经营多元化、资本虚拟化，从而提升资本运营档次的一种趋势。是产业资本与金融资本之间的资本联系、信贷联系、资产证券化（股票、债券、抵押贷款或实物资产的证券化）以及由此产生的人力资本结合、信息共享等的总和。

## 第一节　产业资本与金融资本的关系

提到“产融结合”，不得不说“产”和“融”两个概念，只有了解“产”和“融”各自的概念和相互关系，才能对“产融结合”这个概念进行更加深入、多维度、宽领域的探讨。从实践角度来看，产融关系主要包括以下四类：

第一类，“银企合作”或“产融合作”。产业集团或企业的运营，离不开存款贷款、结算、供应链金融、中间业务、项目融资、投融资信托、债券发行、股票上市、证券及期货代理、并购重组服务、财产及员工保险、融资租赁、产业基金等。产融必须合作，甚至结成长期、稳定、全面的战略伙伴关系。企业运营必须同金融业打交道，因此，这种业务层面的产融关系是必需的，不涉及资本融合。

第二类，产业集团内设财务公司等金融机构，围绕集团主业，面向集团成员企业开展金融服务。性质属于“内部金融”。有条件的产业集团设立财务公司，形成集团内资金集中管理、资源统一配置的平台，提高资金运用效率，降低资金成本，对内提供金融服务，加强管控，实现集团化运作，很有必要。但内部金融服务于主业，算不上多元化经营，也不涉及产业资本与金融资本的融合。产业集团还可以设立围绕主业、面向内部的其他金融机构，如租赁、保险代理、资产管理、产业投资基金、信托公司等，亦属“内部金融”范畴。当然，内部与外部的界限，有时很难划清。如果演变成以对外经营为主，远离集团主业，那就不是“内部金融”，而是“产控融”了。

第三类，产业集团或企业对外部金融机构进行参股型、趋利型、辅业性、阶段性投资。“搭车”取利，钱生钱；不控股，不主导。可称为“获利投资”。产业央企、国企普遍对金融机构进行参股获利型股权投资，非公企业亦然。如果确有阶段性闲置资金，作为资金运用的一种方式，这种做法无可厚非。参股型投资不以长期持有和介入股权管理为目的，将其归入资本层面的产融结合，有些勉强。而且，既然目标仅在获利，投资方向本不必局限于金融。只要赚钱快、风险低，任何行业都可以投，可以完全不涉及产融关系。

第四类，“产控融”，即产业集团或企业设立、收购银行、证券、保险、期货等金融机构，甚至主导其经营。狭义的产融结合，正是指产业资本与金融资本相互融合，在股权基础上形成关联网络。这里只讲“产控融”，不讲“融控产”，因为在现实政策环境下，银行等金融机构进入产业、实业，除少数例外，一般可操作性较低。“产控融”现象，多见于大型产业型央企和国企，大型非公企业亦然。

其中，后两类产业资本投、控金融的对象包括银行、证券、保险、保险经纪、信托、期货、租赁、担保、典当、小贷、基金、资产管理、消费信贷等机构。

# 第二节 产融结合的产生与发展

## 一、产融结合产生的条件

金融是人类社会生活与经济发展到一定阶段的产物，是人类为了提升生产的效率与生活的幸福感所发明出来的一种制度技术。所以说，金融既是“生产的金融”，也是“生活的金融”。由于生活是人的自我生产过程，因而金融归根结底是“生产的金融”。由此可见，“产”与“融”总是结合在一起的，有什么样的“产”，就会有什么样的“融”。为“融”而“融”的“融”，会对人类造成伤害，必然要遭到惩罚。那么，“产融”究竟是如何结合在一起的，这种结合会受哪些因素的制约呢?

对于我国来说，“产融结合”一词是个舶来品。现代金融发端于美国等发达国家，其英文表达是“Combination between Industry and Finance”。从产融结合的基础来讲，是“自然技术”与“制度技术”的结合；从产融结合的手段来讲，是“组织之间的结合”与“工具之间的结合”；从产业结合的中介来讲，是“组织中介”、“平台中介”与“信息中介的结合”；从产融结合的内容或者任务来讲，是“制造货币的结合”与“货币交易的结合”。

制造货币的过程，就是最优“流动性”随其支撑技术的提升而动态优化的过程，这是金融行为的主要目标；有了货币这一融资对象，第二个目标就是如何有效获得货币，这才是我们通常理解的金融过程。人类社会的货币随着自然技术和制度技术的演进与耦合，呈现出非一般等价物、一般等价物、纸币、电子货币、“信息货币”等几个阶段。

将“产融结合”理解为一个“自然技术”与“制度技术”所构成的“双螺旋结构”，有利于揭开金融形态演进的秘密。如同DNA双螺旋结构的提出开启了分子生物学时代，“分子金融学”使“金融”大分子的研究“进入一个新的阶段”，金融的“生命之谜”被打开，我们可以清楚地了解金融遗传信息的构成和传递的途径。随着“金融双螺旋结构”的不断演进，“产融结合”不断向高级阶段迈进，在逻辑上可以总结为四个层次：

（1）产融结合基因的产生。所谓基因是遗传的物质基础。“产融结合的基因”，指的是决定产融结合事物性质的遗传因子。“产融结合基因”的产生，体现在两个方面：一方面是“一般等价物”的产生；另一方面是“融物行为”的产生，正是这两者的产生与联动合成，构成了“产融结合的基因”。

如果我们问，什么是金融？大家都会非常简洁地回答：资金融通也。没错，那么什么是资金？我们为什么要融通资金？资金的功能是充当交换中介，能方便物与物之间的交换。看来，资金十分重要，我们首先得将它生产出来。凡是能起到交换中介的东西，我们将其称作“一般等价物”，所以资金的本质是“一般等价物”。金融的第一要务就是要生产出资金这个一般等价物。

那么，人们是如何生产出一般等价物的呢？人们的交换经验表明，一般等价物可以像“普通话”一样使人们用同一种标准衡量不同东西的内在价值，也方便人们的交换。它的产生经过了三个阶段：偶尔的物物交换——扩大的物物交换——最后才是一般等价物阶段。

有了一般等价物，就可以“使鬼推磨了”。然而，当人们缺乏一般等价物，该怎么办呢？一种办法是“等”，等到人们有了足够的物质资源，再换成一般等价物。但是这种办法的缺点是会付出机会成本，这种机会成本所带来的损失或许是无法看病导致的更大身体伤害，或许是无法满足特定的消费而导致的幸福的损失，或许是失去人力资本投资的最佳时机，或许是其他经济投资机会；另一种办法是“边际值的互换”，即一般等价物的融通。提供一般等价物的人的边际损失通过一般等价物需求者所提供的“补偿”来解决。这种补偿尽管是一般等价物需求者的成本，但是这种损失要小于一般等价物需求者的机会成本的绝对值。同理，一般等价物供给者得到的这份补偿则小于其不提供一般等价物的机会成本。

较为低级的等价物融通阶段是“非一般等价物”的融通。现实中的表现有：①“实物融通”。例如，生活中借一碗谷物，随后再归还出借者同样的物品。这种情形在生活中十分常见。②租赁。这是一种以一定费用借贷实物的经济行为。出租人将自己所拥有的某种物品交予承租人使用，承租人由此获得在一段时期内使用该物品的权利，但物品的所有权仍保留在出租人手中。

承租人为其所获得的使用权需向出租人支付一定的租金。③赊账。买卖货物时延期付款或收款，而把买卖的货款记在账上。这个过程先拿物，后付款，也可以归为“融物”的另一种情形。这三种情形在货币产生之前就已经存在，在现代依然存在。由于其不需要货币介入交易，归根结底是一种“融物”的行为。

（2）产融结合基因的进化。由于制造货币的自然技术与制度技术的提升，产融结合的基因也随之进化，产融结合的形态演化也呈现出一个动态的升级过程。产融结合的升级一方面表现为一般等价物“进化”为货币的过程，另一方面表现为“融物”行为“进化”为“融币”行为的过程。

一般等价物的进化是一个渐进的过程，货币正是它“进化”的目标。初期，充当一般等价物的商品往往因时因地而不同，交替地、暂时地由这种商品或那种商品承担。在古希腊的历史记载中，牛、羊、谷物等都曾充当过一般等价物。在中国古代的历史记载中，羊、布、海贝、铜器、玉璧等都曾充当过一般等价物。一般等价物的这种时间上的不稳定性和地域上的局限性，不能适应商品交换广泛发展的需要。随着交换的发展，充当一般等价物的商品终于在时间、空间、承载物上统一起来，逐渐固定在某些特定的商品上。这种稳定的一般等价物就是货币。贵金属金、银，由于它有不易变质、易于分割和熔合、体积小而价值大、便于携带等自然属性，终于成为世界各国普遍采用的货币商品。

如果说“融物”的对象是“物”或者“一般等价物”，那么，“融币”的对象就是黄金等适合作为货币的特殊的一般等价物。“融币”也就是我们通常所说的“融资”，融资的过程就是金融的过程。

最原始的金融过程发生在货币终极供求者之间，称作“P2P”模式。常见的形态有：①民间融资；②商业票据融资，表现为汇票、本票、支票、提单、存单、股票、债券等；③预收账款，按照约定，售卖方向购买方在未发出商品或提供劳务时预收的款项；④掮客金融。前三个表面上属于无中介模式，实际上属于无组织（机构）中介模式，但平台中介依然存在。掮客金融则是存在组织中介的金融。例如，直接金融中的投资银行，就是典型的掮客。

从合约嬗变的角度来看，基本的融币术相当于在已知两种合约的条件下，生产“居间合约”。从流动性来看，这个居间合约的流动性也恰好居于已知两种合约的流动性之间。从融资方视角来看，合约嬗变链条可以抽象为“m1－m2－m3”，如“企业合约－股票－货币”，其流动性依次增强。从供资方来看，则是一个抽象为“m3－m2－m1”，流动性的排序则是一个降序的过程。

如果说“m1－m2－m3”是一个简单合约链，那么基金交易链和资产证券化交易链则是一个复合合约链。例如，私募股权投资基金的交易链可以抽象为“m1－m2－m3－m4－m5”，这个含有5个合约的“长链”架构，实际上是“m1－m2－m3”与“m3－m4－m5”两个简单合约链的复合；如果要对基金类链式金融进行分类，可以按照中间合约的性质进行分类。从性质上来说，合约可以分为债性和股性两类。那么，m2和m4的搭配就有四种：“股来股往”、“债来债往”、“股来债往”、“债来股往”。PE就属于第一种，而银行则属于第二种；第三种和第四种可以看作是第一种和第二种的创新形式。

“资产证券化”作为一种金融创新形态，其实是基金的逆过程。这个“逆”指的是站在融资方的角度看，链中合约的流动性是升幂排列的。而基金合约链中的合约流动性却呈现降幂排列。基金链“m1－m2－m3－m4－m5”中，m1是现金，流动性最大，m5则是未上市企业股权，流动性最小，m3是资金池。那么资产证券化链“m1－m2－m3－m4－m5”中，m1是流动性最小的资产，m5则是流动性最大的现金，m3则是资产池。

（3）产融结合基因的变异。如果人类社会只有实物，没有货币“衍生品”，也没有金融工具“衍生品”，那么人类就不会存在价格波动的风险，或者难以觉察价格波动的风险；事实上，货币给交易带来了便利，金融为资源多寡的均衡带来了便利，然而却使得实物和金融工具，甚至货币面临价格波动的风险。人类制造了金融天使，也带来了金融的“恶魔”，产融结合的基因发生了突变，产融结合不再是为了融资，而是为了赌博价格的异动从而规避损失，获得增值和保值，是典型的“利得金融”。

传统的产融结合，融资方为的是获得流动性，投资方则为的是投资收益。假定传统供资者的收益用 $Y = am + bn$ 来表示，（m、n分别表示红利、资本利得；a、b则分别表示红利、资本利得的权重），作为传统金融，存在等式 $a + b = 1$（a、b均几乎不等于0）。只不过不同的合约，其权重稍有差异而已。例如，如果是债性合约，b的想象空间不大，主要依赖于红利a；但如果是股性合约，则 b 的想象空间较大，红利 a 也有风险，各种可能性都有。

由此可见，传统金融下，投资者对“红利”和“利得”都比较看中，传统产融结合具有“双利金融”的特点。但对于衍生金融，则主要看中的是标的资产的价格安全，参与者都希望通过对价格的对冲获得“资本利得”，因而衍生的产融结合具有“单利金融”的特征。用代数式表达就是，对于 $Y = am + bn$，有 $a = 0$，$b = 1$。表示交易双方看中的不是红利，而是资本利得。不管是互换、期货、期权等衍生合约，都是凭借自己所拥有的信息以及对未来的预测达到降低差价损失，获得价差收益。

（4）产融结合基因的发展。自然技术和制度的大提升，会促使产融结合的“基因”加速进化，金融类事物终究会达到“遁形”的程度。其表现为两个方面：第一个是货币形态的“遁形”；第二个是金融形态的“遁形”。显然，所谓金融形态的“遁形”不是指金融的消失，而是指某些金融元素，甚至整个金融形态变得更加隐蔽起来。就像大海，表面上波澜不惊，底下却是“锁不住的力”。

所谓“货币遁形”，指的是当自然技术进化到一定程度时，引起制度技术的演化，货币回归到本原，导致传统的货币形态隐形，货币进入“数字货币时代”。在表面上，人们看不到货币的形态，但在市场条件下，人们仍然需要“观念上的货币”，需要通过数字来对每一种物品或者服务进行衡量，以便对两者的交换数量进行计算。

可以说，当交换受到稀缺约束时，说明市场经济的因子已经产生，人们互通有无，进行物品之间的当量换算。这是数字货币产生的根本逻辑。然而，数字是抽象的，看不见的，人们换算无法进行。一个替代性的办法是“粗糙当量法”，即“1 把斧子 = 2 只羊”。粗糙表现在两个方面：一是如果羊是一般等价物，那么，不管原来持有斧子的人善不善于持有羊，但是从理论上讲都必须持有；二是 1 把斧子能换来什么样的羊的问题，胖的还是瘦的？毛长还是毛短？这无论如何都会影响交易的效率，因为客观上会存在“劣羊驱逐良羊”的规律。之后，人们先后用金属、纸币、电子来代表货币，“当量法”越来越精细。

但是目前所谓的电子货币依然不能担当正常意义上的法币职能。例如，QQ 币、魔兽币，尽管也是所谓的电子货币，但是其产生的基础、用途、适用范围具有片面性和狭隘性，不具有自由流通的资格。而目前替代纸币进行流通的电子货币只不过是纸币的“复制品”，离不开纸币“背书”的支撑，而且仍然需要借助“卡”形态承载信息。比特币具有超国家性和去中心性，但其生产过程并不具有普惠性，初始产权也不具有公平性，其总额的有限性也使得其无法承担货币重任。

当自然技术水平提升到一定程度时，人的个体运算能力会大大提升，人们可以瞬间对物品根据稀缺性进行估值，套利机会将会常态化消失；人们之间的信息传递将会在电子介质的基础上，扩展为磁场、光子、热能、脉冲等“全息化介质”，信息传递将会在与云计算平台联动的基础上，扩展出个体之间信息的直接传递、实时传递的新能力。此时，尽管货币功能没有消失，人们仍然要利用账户系统，进行数字记账与结算。但当货币超越纸质和电子阶段，呈现为“信息货币”时，我们几乎已经无法辨识货币的外形，就可以说货币处于“遁形”的新阶段。

当然，如果继续畅想货币的发展趋势，可以预见，随着人类物质财富的极大丰富，越来越多的资源会达到“各取所需”的程度，对价交换的资源比例将会不断下降。用以衡量价值、充当一般等价物的货币将宣告退出历史舞台。

供求信息通畅，信用资源充足，支付结算顺利安全为金融行为的发生提供了必要条件。任何金融行为的实现，都离不开“组织中介”、“平台中介”、“信息中介”所形成的三层中介所叠成的“三明治模式”。而且这块“三明治”会随着自然技术与制度技术的演化而呈现各层的动态情形，从而每一个阶段“矛盾的主要方面不同”，“三明治”的性质也不同。

当然，这并非表明“组织中介”和“平台中介”已经消失，实际上是这两个中介与“信息中介”融合生长、混沌化生长，但在表象上呈现为“信息中介”，因而可以说是“组织中介”和“平台中介”遁形于“信息中介”。事实上，资金供求双方往往会通过第三个人的信息节点得到供求信息，同时金融行为也离不开人与人之间的“全息介质”，因为毕竟不是同一个人。

## 二、产融结合的历史沿革

19 世纪末 20 世纪初，随着西方国家经济的快速发展以及垄断组织的出现，已经出现了早期产融结合的现象。总结有关学者对产融结合发展历史的研究以及我国产融结合的产生及发展，将产融结合的发展情况大致分为四个阶段：

1. 产融结合自由融合时期

这一时期，西方各国处在自由放任、自由竞争的市场经济环境中，此时产业资本和金融资本基本以自律为主，不存在相互渗透和持股的情况。随着经济不断发展，资本逐渐集中，由自由竞争阶段步入垄断时期，出现了产业资本与银行资本在股权和人事方面的相互渗透。经典意义上的产融结合也就在这个阶段形成了。

产融结合作为一种经济现象，是一个动态的历史发展过程，因此它的内涵也不断更新，被赋予现实的意义。早期经济学家在自由资本主义进入垄断帝国主义阶段时，就开始了对产融结合的研究，主要是围绕资本的集中和垄断以及金融资本理论研究的。

马克思在关于社会再生产理论的论述中指出，产业资本循环的过程分为购买阶段、生产阶段、销售阶段三个阶段，产业资本循环的实现条件是货币资本、生产资本、商品资本这三种形态的资本必须在时间上继起，在空间上并存。由此可见，产业资本和货币资本本来就是一个统一体，产业资本的循环与周转离不开货币资本。特别是随着商业信用的出现，一部分货币资本从产业资本中游离出来，转化为生息资本成为一种相对独立的借贷资本，借贷资本由此产生，这样出现了专门的信用中介机构来经营货币。马克思在资本积累理论中深入剖析了资本主义从自由竞争到垄断的必然性，认为在资本家追逐利润最大化本能的驱使下，资本积累的发展趋势将是自由竞争必然导致资本和生产集中，资本集中到一定程度，必然导致垄断。当分散的资本逐渐“融合为一个单个资本时，集中便达到了极限”，垄断资本便由此而产生。

列宁在批判地继承前人研究成果的基础上，对金融资本产生的原因、形成过程以及适用条件做了系统论述，进一步推进了金融资本理论的深入研究。他在《帝国主义是资本主义的最高阶段》一书中对金融资本做了经典性论述，并把这一问题的研究提到新的高度。首先，列宁对金融资本的产生及其概念做了更科学的概括：生产的集中，从集中生产起来的垄断，将银行和工业利益融合在一起，即金融资本产生的历史和这一概念的内容。首先，列宁把金融资本看作是从银行垄断资本和工业垄断资本融合中生成而又独立于工业和银行垄断资本的一种新的资本形态。其次，列宁结合当时的历史条件，分析了工业、银行资本在垄断的基础上走向融合的趋势，认为银行集中的主要形式可以采取“参与制”控制许多小银行，随着银行垄断程度的提高，工业资本越来越依赖于大银行，从而使银行从普通的中介人变成了万能的垄断者，这样建立在垄断基础上的银行的重要性大大增强；产业资本为了保持自主性和独立性，大工业资本家极力把自己的势力渗透到银行中来。这就促进了银行与工业的进一步融合发展，从而使金融资本以及控制金融资本的金融寡头就这样产生了。

可以看到，马克思经典理论通过对金融资本的概念、成因、运动形式以及对经济社会发展影响的科学分析，深刻揭示了金融资本的实质和发展趋势，以及对经济社会制度变革的重要意义，开辟了产融结合研究的先河。这些经典理论家早期的关于产融结合的科学论断，经历了一百多年经济社会实践的漫长发展，对我们今天的经济发展与变革仍具有特别重要的现实指导意义。但产融结合作为一种经济现象和趋势是一个动态的发展过程，我们必须清楚地看到早期产融结合及金融资本的理论由于受到时代与社会发展的限制，在许多方面还存在局限性，因而我们称为狭义的产融结合理论。

具体表现为：首先，在产融结合中过分夸大银行与其金融资本的作用，对产业资本的作用未能给予高度重视。随着科学技术日新月异的发展，产业资本与金融资本相比，在推动科学技术进步和产业升级方面所起的作用越来越大。事实上，由银行支配的并由产业资本使用的金融资本，由于制度原因在一些国家被限制发展，并没有像经典理论学家预期的那样发展为金融寡头，而是形成了产业部门与金融部门对立统一的格局，并相应地派生出了产业资本与金融资本。当前世界500强企业中，80%以上的企业已在不同深度上实现了产业资本与金融资本的结合，同时由于股权高度分散和经济全球的影响，世界上已很难再找到列宁当年所论述的“金融资本与金融寡头”的影子了。

其次，对产融结合的研究抱以批判的态度，没有给予客观评价。早期产融结合及金融资本理论过多地关注政治经济学和意识形态领域的问题，只看到产融结合导致垄断的低效率和对经济社会发展带来的消极影响，尤其是把股份公司、卡特尔、托拉斯等企业组织形式打上了阶级烙印，视其为资本主义发展的产物。但没有看到产融结合的存在可以把企业与市场有机结合起来，在一定程度上实现了公司控制市场，避免了自由竞争导致资源的浪费和市场的无序，对整合企业资源、降低交易费用、提升竞争力有着积极意义。

最后，产融结合经历了一百多年经济社会实践的漫长发展，特别是经过金融产品和金融组织的不断创新，金融资本的内涵已经发生了很大的变化，作为金融资本的载体——金融组织形式早已不是单一的银行制了，并且出现了诸如证券、保险、基金、信托等金融产品，因而产融结合不仅是银行资本与产业资本的结合，而是被赋予了更广泛的意义。在金融机构多样化的今天，金融资本概念仍停留在商业银行与产业资本的结合上就不免有失偏颇，传统的产融结合理论难以对当前的产融结合实践做出充分的解释和应有的指导作用。由于金融资本理论在研究产融结合方面受到了历史条件的局限，因而我们有必要在新的历史条件下对狭义的产融结合加以创新和发展。首先，这里的“金融资本”和经典理论学家的传统产融结合理论中“工业资本与银行资本的融合”之意有所不同，是指银行和证券、信托、保险、基金等非银行金融机构占有和控制的货币资本及虚拟资本。其次，“产业资本”是指工商企业等非金融机构占有和控制的区别于金融资本的货币及实体资本。我们把这符合现代市场经济条件特征的产融结合看作是一种金融资源配置方式和经济增长方式，称为广义的产融结合理论。

国外有关产融结合的研究已有一百多年的历史。马克思在《资本论》中指出，由于银行业的快速发展使得更多的社会储蓄集中到银行手中，使得单个资本家通过在银行获取贷款而扩大企业的生产规模。马克思的观点其实是产融结合初级阶段的体现。

“金融资本”的概念最早由法国学者拉法格在 1903 年提出的，“在工业资本不断扩张的过程中，产业部门的资本也逐渐集中，从而进一步推动银行资本的集中，最终，两种资本相互间进行渗透，形成一种特殊的资本——金融资本。”其实，在提出金融资本这一概念的同时，拉法格在对金融资本的论述中提到的两种资本相互渗透其实是涉及产融结合这个范畴的。

1910 年，德国学者希法亭在其著作的《金融资本》中将金融资本定义为“由银行支配的和由产业资本家支配的货币形式的资本，同时他把股份公司和信用借贷作为促进金融资本产生的重要原因，即银行资本在股份公司巨额利润的引诱下与产业资本进行联合，从而形成垄断。”列宁在总结前人的研究成果后，曾精辟地指出：“生产的集中，以及由于生产集中而产生的垄断，最终银行和工业将融合或者混合生长——这就是金融资本产生的历史和概念。”列宁明确指出了产融结合是市场经济发展的一个必然结果。

**2. 金融分业管理时期：20 世纪 30—70 年代**

1929 年 10 月，美国纽约证券交易所的股价暴跌，开始了长达四年之久的全球性经济危机。当时人们普遍认为，造成这次经济危机的主要原因之一是间接融资与直接融资的混合。为此，美国先后出台了《格拉斯—斯蒂格尔法案》（1933）、《证券交易法》（1934）等法律限制垄断行为，并实行银行业与证券业的分业经营。在这个时期，虽然银行、非银行金融机构与工商企业之间的市场准入、相互持股和投资存在着严格的限制，但银行还是创造出银行持股公司的形式，这个时期美、日的产融结合主要是通过金融市场为中介进行的。但欧洲大陆的德、法等国在金融领域中继续奉行自由主义经济政策，实行以银行为中心的间接融资与直接融资的混合机制，产融结合继续表现出银行业与产业部门自由结合的状态。

拉法格在《美国托拉斯及其经济、社会和政治意义》中明确指出：“资本主义已经演进到特殊阶段”，并以“金融资本”一词来描述这种工业资本与银行资本日趋融合的趋势，并认为金融资本的形成是工业资本扩张的结果，随着企业生产规模的扩大，当其资本积累能力难以满足企业发展的需要时，股份公司制度的出现进一步加速了产业部门的资本集中，进而又推动了银行资本的集中，它们相互渗透、相互依存，最终形成一种特殊类型的资本，即金融资本。可见，在拉法格看来，产融结合的含义就是工业资本与银行资本日益融合而成为金融资本的过程。

希法亭又进一步丰富和发展了金融资本理论。他根据股份公司在促进工业资本和银行资本相互渗透中的作用，认为银行信用推动了工业垄断资本的形成，但工业垄断组织反过来又推动了银行垄断资本的壮大，利益关联使银行资本与工业资本最终紧密结合为一体。希法亭在《金融资本》一书中把银行资本，即实际上转化为产业资本的货币形式的资本称为金融资本。对银行来说，它总是保持货币形式，并由其将货币生息资本的最大部分转化为产业资本，并在生产过程中固定下来。用于产业资本的越来越大的部分是金融资本，即归银行支配的和由产业资本家使用的资本。在金融资本中，所有部分的资本形式都联合成为一个总体，产业资本、银行资本和货币资本它们是三位，但在金融资本中都是一体。它把信用和股份公司看作是促进金融资本产生的有力杠杆，通过对两者的分析，揭示了银行资本和产业资本结合的机制和金融资本的形成过程。

**3. 产融结合新发展时期：20 世纪 80 年代至 20 世纪末**

进入 20 世纪 70 年代以后，西方国家普遍发生了经济滞胀。面对经济增长缓慢和居高不下的通货膨胀，相对放松的金融管制和金融自由化的政策兴起，金融创新成为经济发展的动力。金融业和产业继续融合，传统金融业务界限逐渐变得模糊，新兴的非银行金融机构迅速成长。而在此时期我国产融结合开始起步，20 世纪 80 年代中期，我国出台相应政策鼓励设立财务公司，对于其发展给予一定的政策支持。1987 年 5 月，东风汽车工业财务公司的成立被认为是中国企业开展产融结合的标志性的事件。随着改革开放的进程，国内各企业集团效仿国外产融结合模式，组建或控股多家金融机构。但此过程由于缺乏法律规范出现比较混乱的状况。可见，我国无论是从产融结合的外部经济、金融环境还是产融结合本身的发展都滞后于发达国家。20 世纪 70 年代以后金融学家们逐步将研究重点放在了金融中介的作用方面，他们以内生增长理论的最新理论成就为研究基础，将内生增长的金融中介或者金融市场纳入金融发展的模型中，建立了多种多样的具有微观经济基础的经济模型，解释了金融中介和金融市场的形成和发展机制。

与马克思、列宁等分析角度不同，当代经济学家青木昌彦、帕特瑞克、钱颖一、斯蒂格利茨等对金融资本理论做了进一步深入的研究，将研究的重点放在了产融结合模式所带来的经济绩效以及产融结合的运作机制方面，主要从银行这一微观组织机构，分析其对宏观经济运行的影响，把产融结合纳入金融经济学和发展经济学的理论范畴，比较全面深刻地揭示了产融结合及其模式对一国经济增长的重要意义，从而拓展了传统金融资本理论的研究思路。

### 4. 金融衍生品创新时期：21 世纪初至今

全球经济在 21 世纪快速发展，金融创新从理论走入实践，产融结合向多样化发展，且不断加深融合程度。传统的分业经营模式和产融结合途径也发生了较大变化。商业银行与投资银行、租赁业务和证券业务的界限逐渐模糊，企业公司和各类投资银行可以通过自己的分支机构或金融创新彼此融合渗透。产融结合的内容由传统的证券市场逐步扩展到基金、保险、租赁、信托等领域，而传统的金融企业与非金融企业的界限更加淡化，从而为产业资本直接进入金融业提供了更为便利的条件。但风险也随之而来，美国次贷危机爆发导致大量金融机构破产，使各国对金融业的发展更加谨慎，逐步加强对产融结合的监管。

我国加入 WTO 以来，资本市场迅速发展，产融结合的步伐不断加快。国内一批大型国有企业；例如，国家电网、中石油、中粮集团、宝钢集团和具有较强实力的民营企业；例如，海尔集团、德隆等纷纷效仿国外先进模式，力求做大做强企业。而随着德隆事件的发生，其潜在的风险越来越被广泛关注。

近年来，学者们从更加微观的行业、企业层面研究了产融结合的有效性。Li 和 Greenwood（2004）主要研究了产业型企业采用多元化分散策略涉足保险行业之后对产业型企业整体运营效率的影响。Maurer 和 Haber（2006）强调了 1888 – 1913 年，墨西哥企业集团内部“关联贷款”所起到的积极作用，他们认为企业集团介入金融业是对不完善的金融服务的弥补。Pantzal、Park 和 Sutton（2008）利用了 35 个不同国家的样本数据研究产融结合与公司绩效之间的关系，他们发现产融结合提升企业价值的效应与所属国家资本市场的发展与完善程度、政府的廉洁程度以及相关法律体系的完善程度有关。Lo 和 Lu（2009）以及 Hu、Lai 和 Huang 分别运用 DEA 模型对中国台湾地区的金融控股银行运营效率进行了实证研究，他们的研究发现中国台湾地区的金融控股集团存在规模经济效应和范围经济效应，他们认为中国台湾地区的金融控股集团运营是有效率的。Ongena 和 Penas（2009）研究了 1998 – 2002 年欧洲银行合并事件对银行债券持有者收益的影响，他们发现银行国内范围内的合并相比银行跨境合并给银行债券持有者带来更多超额回报。

### 5. 金融中介模式的演进

第一阶段："P2P" 模式。

"P2P" 模式是一种低级别、"无" 中介的金融模式。所谓 "P2P"，英文指 "Peer to Peer"，中文指 "点对点"、"单个人对单个人" 的意思。"无中介的 P2P" 指的是 "Peer to Peer Financing without Intermediary"。这种低级的金融形态现在依然普遍存在，通常的称谓是 "民间借贷"。形成这种状况的原因是一方面这种方式能很好地完成金融任务，不需要第三方介入；另一方面是因为 "金融抑制" 的存在，"规模金融"、"范围金融" 的存在，个人、中小企业、农村等主体都无法在主流金融服务框架中获得金融中介的服务，只好自行解决。

个人、中小企业和农村开展金融活动并非全然没有 "组织中介"，或许供资方将闲置资金贷出去的消息正是来源于别人的帮助，只不过每一次消息的来源不确定，提供信息与服务的行为未能被专业化而已。相对应地，不同的求资方也可能会在不同的时机和地点得到不同人的帮助才与供资人发生交易；同样，这些屌丝的金融活动的完成，归根结底离不开充足安全的信息资源，而这些信息资源正是促使资金供求双方发生交易行为的中介力量，没有信息手段、信息桥梁，资金供求双方无法产生互动。

第二阶段："P－O－P" 模式。

"P－O－P" 模式是一种彰显 "组织中介" 的金融模式。所谓 "P－O－P"，可以理解为 "Peer to Peer Financing with Intermediary Organization" 的简要表达，即 "Peer to Organization to Peer"。意指 "主要靠中介组织促成的金融过程"，典型的中介组织为银行和投资银行。前者为货币经营商，基础业务是存款和贷款，银行要承担融出货币与融入货币两种业务的利差风险，被称作间接金融中介；后者为 "货币掮客"，基础业务是为资金供求双方提供信息和服务，获得服务收益，几乎没有收益风险，被称作直接金融中介。这两种金融中介都属于特许行业。

尽管这两种组织中介是为终极资金供求双方的金融行为提供服务的主角，但平台中介和信息中介依然客观存在。例如，平台中介，银行业务的开展都是在银行组织所提供的平台上进行的。"银行" 一词英文称为 "Bank"，是由意大利文“Banca”演变而来的。在意大利文中，Banca 是“长凳”的意思。最初的银行家均为祖居在意大利北部伦巴第的犹太人，他们为躲避战乱，迁移到英伦三岛，以兑换、保管贵重物品、汇兑等为业。在市场上人各一凳，据以经营货币兑换业务。倘若有人遇到资金周转不开，无力支付债务时，就会招致债主们群起捣碎其长凳，兑换商的信用也即宣告破碎。英文“破产”为“Bankruptcy”，即源于此。

第三阶段：“P－P－P”模式。

“P－P－P”模式是一种彰显“平台中介”的金融模式。所谓“平台中介”，英文可以理解为“Peer to Peer Financing with Intermediary Platform”，简称为“Peer to Platform to Peer ”模式。意指“主要靠中介平台促成的金融过程”，目前在中国流行的互联网金融正是这种模式的体现。纯粹意义上的互联网金融，指的是资金的终极供求者主要依赖互联网平台进行沟通交易，而非金融中介机构。例如，债性 P2P 互联网金融，组织中介不做资金池，不做担保人。资金供求双方利用网络平台的强大“互联功能”与快速的信息传播功能，实现“金融自助”。

由此可见，互联网金融出现的过程，是一个代表了互联网功能超过组织功能的过程，有“机器排挤了工人”的味道，互联网金融则是“平台排挤了组织”。但并不能说在这一个阶段组织中介完全消失了，例如，余额宝作为由第三方支付平台支付宝打造的一项余额增值服务，不仅能随时消费支付和转出，还可以通过支付宝在网上直接购买基金等理财产品，而开发这一功能性网络平台的正是阿里巴巴集团这一组织中介，只不过阿里巴巴所提供业务流程的实现媒介不是阿里巴巴本身，而是阿里巴巴所打造的网络平台而已。不管是组织中介，还是平台中介，只要能实现信息中介的功能，金融行为就会在资金供求主体之间完成。

第四阶段：“P－I－P”模式。

“P－I－P”模式是一种高级的“无”中介金融模式。所谓“P－I－P”，可以理解为“Peer to Peer Financing with Intermediary”，简称为“Peer to Intermediary to Peer”模式。意指“主要靠中介信息促成的金融过程”，这是未来“生物金融”阶段的主要金融模式。这一阶段，由于信息传播介质“全息化”，介质终端“生物化”，货币飞跃到“信息化”阶段。于是，金融赖以产生的供求信息、“信用资源”都可以通过大数据深度、全面地获得，金融的支付、清算、结算皆可以通过数字账户来完成，金融行为的产生及其运作过程也发展到“信息化”阶段。

无论是国际还是国内，没有证据证明，产业集团或企业发展到一定阶段（如跨国经营）后，除设立财务公司等内部金融机构外，必然要走资本层面的产融结合之路。国际上不存在这样的产融结合“潮流”、“趋势”或“方向”。

从根本上讲，企业伴随着社会分工出现。企业的生产经营范围一定有边界。一端是单一产品企业，另一端是跨行业甚至跨产融两界的多元化集团，介乎两端之间还有多种不同企业形态，它们都产生于历史，在各个历史时期都有生存空间。成功的活下去，失败的出局。企业的多元化程度，只有适应与否的区别，没有先后、高低、优劣之分。

实践经验证明，多元化应适当、适度。或要素相关，或上下游，或优势共享，或周期互补，或协同效应，总要有些道理。跨行业、非相关多元化，不是绝对不行，但必须谨慎，不宜过度。道理很简单，无论个人或企业，拥有的资源、要素、经验、智慧，都是有限的；且适用此行业，未必适用彼行业。产业经营与金融运作之间差别更大，跨产融两界尤其特别慎重。

被许多人奉为圭臬的美国通用电气（GE）堪称产融结合典范。这家笼罩着伟大发明天才爱迪生光环的百年老店，以制造为主业，生产过照明器材、发电及输配电设备、航空发动机、内燃机车、家用电器、医疗器械、水处理系统、石油天然气设施、工程塑料、军工等不同系列的产品，从事过多种电信和金融服务，甚至拥有影响遍及全球的 NBC 广播电视网，多元化做到了极致。

GE 旗下的金融公司最初围绕制造主业，为销售提供支持。尔后却发展成独立的大型金融集团，曾经从事数十种前沿性金融服务。例如，飞机、卫星及铁路车辆、公路拖车、活动房屋的租赁、船队、集装箱、信用卡、车队外包管理、结构性融资、财务顾问、商业票据、公司债、再保险、按揭和抵押贷款服务、消费者金融、商用房地产、资产证券化、投资银行等。它另辟蹊径，出奇制胜，开拓创新，引领金融服务潮流，一时名噪天下。其收入和利润，在 GE 内部是三分天下有其一。若与银行业混合排序，GE 金融就可位列美国前五名。它的业务面向 GE 之外，直接服务 GE 的比例不大，一度小于

10%。可惜，这样成功的多元化和产融结合典范，只是一个孤例和个案。是在特殊天时、地利、人物条件下，既不同凡响，又很难复制，不能成为大多数产业集团仿效的榜样和发展方向，没有普遍意义。

即使规模如此之大，GE 金融却不是银行，不做吸存放贷等银行业务。证券公司倒是有过一个，20 世纪末因重大违规丑闻卖掉了，当时颇令杰克·韦尔奇黯然神伤。更有甚者，国际金融危机给 GE 及 GE 金融带来巨大冲击，要求 GE 金融缩减业务，向集团制造主业回归、靠拢的呼声高涨，GE 高层虽心有不甘，但还是整合重组了金融板块，把再保险业务出售给瑞士再保公司，逐步收缩战线，大幅削减金融资产规模，规避金融风险。

以日本为例，三菱、三井、住友、富士、劝银等财阀型企业集团，把生产、贸易、金融集结在一起，互为犄角，声气相通。这些财团内部没有母（子）公司型的产权纽带，也不存在明确的层级关系和决策机制，相互联结体现为交叉持股、人事派遣、业务伙伴、主办银行。成员企业高层以"金曜会"、"二木会"、"白水会"、"芙蓉会"等名义定期聚会，策划重大事项。靠着这样一些似有若无、半明半暗的幕后协调手段，居然可以达成某种合谋，实现有效运转，实在令人难以捉摸。这种围绕着综合商社和主银行制生长出来的财阀型企业集团，深深植根于日本的政治、经济、社会、文化土壤，是特殊历史时期和特殊历史进程的特殊产物。除韩国等少数例外，别国很难复制，同样没有普遍意义。

还应当提到，世界上有一些综合性投资控股机构，包括部分家族财团，例如声名显赫的洛克菲勒、摩根、杜邦、梅隆、罗思柴尔德、瓦伦伯格等，还有东南亚若干著名家族，所涉经营活动及企业群体亦多横跨产业、金融两界。财团本身未必具有企业形态，财团内的实业企业与金融机构互相分立，与这里所说的产控融只是在形式上相同，而实质不同。

## 三、我国企业产融结合的现状

伴随着中国经济在世界范围内的崛起，国内企业集团产融结合的历程进入了一个新的阶段，在这个阶段企业集团产融结合表现出以下三个特点：①成长迅速、具备国际竞争力的大企业集团是产融结合的最主要的推手；

②产业资本主导的产融结合迅速发展；③产融结合的方式日趋多样化。基于以上特点，我国企业集团产融结合的常见形式有：组建财务公司、参（控）股金融机构、设立金融控股公司和混业经营。

1. **组建财务公司**

组建财务公司是一种来自于企业集团内部的产融结合模式，企业集团以财务公司为平台，通过参股或是设立财务公司的方式投资金融行业。我国企业集团财务公司的起源应从 1987 年东风汽车工业财务公司的成立算起，其发展大致可分为三个阶段：

（1）从 1987 年到 1991 年是财务公司发展的第一阶段。财务公司在我国还是新生的事物，没有先例可以借鉴，此时的财务公司只是试点性质的。这一阶段东风汽车工业财务公司、华能集团财务公司、中石化财务公司等 17 家财务公司相继成立。这一阶段财务公司表现出了总体规模较小、资产有限、管理松散、业务单一的不足。

（2）从 1992 年到 2000 年 5 月是财务公司发展的第二阶段，这一阶段属于财务公司的初步发展阶段。1992 年初，国家出台了《国家试点企业集团建立财务公司的实施办法》，明确界定了财务公司的定义、性质、业务范围等相关问题。1994 年 8 月，中国人民银行批准中国财务公司协会正式成立，之后《企业集团财务公司管理暂行办法》、《关于加强企业集团财务公司资金管理等问题的通知》等相关法规文件相继出台，这些法规的出台对促进财务公司发展起到了关键作用。这一阶段成立的有代表性的财务公司包括宝钢集团成立的宝钢财务、东方集团成立的东方财务、国家电网成立的中国电财、五矿集团成立的五矿财务、上汽成立的上汽财务、中石油成立的中油财务。

（3）从 2000 年 6 月以来是财务公司规范化发展的第三阶段。2000 年 6 月，人民银行颁布了《企业集团财务公司管理办法》（以下简称《办法》），重新界定了财务公司的地位作用，其金融服务的职能逐渐受到重视，尤其是恢复了财务公司的投资职能。2004 年 7 月，新的《企业集团财务公司管理办法》出台，其中的相关规定降低了财务公司的市场准入标准，允许财务公司设立分支机构。2006 年对新《办法》进行了修订，重新界定了机构投资者的资格，将机构投资者“原则上在五年内不转让所持财务公司股份”缩短为三年。新《办法》允许财务公司拥有融资功能、投资功能和中介功能，管理办法的颁布使财务公司的发展走上了规范化的道路。这一阶段成立的有代表性的财务公司包括万向集团、国电集团、中化集团分别全资成立万向财务、中电财务和中化财务，中海油、中粮集团、海尔、南方电网分别控股中海油财务、中粮财务、海尔财务、南网财务。

有实证研究证明，与财务公司进行产融结合的上市公司盈利能力、资产收益率都能得到很大提升，现金流量也更加充裕。具体来说，财务公司在资源配置上的优势为：由于能够比较全面地掌握内部企业的各方面的信息，财务公司能够将不完全信息的不良影响降至最低，有效地对申请贷款的企业完成客观准确的评估，合理筛选出最优的竞争中的投资项目，从而以最低的风险和最低的交易成本完成此项交易，使得信贷资金流向技术先进、管理科学、发展潜力大、资金预期收益高的企业和部门；根据运用资金的成本，即利率的变动来融资的行为，是基于价格机制的市场经济行为，能使最为资源的资金从低效率的落后部门向高效率的先进行业流动，促进经济效率和社会生产率的有效提高。

财务公司在资本控制上的优势为：财务公司有着不同的角色：第一，作为代理人，控制企业的现金流量；第二，作为贷款人，控制客户的债权；第三，作为股东，控制企业外部资本。财务公司对企业具有监督和控制的能力，但是，一般情况下财务公司并不干预企业的日常经营活动，只有当企业经营出现问题时，才能行使其代理人和债权人权利，并发挥其作用。

财务公司在投资管理上的优势体现在：调剂内部资金余缺只是其基本作用，其投资各种金融品种以及对股权的投资则是更高层次上的功能，这对于风险的转移，资金收益率的提高有着不可替代的作用；企业集团战略扩张中，对于其他企业的合并、收购，同样需要财务公司的资本支持，业务指导和战略规划，体现出财务公司在企业集团中的金融专家的核心作用和金融服务的专业优势。

与财务公司进行产融结合的上市公司盈利能力、资产收益率都能得到很大提升，现金流量也更加充裕。

**2. 参（控）股金融机构**

我国企业集团通过参（控）股金融机构的方式进入金融领域成为近年来

产融结合的新亮点。通过这种模式企业集团不必去成立新的公司，在操作上相对简单，同时利用资本市场优势在参（控）股时受法律和政策的限制也较少。企业集团参（控）股金融机构的途径主要有四种：

①独家或多家联合发起设立金融机构，例如，中石油和意大利忠利保险公司组建的国内首家中外合资的中意人寿保险公司；②原国有股东退出，受让了金融机构股权，如红塔集团参股并控股红塔证券等金融机构股权的转让；③借增资扩股之机参股，进而控股金融机构，如天津磁卡参股中国光大银行；④直接利用关联企业去控股金融机构或是间接参（控）股金融机构，例如，新希望集团公司通过其旗下的新希望投资有限公司、四川南方希望实业有限公司，成为民生银行的第一大股东。

企业集团可以选择以下金融机构进行参（控）股。

（1）商业银行。企业集团参（控）股的商业银行既有国有商业银行，又有城市商业银行，例如，国家电网公司、上海烟草（集团）公司和云南红塔烟草（集团）有限公司均持有交通银行的股份。银行业利润率远高于产业利润率是企业参（控）股商业银行的一个很大动因。

（2）证券公司。在我国资本市场建设逐步完善和企业投融资体制逐步市场化的背景下，证券公司成为企业集团参（控）股的主要对象，华能集团2002年持有长城证券63.3%的股份，2002年中石油参与设立中银国际证券公司，同时持有21%的股份，国家电网2006年持有英大证96.6%的股份。金融业在我国属于朝阳产业，而证券公司在金融业中扮演着“领头羊”的角色，证券公司以自己所拥有的专业优势可以随时洞悉金融业乃至整个国民经济的动向，企业集团涉足证券业不仅能获得证券行业丰厚的利润，而且也洞悉了行业发展的先机。

（3）保险公司和保险经纪公司。我国保险业在近年来取得了快速的发展，同时新《保险法》出台后，拓宽了保险资金的运用范围，允许保险资金买卖债券、股票、证券投资基金份额等有价证券及投资不动产，在这种背景下各大产业集团纷纷参（控）股保险公司和保险经纪公司，为企业集团实施产融结合开辟了新的战场。国电集团在2007年全资成立了国电保险经纪，并且在2009年持有百年人寿8.3%的股份、持有永城财险8%的股份；海尔控股海尔保险代理，并于2002年与美国纽约人寿合资成立海尔纽约人寿。

（4）信托投资公司。信托投资公司所具有的专业投资团队及理念可以在资本市场及时洞察投资先机，企业集团参（控）股信托投资公司可以为母公司的资本经营提供全方位的服务，可以提高集团资金的使用效率。2007 年中海油组建中海信托，拥有中海信托 95% 的股份，中石油 2009 年收购宁波金港信托并将其更名为昆仑信托，拥有昆仑信托 82% 的股份，中粮集团 2009 年全资组建中粮信托。企业集团参（控）股的金融机构还包括基金公司、期货公司、金融租赁公司等，但是与前面介绍的几种金融机构性比其投资规模较小，在此就不一一阐述。

从企业集团参（控）股商业银行的角度考虑。参（控）股商业银行后，企业集团融资渠道会变得更加方便，而且当其控股商业银行后，信贷关系内部化，对于贷款人的评估等交易费用大幅降低，企业的财务费用变为商业银行的营业收入，进而转变成集团的利润；由于商业银行在调配资金，整合资本资源方面的优势，决定了商业银行在金融业的核心地位，其为企业整合金融板块，建立资源共享的综合业务中所起到的作用无可替代。

从企业集团参与组建或收购证券公司的角度考虑。成为证券公司股东后，首先可以分享证券业相对丰厚的利润，获得投资回报，但更为重要的是，对于证券公司的业务功能的利用，证券公司在集团公司直接融资和实施收购兼并活动中提供了必要的业务支持，企业集团与其参（控）股的证券公司之间存在大量的关联交易，例如，配股承销、资产委托、股权受让等，这些关联交易使得集团获利匪浅。

从企业集团参（控）股保险公司的角度考虑。企业集团进入保险业相比传统的保险业而言有着不可比拟的优势：①有发展财产保险的基础，企业集团往往都拥有大量的固定资产；②有发展人寿保险的基础，企业集团员工数量少则上万，多则数十万，另外加上员工家属子弟，这就是一个人数众多，数量稳定的客户网络，从而形成相对稳定的寿险市场；③鉴于上述分析，同样具有发展家庭财险和机动车险业务的基础。

从企业集团参（控）股信托投资公司角度考虑。信托投资公司在为实体产业提供金融服务方面具有天然优势，因为信托投资公司是现行金融体制下，可以直接连接金融资本与产业资本的金融机构。信托投资公司通过其允许开设的金融业务，灵活运用相关的金融工具，为实体经济融入各种期限的资金，促进集团资本规模的发展。

### 3. 设立金融控股公司

国际上将金融控股公司界定为“在同一控制权下，完全或主要在银行业、证券业、保险业中至少两个不同的金融行业提供服务的金融集团”。这一定义是参照巴塞尔委员会、国际证券联合会和保险联合会的相关规定界定的。

目前我国没有在法律上对金融控股公司进行界定，虽然尚未在法律上予以规定，但是事实上的金融控股公司早已存在多年，我国行业内约定俗成的金融控股公司是指以银行、证券、保险等金融机构为子公司，利用其控股股东地位或是大股东地位进行股权投资活动的金融控股公司。

在我国根据金融控股公司的母公司行业属性的不同，将金融控股公司分为三种类型：①以银行资本为主导的金融控股公司，例如，中国银行全资附属的中银国际控股有限公司；②以非银行金融机构为主体的金融控股公司，例如，中信集团下属的中信国际金融控股有限公司；③以产业资本为主导形成的金融控股公司，即产业资本型金融控股公司。

产业资本型金融控股公司是指金融控股公司的母公司，是非金融的产业实体，它控股、参股或是全资拥有商业银行、证券公司、租赁公司等金融机构，同时也涉及非金融的产业公司，这些子公司是独立法人，独立对外开展相关业务和承担相应的民事责任；但是其重大决策受制于集团董事会。

设立金融控股公司是企业集团产融结合的一种高级形式，同时也是企业集团产融结合的一种有效模式。金融控股公司作为一种新的金融制度和金融结构的创新，其不单单是金融机构规模的简单扩大，而是对传统金融体制的重大突破。金融控股公司通过在集团内部进行整体规划、资源整合和战略经营，体现了企业经营中的规模经济效应、经营协同效应和范围经济效应，适应了金融业自由化发展的需要。企业产融结合的优势表现在以下二个方面：

（1）金融控股公司实行“集团混业，经营分业”，这样就可以根据集团的发展战略，灵活地对各子公司进行股权控制或出售，长远规划各子公司的资源、技术、业务，有效配置集团资源。有学者预测，产业资本与金融资本在企业集团内部的融合，将是未来世界产融结合的一种主要发展趋势。金融控股公司可以有效展示出金融产品的品牌效应。由于控股公司与各子公司实行的是控股公司系统管理，遵循的是法人相分离的原则，各子公司是具有法人地位相对独立的专业公司，各子公司都具有自己的产品品牌优势、人才优势、专业优势、信息优势，再加上集团的规模经济优势，能提供全面的一站式的优质金融服务。

（2）金融控股公司体制能有效规避风险防止风险转移。“防火墙”制度内嵌入金融控股公司组织结构之中，各子公司间建立必要的防火墙，在一定程度上防止了风险的转移。金融控股公司强调子公司间的所有交易必须以“市场方式”进行，有效地控制了内部交易、关联交易的合法、合规性。金融控股公司实行系统内管理的“法人分离原则”，能有效规避风险，确保金融系统的安全，在一定程度上可以降低监管部门的监管难度，虽然这不是监管产融结合的长久之计，但是却可以解决监管部门的燃眉之急，并且随着我国相关法律法规的完善，金融控股公司这种有效规避风险的产融结合模式的优势会更加凸显出来。

（3）金融控股公司具有合理避税的功能。金融控股公司在欧美国家的发展已经有很长时间，其经营方式已经趋于理性和成熟，金融控股公司合理避税的优势已经得到了充分体现，这种优势表现为在金融控股公司内各子公司财务报表合并、统一纳税。

但是金融控股公司的这种优势在亚洲国家尤其是在中国的企业集团中并未体现出来。金融控股公司的经营管理采用中央集权的方式，这种方式有利于企业集团内部资金调度和财务资源的共享，对于以追求利润最大化为经营目标的企业而言，设立金融控股公司这种经营方式可以有效平抑各子公司利润水平，在一个利润最大化的前提下进行纳税，能有效发挥金融控股公司合理避税的功能。

设立金融控股公司模式在我国当前的法律框架下，一方面可以显示出集团内混业经营或是综合经营的优势；另一方面可以利用金融控股公司“防火墙”制度在产业资本与金融资本之间形成有效的风险隔离，有利于企业集团经营风险控制、管理风险控制，特别是对资本风险的控制。

**4. 混业经营**

混业经营就是以上三种模式的组合，可以选择其中的两种进行组合也可以选择其中的三种进行组合。企业集团在发展壮大的过程中，各自的发展水平、所处行业的发展阶段以及面对的外部市场环境都不尽相同，因此，当企业决定走产融结合的道路时，它们选择进入金融业的方式必然不同。现实中很多企业集团都选择了这种模式进行产融结合，将各种模式的优势与各自产业的发展需要相结合，并且取得了很好的效果。

混业经营兼有以上三种模式的优点同时它还有自己的特点，在操作方式上更灵活，企业介入金融行业时不需要考虑具体以何种模式进入，只要时机合适便可以以任何一种模式进入金融行业，能够充分利用多种模式的优势，对企业集团在金融业的发展有很好的促进作用；这种模式的不足之处是对资金的需求非常大，在管理和控制上增加了难度，如果管理不善则无法形成有效的协同效应。

## 第三节　产融结合的概念界定

英国经济学家罗纳德·哈里·科斯（Ronald H. Coase）（1937）在其《企业的本质》一书中提出了企业视为一种“合约”。资源是有限的，在竞争中出现产权制度，减少交易费用，则“产”和“融”这两种意义就会相互兼并，这也许是一种新式的理解产融结合的方式。近期学者北京大学副教授窦尔翔（2015）认为不管是“产”还是“融”都分为三种形态，即资产形态、组织形态和产业形态。他认为“产”和“融”的这三种形态是相互递进，逐渐集束和反作用的过程。如图1－1所示可以形象地反映这一点。

**图1－1　三种形态示意图**

国内外学者也对产融结合做了初步界定。从宏观视角来看，李扬

（1997）从储蓄和投资的角度诠释了产融结合。他认为产融结合是金融和产业两者结合的过程，是储蓄和投资结合的过程，从储蓄到投资转化的一切方式方法都是产融结合的内涵范围。秘鲁学者 Soto（2000）认为产业和金融在储蓄和投资中起到了链接作用，所有权制度在金融中就是一种推动力。从中观视角来看，产业金融以产业政策为指导，以产业实体为依托，在特定金融行业中起到服务作用，是连接产业实体和金融实体的桥梁（马英俊，2007）。从微观视角来看，王莉等（2010）定义产融结合是产业资本和金融资本之间通过参股、控股、认识参与等方式进行相互渗透、互补促进。产融结合是市场经济发展到一定阶段的必然产物。产融结合概念在学术界目前尚无标准定义，但是不管是从宏观、中观或是微观视角，都是从一个层次去分析，并无优劣之分。本书定义的产融结合是通过由产到融或是由融到产的各种方式手段，促进供应链完善，获得流动性，降低风险，增加内部化收益，最终实现整体企业集团整体协同的过程。如图 1－2 所示。

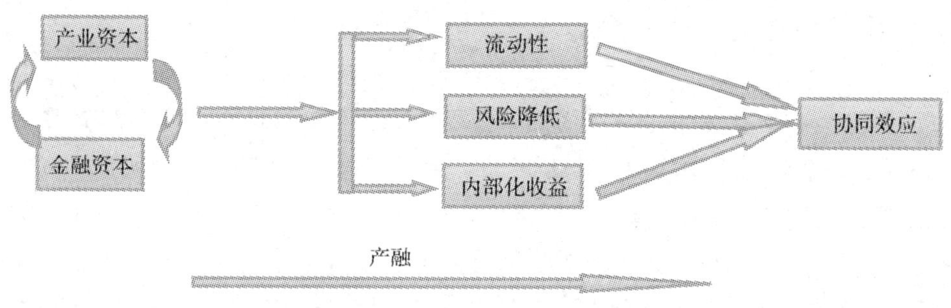


**图 1－2　产融结合定义**

# 第二章　产融结合的相关理论分析

## 第一节　经典经济学中的产融结合

本节旨在介绍比较经典的产融结合的理论，包括波特的“价值链”理论，诺斯的制度变迁理论，科斯和威廉姆森的交易费用理论，并对其发展做简要探讨，以期从经典理论中重构产融结合的理论。

### 一、波特“价值链”理论

“价值链”这一概念是由美国哈佛大学教授迈克尔·波特（Michael E. Porter，1988）于1985年在震惊世界的竞争战略书籍《竞争优势》中首次提出的。波特在企业竞争优势关系的研究中，引入了“价值链”，这对于后人理解产融结合的行为过程极有帮助。价值链对于企业战略管理理论中分析内部环境，评估资源与能力，找到企业内部价值增值方式具有工具作用。大型企业集团以价值链为工具，在现金流不断流动的过程中，探索相对于对手的竞争优势。而在其之后撰写的《国家竞争优势》一书中，波特（2002）加深了其“竞争优势”的思想，认为“竞争优势”是企业价值的核心。“竞争范围”是企业价值的另一个关键。“竞争范围”的重要性在于企业可以在其竞争过程中明确自己的竞争范围，在这个过程中，与其他不在竞争范围内的企业建立互动关系，从而获取自己对竞争企业的竞争优势。这里的互动关系，可以理解成协同效应。即协同效应产生的前提是相互竞争中产生公用的东西，这就是“结合”。波特认为竞争优势的持续力来源有三：特殊资源及高层次如先进技术的优势价值链多元化竞争优势以及不断自我完善的能力。因此，企业集团实施产融结合的战略，就是通过不断找到互动关系，在价值链的基础上找到竞争优势的同时，使得竞争优势多元化，从而提高竞争优势的持续力。波特把价值链视为企业从事的各种内部活动，例如设计、生产、销售、交货以及保护其过程顺利完成各种辅助活动的集合体。整个企业可视为一个“黑箱”，在探索这个“黑箱”内部时，可以把整个企业价值创造过程一一表述出来，这些过程的集合体就是“价值链”。在这个“价值链”过程中，企业创造的价值即是一种价格，这个价格是顾客和企业共同确定的，由顾客意愿度所决定的。企业创造的总价值是由各个价格所决定的价值总和组成。价值链理论可以分为两部分：基本活动和辅助活动。这两种活动使得企业从原材料采购开始到生产，到产品再到销售完成，最终推动价值链完成。如图2－1所示。

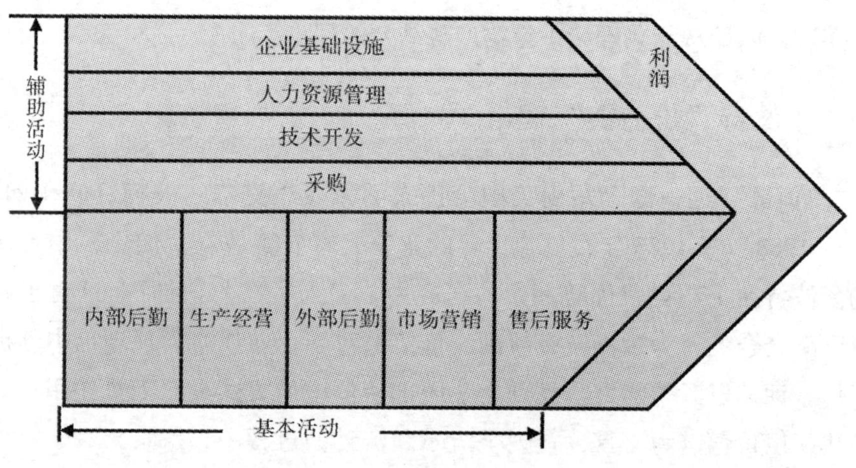


**图2－1　波特“价值链”过程**

基于上述波特“价值链”价值创造活动，波特主要分析的是企业的经营环节，这在当时算是企业管理理论的一种创新。但以目前的视角来看，波特没有认识到现金流动的财务过程，而且没有考虑到资金在销售之后的再循环过程。波特的另一个问题是价值链的分析，是在单一制造业上面，没有考虑到企业集团的多个法人的价值链情况，这无疑是不完善的，但这与本书无关，故不做详尽分析。在此对价值链的过程做出自己的分析。如图2－2所示。

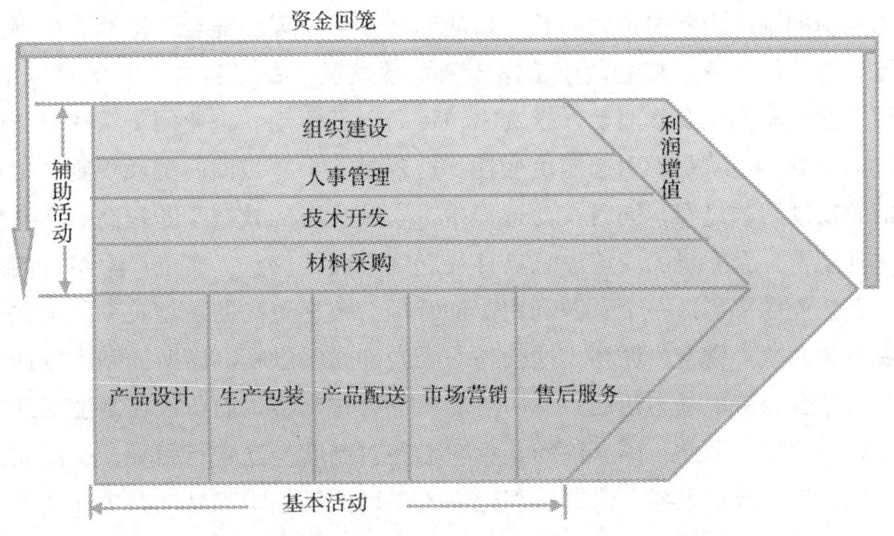


**图2－2 补充后“价值链”过程**

因此，企业集团要获得竞争优势以超越竞争对手，首先要借助价值链这个工具，分析整个企业内部各个环节的基本情况。通过扩展和联合，使整个企业各个部分统一联合在一起，使企业集团下属的公司创造的价值整合在一起，促使企业集团整个实现资源的共享。更进一步来说，如果实现整个企业资源共享，风险共担，会成为产融结合“由产到融”的一种方式。通过这种方式，不仅对价值链各个环节资金的有效运用，从整体来说降低了企业的风险，增加了资金的流动性，产生了经济收益。

## 二、诺斯制度变迁理论

美国经济学家道格拉斯·诺斯（Douglass C. North，1994）在其著作的《制度、制度变迁与经济绩效》中阐述了制度变迁的动因、过程和结果。他认为只有潜在的变更了制度所获的收益大于成本时，当前社会体系或者产权结构才会改变。中国现在处在一个飞速发展、不断变革的时代，获取的利益远远大于成本，所以其经济、政治乃至社会制度不断变迁。产融结合所带来的利润巨大，甚至会降低企业集团整体的成本，这种潜在利益很大，但是产融结合目前并不完善，效果并未达到最优，这对促使市场参与者的各种实体努力从新的制度中获得更大利益，新的制度才会出现。随着经济社会的不断发展，竞争优势越来越趋向于依靠创新驱动发展。在“新常态”的背景下，我国企业战略已从要素驱动、投资驱动转向创新驱动。企业创新意味着新的制度的出现，也就是说引起制度变迁。这就是一个打破旧的游戏规则，创造新的游戏规则的过程，同时在此过程中，资源配置的效率不断提高。在这样的大环境下，企业集团应该注意自身在制度方面的特点，实施产融结合的战略，在企业内部创造一个资源利用更加合理，效率更高的新型关系，把共同资源实施共享，资金内循环，这就是一个内部化的过程。诺斯的制度变迁理论认为社会经济的基本活动的一切活动源于合作交换，而产权在制度变迁中处于核心位置，因此，国家依赖其意识形态对制度变迁进行引导，从而使人们认识世界，改造世界。诺斯的理论主要强调的是组织和制度共生，也就是说他把组织和制度两者的概念作为制度变迁的重要诱因，这无疑是创造性的。但从当前视角来看，诺斯的理论强调了组织的作用，未能从其他的角度分析制度变迁的诱因。

产融结合战略的实施是当前“新常态”经济环境下的必然，这一战略既促使金融市场结构的转变，又使得市场制度由此改变。产融结合的不断加深所伴随的是“产”和“融”对于潜在利益和预期成本的权衡。在经济不断发展下产业结构的优化升级所带来交易费用的改变，从而使得对制度变迁的要求加剧，在利益的驱使下，新的制度就会出现。产融结合的过程带来的收益无疑有许多，如融资成本减少、国家竞争优势和企业竞争优势加大、产业结构优化升级、社会群体金融意识加强、降低成本和风险等，最重要的是获得协同效应。如果把产融结合视为一种新的制度，那么产融结合在制度变迁过程中的影响就很好解释了。由于交易需求的增大，“产融结合”这种新制度的出现满足的是资金的流动性需求，它所带来的潜在利益，如加速资本循环会使人们充分感受并取得，产业实体和金融实体在这个过程中会分别受益，每个实体收益加大，这无疑是一种双赢。

### 三、科斯和威廉姆森交易费用理论

英国经济学家罗纳德·哈里·科斯（Ronald H. Coase，1937）认为“市场是有成本的，通过形成一个组织，并允许某个权威来支配资源，就能节约某些市场运行成本”。市场成本有很多，科斯认为，只有通过外部的价格协调市场和内部的管理结构及产业结果协调企业两种方式，这样才能节约交易费用。这种思考方式造成的结果就是“企业存在的目的就是为了维护市场”。这也就解释了为什么产业实体会壮大自己，甚至进入金融领域，控制下属金融实体，以由产到融的方式实现产融结合。美国经济学家奥利弗·E. 威廉姆森（Oliver E. Williamson，1984）对科斯的理论进行了继承和再创造。他认为企业存在的目的是维护市场，更进一步来说，市场交易费用就是由市场不确定性、资产专用性和机会主义构成，只有企业和市场两者结合的共同态才是均衡态，但是这种状态是极其不稳定的。上述两位学者对于企业本质的考察已经很深了，因为他提到的这种中间态在经济大发展的如今已经越来越多，而且越来越趋于稳定。所以，尽管有着一定的局限性，威廉姆森的理论在今天仍有借鉴意义，这一意义就是现在产融结合的基础，为产融结合战略提供了理论依据。

在此，对企业和市场结合优劣进行分析。企业结合市场可以带来交易费用减少和效益的增大，但同时，结合的过程也会带来企业内部协调费用的增加。这就需要进行一个权衡。交易费用是结合程度的减函数，而协调费用是结合程度的增函数。随着结合程度的逐渐加深，交易费用减少的效率会越来越慢，而协调管理费用会增加的越来越快。两者的平衡点就是边际市场费用等于边际管理费用时。这一点也是经济效益的最大值。当结合程度达到这一点时，那么继续结合就是有反效果。

## 第二节　产融结合与商业信用

产融结合的重点就是处理产业资本与金融资本之间的相互依存关系，而关于产业资本和金融资本这二者之间的相互依存关系，史上有以下三方面的观点：信用媒介论、信用依赖论以及信用创造论。

## 一、信用媒介论

信用媒介论又称自然主义信用论，创始于 18 世纪，盛行于 19 世纪，其主要代表人物是古典经济学家亚当·斯密、李嘉图及约翰·穆勒。古典经济学认为货币是中性的，只是简单的交换媒介和一种便利交换的工具，对经济发展并无实质性的影响。亚当·斯密指出："慎重的银行活动，可增进一国产业。但其增进产业的方法，不在于增加一国资本，而在于使本无所用的资本大部分有用，不生利的资本大部分生利"。而资本的有用是体现在银行活动使得原本不被利用的死资产被利用起来变成活资产。举个简单的例子：甲有 1 块钱的剩余，他将这 1 块钱存入银行，银行又将这 1 块钱贷款给乙，乙将这 1 块钱购买材料用于生产等，这就使原本甲所拥有的 1 块钱死资产变成了被乙所利用的活资产。继承了亚当·斯密的信用媒介论的约翰·穆勒指出："虽然信用只是资本从甲手到乙手的转移，但资本通常自然是转移到更能在生产上有效的利用资本的人手中。""因此，一国的生产资金虽然不因信用而增加，但它将由此而处于更完满的生产活动状态。""虽然现有的资本数量实际上没有增加，但使用的资本数量却由此增加，从而使社会总产量相应增加。"

在信用媒介论中，是金融机构（指银行）实现了资本更为充分的利用，使原本闲置的资本用于生产活动之中。但是，信用媒介论虽然指出了金融资本在产业资本发展中的作用，却仅仅局限于金融资本在产业资本的运动发展中可以起到润滑剂的作用这一点。金融资本的润滑剂作用具体可以表现为三个方面：①优化产业资本配置；②提高产业资本利用效率；③加速产业资本运动。他们忽视了金融资本在信用活动中的信用创造能力，因此他们不认为金融资本可以使一国资本增加。根据信用媒介论，产融结合只是有利于产业资本优化配置，有利于提高资本的利用效率。

## 二、信用依赖论

信用依赖论的代表是马克思，他指出：随着银行业的不断发展，其吸收的储蓄也不断增加，进而资本家可以利用的资金也不断增加。银行信用的发展使得单个资本家超越了其单个资本的限制，他们可以利用银行信用加速企业生产规模的扩大。在这个过程中，银行信用为了产业资本集聚和集中的强大工具，因此，随着信用的扩展和银行作用的增强，工商企业对银行的依赖程度日益加深。信用依赖论揭示了产业资本对金融资本的依赖关系，强调了金融资本对产业资本的控制力，因此认为产融结合可以巩固、加强金融资本对产业资本的控制及产业资本对金融资本的依赖。

## 三、信用创造论

信用创造论发展于 19 世纪，盛行于 20 世纪，其先驱者是 18 世纪的约翰·劳，主要代表人物有 19 世纪末的麦克鲁德及 20 世纪的熊彼特和哈恩等。瑞典经济学家维克赛尔认为货币对经济有重要的、实质性的影响。他指出：通过货币的合理使用，在实际上可能会积极地促进实物资本的积累和一般生产的增加。1912 年，熊彼特在《经济发展理论》一书中，提出了创造理论非常信用理论，认为银行具有信用创造的功能，正是银行的信用创造功能使得金融资本在经济发展中具有重要的地位。熊彼特认为经济发展的实质在于创新的实现，而创新的实质则是生产要素的重新组合。银行信用在经济发展中的重要作用，就在于为生产要素的新组合提供必需的购买力。而这种购买力来源于银行的信用创造而非银行所吸收的储蓄。

信用创造论认识到了金融资本巨大的信用创造功能，认识到了金融资本能够通过信用创造满足产业资本扩张的资本需求，因此产业资本为了实现快速增长需要借助金融资本，产融结合就是产业资本借助金融资本实现快速发展的重要手段。

# 第三节　产融结合的外部制约因素

## 一、金融体系因素

我国相当一部分企业集团在产业发展进程中形成了相对完整的产业链和规模庞大的利益相关者，各产业环节的生产经营活动以及利益相关者有着巨大的金融服务需求。与外部金融机构相比，企业集团发展金融产业更了解产业过程和利益相关者的财务状况和金融需求，能够提供更具个性与特色的金融服务。此外，我国大多数企业集团，特别是具有国有经济背景的企业集团大多面临着深化企业内部改革的问题，涉及集团内部人事、工资、医疗、住房及其他福利制度改革等诸多方面。企业集团发展金融产业还可以通过提供支付服务、企业年金管理、信托投资等金融服务辅助集团内部的分配和福利制度改革。

## 二、资本管理因素

Alexander Gerschenkron 以“二战”后德国全能银行为主要研究对象，以后发优势理论解释了德国产融结合现象。认为在经济相对落后、资本缺乏的情况下，产融结合是后发展国家解决早期工业化资本形成问题的有效机制。资金是企业维持运行的血液，是企业最重要的资源。大型企业组织架构复杂，分（子）公司数量多，管理层级多、链条长，在各级子公司分别开设银行账户进行存贷款的情况下，资金分散、风险不易掌控、资源配置效率低。为提高整体运作水平，增强集团对分（子）公司的管控能力，企业集团需要一个金融平台，对资金和债务进行集中管理，从而实现统一的资源配置和集中的风险管控。企业集团纷纷申请设立财务公司，既可以提升企业规模实力，使成本提高远远低于业务规模扩张速度，同时也可以在拓展市场、细分产品、信息传递、资产管理及建立网络等方面，更有优势和效率，从而促进实体产业发展。

与产业资本相比，金融资本具有较强的流动性、通用性和社会性，借助产融结合可以使央企更快实现国际化发展。为避免追求快速发展带来的高负债、资金紧张的局面，大型产业集团在寻求银行贷款以外的融资途径。成立财务公司通过发行债券和参与银行间市场融资；成立信托投资公司通过开展信托业务融资；成立产业发展基金通过吸引战略投资者融资。这些方式可以获取成本相对较低、风险可控的资金，成为传统融资渠道的有效补充。

## 三、信息不对称因素

古典经济学将“完全信息”市场作为假设之一，但是现实的经济社会，信息是不对称的，因此经济学家又提出了“非对称信息”理论。产融结合有利于消除企业与银行之间的信息不对称。通常，银行很难完全了解企业的经营情况、筹资目的及相关风险，而企业则完全掌握这些内部信息。银行与企业之间的这种信息不对称将使借贷资本时刻存在浪费的风险，极大地阻碍了资本的有效扩张。从各自利益出发，银行和企业都会寻求一条双方都能接受的可行途径，以消除两者之间信息的不对称，提高安全和效益。产业资本和银行资本的融合，能够使产融之间相互了解、相互依赖、相互控制，从而最大限度地消除银行与企业之间的信息不对称性。

## 四、政府金融约束因素

Hellman ，Murdock and Stiglitz（1997）在《金融约束：一个新的分析框架》中指出政府通过制定一系列金融政策可以影响租金在生产部门与金融部门中的分配，因此经济中的金融约束会影响产业资本与金融资本的发展。国家大型企业集团往往是国家产业战略和产业安全所依托的基本力量，它们在支持国家产业发展战略，实施国家产业政策方面担负着特殊的使命。企业集团的产业资本与金融资本融合可以通过金融活动促进企业集团节约、高效、可持续和稳定较快发展，从而支持国家产业政策的有效实施、维护产业安全和国民经济安全。金融约束理论反映了政府的各种金融约束政策：如存贷款利率控制、市场准入限制，直接竞争管制会推动产业资本与金融资本的结合。

# 第四节　产融结合对经济的可能影响

## 一、形成垄断资本

马克思在自由资本主义时期根据资本积累理论预见到产业资本与金融资本结合是经济集中发展的结果，最终将形成垄断资本主义。列宁认为："生产的集中，从集中生长起来的垄断；银行与企业日益融合或者说长合在一起，这就是金融资本产生的历史和这一概念的内容"。列宁是在新的历史条件下，运用马克思的"竞争必然导致垄断"的理论，进一步分析了产业资本与金融资本随着垄断的形成会进一步结合。

## 二、降低信贷市场风险

主银行制度理论认为产融结合形成了银行与企业稳定、特殊的信贷关系，银行成为产融结合企业的主持银行。德国学者费施尔（Ficher，1990）认为主持银行一般具有以下四方面特点：首先，它们占有企业外部融资的最大份额，而且它们往往对企业提供的金融服务也是最多的；其次，主持银行倾向于与其客户保持长期稳定的关系，这种关系是以双方相互信任为特征的；再次，主持银行作为主要贷款人，能够获取企业信息从而强化它们对企业的影响力；最后，当企业出现危机需要重建时主持银行将可以发挥重要的作用。主银行制度下的银行在企业拥有股权，并有银行派出人员参与企业经营决策，银行业与企业之间信贷关系的市场性较低，双方之间产生关系性融资。由于主银行制度建立了企业与银行之间的"内部"资本市场，能够解决借贷双方的信息不对称问题，从而消除了道德风险与机会主义，提高了资金借贷效率，减少了借贷资金的风险。

## 三、引发金融风险

主银行制度理论认为虽然产业资本与金融资本结合，会带来企业与银行稳定和高效的信贷关系，有利于经济的稳定与发展，但产业资本与金融资本的结合也有可能形成企业与银行之间的过度依赖，形成银行对企业贷款的软约束，带来信贷资本的高风险和低效率。主银行制度理论发现在产融结合企业经营业绩恶化或出现财务危机时，主银行会对企业实施金融救援，给企业金融方面的支持，例如，延迟支付利息、降低贷款利率、减少甚至减免利息、追加注入资金等。一旦企业经营危机不能挽回，势必引起主银行的金融风险。例如，日本的主银行制度的发展就带来了银行与企业之间的过度信贷行为，加剧了金融风险。

## 四、造成经济失衡

根据关系贷款理论，产融结合形成了金融机构与企业的紧密关系，产融结合企业利用与相关金融机构的紧密关系以低于市场利率的成本获得金融资源，配置金融资源的利率机制在产融结合企业中就失去了应有的作用。这样，容易造成金融资源在产融结合企业内过度集中，产融结合企业内部金融资源的配置效率将会降低，形成资金低效配置。产融结合企业利用这些低成本的金融资源可能进行过度投资，形成企业产能过剩，造成产品市场供给与需求的失衡。同时，产融结合企业也可能利用这些过量的金融资源从事证券投资，引发证券价格脱离实际价值，形成资产泡沫，引起经济系统的失衡。

# 第三章 产融结合模式的分类

## 第一节 “由产到融”及“由融到产”

纵观欧美、日韩等地区产融结合的发展历程，大致可以分为金融资本主导型和产业资本主导型两种模式。

金融资本主导型一般是由银行资本起家，由金融资本向产业资本渗透，用银行资本控制工业资本，两者融合成长。金融资本向产业的渗透始于19世纪末，随着生产集中进程的加速并受其推动，银行业的垄断也相继产生和发展，此时，银行业涉足产业也成为必然。金融资本向产业渗透的一般进程是：先由银行资本起家，利用金融机构“万能垄断者”的地位来控制产业资本，两者彼此渗透、互相融合。

产业资本主导型是由产业资本旗下，把部分资本由产业转到金融机构，形成强大的金融核心。在日本、韩国等一些亚洲国家，早期的金融控股集团基本上都是以产业资本为支撑、为核心的，主要是一些家族型的企业集团在快速发展的过程中，一方面要解决自身发展产业中的融资需要；另一方面也要为自身在产业中积累的大量资金寻找出路，同时为了自身金融交易的方便，逐步构建起以家族企业为核心的、以产业资本掌握控制权的金融控股集团。

从我国的实际情况来看，尽管中国市场经济中的各种资金形态已越来越具备资本的特征，并且形成了少数初步具有实力的金融机构，例如，中国国际信托公司、平安保险、招商银行、光大银行、中国工商银行以及中银集团都形成了金融控股的形式。但是，我国银行业改革滞后、产业资本最先成熟，这一特征决定了我国产融结合的发动者不是金融资本，而是产业资本。并且，目前我国政策规定银行业不能投资实业，所以目前我国大型集团企业产融结合的发展方式多为产业集团向金融业投资，即“产业投资金融”。

大型企业的产业资本与金融资本能够结合在一起，相互依存、相互驱动。在严控风险的前提下，企业应该以产业资本为依托，充分发挥金融资本资源配置的作用，整合产业链上下游企业的金融需求，将核心企业、供应商、经销商与金融机构利益紧密联系起来，通过提供全方位的金融服务，提高金融资源的使用效率，从而实现协同。从产融结合的方向性上来分析，可以把产融结合分为由产到融和由融到产，这事实上是一个主导性的体现。企业协同效应的实现也可以分为这两个方面。

## 一、由产到融

基于由产到融的视角，产融结合战略对协同效应主要有五个方面的实现过程：

（1）企业内部资源的整体运用，降低整个企业产品成本、融资成本等各项成本，提高利润。通过产融结合途径，集团下属金融实体可以凭借大型集团商誉提高自身信用评级，吸引更多投资者投入资本，这无形中就将企业商誉转化为资本。同时，下属金融实体可以依托庞大的企业集团的资源，拓宽自身的市场资源和人脉资源，从而发展金融实体的其他业务，增加收入和利润。例如，中信证券公司依托中信集团的雄厚底蕴，一直是中国证券市场上的“领头羊”，其股票也是证券行业的指标股。

（2）资金内部化，在满足融资需求、保险需求、担保需求等金融服务需求的基础上，将一部分外部金融实体资本转移到集团内部，从而使利润能从宏观上进行调控。毋庸置疑，产融结合能够促使资金转移，这对于大型企业集团简直是福音。因为大型企业集团庞大的资源链和供应商、出货商、政府等一系列利益相关者，这又使得资金周转要求异常之高，既要兼顾各方面利益，又要使自身利益不受损，真是一个两难的困境。基于产融结合战略，一部分银行等金融系统中资金会进入集团内部，这使得外部资金内部化，从而在一定程度上缓解了资金周转的问题，增加了企业集团整体的内部利润。

（3）根据 Ansoff 的理论，协同是通过并购等方式实现，通过产融结合推进整个集团产业结构改善升级。下属金融实体可以给企业产业在并购过程中所需的资金提供过桥贷款、引入战略投资支持。另外，下属金融实体可以在并购过程中及时提供市场信息，起到咨询师的作用。其还可以通过股权出售、债务重组等方式，通过产融结合参与到集团内部事务之中。

（4）管理效率优化提高，能更好地推进集团运作方式的改进。产业实体加入到金融实体中，既能通过下属金融实体的建议改善自己的管理，又能通过相互之间的紧密联系对下属金融实体实行资本控制。这也是协同战略的重要方式。在这一条件下，大型企业集团能更好地对下属金融企业进行管理，能够监测和控制其与利益相关者的经济来往，降低管理成本和风险。通过产融结合，产业实体管理的对象也从以前的实物管理进步成资金管理。在这层意义上，大型企业集团只需进行风险控制和制定大型宏观战略即可。

（5）财务列表账面更加平稳。产业实体加入金融实体后取得的利润来自各种业务，增加了业务种类。这使得企业整体收支在一种业务陷入困境时不至于波动太大。金融领域的准入制度的严苛性也使得外部竞争者的压力较轻，从而相对增加了收益。

## 案例：美国 GE 集团

美国通用电气（GE）集团的产融结合的实践一直为人所津津乐道。虽然世人所熟知的 GE 是一家电气能源行业的公司，但不得不说的是在金融服务公司加入后，已经真正成为一家集团。现在许多行业都有 GE 集团的身影，例如，能源，照明等。但金融模块的公司几乎占到一半。杰克·韦尔奇之所以被称为“过去 25 年最伟大的经理人”，其在金融方面业务情况做出的突出贡献是一项重要因素。

GE Capital Service Inc. 是 GE 全资子公司，它由 GE 信用服务部发展而来。一开始，其主要业务内容是对产业资本的支持，无论是从事信用卡服务还是提供贷款等都是为产业领域客户提供方便。后来，在日益激烈竞争的压力下，其金融业务就不仅仅作为一种附属，地位迅速提高，发展及其剧烈，并最终与产业业务并行，形成 GE 公司利润增长的双重支柱。根据近年来的统计数据和 GE 公司年报显示，其金融服务公司的销售收入所占百分比由之前附属的 3.6% 锐增到如今的 40%，这些收入中只有极少数用于内部。GE 金融服务公司在欧洲有 76 次并购，收购了英国 MEPC 公司，收购了法国里昂信贷银行子公司 PK Air Finance 公司，这些收购兼并的方式和创办合资公司的方式使得 GE 公司迅速做大做强。1997 年 GE 趁着金融危机之际入侵亚洲金融界，对亚洲金融行业企业进行了大规模收购。GE 金融服务公司在日本以迅雷不及掩耳之势收购了日本的四家公司；在泰国刚开始只是收购了汽车贷款业务，其收益就已经达到了匪夷所思的地步；在中国主要通过合作的方式，主要是当时中国金融系统不是特别开放。之后，GE 金融服务公司开展了信息技术研究并实施，利用电子采购等方式提高了内部管理的工作效率，同时降低了各个交易环节的费用。GE 的六西格玛质量标准和“3A”信用法则是 GE 金融服务公司的最高保障。就算是在现在，GE 集团这个庞然大物创造的价值背后，GE 金融服务公司的子公司的多样性有着中心作用。GE 集团中产业行业和金融行业二者的配合默契，这才是 GE 集团不断发展、不断壮大甚至发展速度一直保持两位数的最先条件。表 3－1 是 GE 集团经营分部数据总结表。

**表 3－1　GE 集团经营分部数据总结**

单位：百万美元

| 部门收入利润＼年份 | | 2010 | 2011 | 2012 | 2013 | 2014 |
|---|---|---|---|---|---|---|
| 收入 | 产业部门 | 85216 | 95225 | 102811 | 103602 | 109902 |
| | 金融服务部门 | 49163 | 48324 | 45364 | 44067 | 42725 |
| | 全部门 | 134379 | 143549 | 148175 | 147669 | 152627 |
| 利润 | 产业部门 | 14139 | 14068 | 15486 | 16220 | 17764 |
| | 金融服务部门 | 3083 | 6480 | 7222 | 7960 | 7019 |
| | 全部门 | 17222 | 20548 | 22708 | 24180 | 24783 |

从表中可以看出，自 2010 年以来，GE Capital 的营业收入呈现下滑的趋势，而产业部门的营业收入稳步上升，同时，总营业收入也在不断上升。这代表金融服务部门在近几年创造的利润占比不断下降。到 2014 年，金融服务部门利润为 70.19 亿美元，占总利润的 28%，产业部门创造了 177.64 亿美元的利润，占比 72%。

通过以上分析，2008 年金融危机之前，GE 集团通过不断收购兼并其他金融企业，在金融服务部门利润支持下形成了收益增长点。这种收益增长点体现在其不断通过资本运作，在不断变化的市场环境中，不断改变自身的产业结构，促使产业结构优化升级。在这个过程中收购兼并和非核心业务的剥离都是重要手段。主要体现在以下五个方面：①GE Capital 利用产业部门的强大后盾作用发展自己。②强大的资产管理能力和对于知识和资源的高度整合都是值得借鉴的地方。③GE 公司勇于挑战，也就是做其他企业不敢做的。它敢于进入一个新的陌生的行业，在进入的过程中实行产融结合的战略，在价值链高度整合的情况下，依托产业行业的竞争优势，在韦尔奇创新精神的指引下，发挥出了自己的协同效应。④具有卓越的风险控制能力，使得企业不至于陷入财务困境。GE 在之前的几十年中收购了不计其数的金融企业，这些企业都需要管理。涉及各个不同公司内部方方面面的问题，没有强大的风险控制和财务管理能力是解决不了的。GE 形成了自己的风险控制体系，例如，控制审批权限，专业化知识管理等。⑤重视优秀人才的加入，GE 集团在全球各个地方设立分部，聘请了大量优秀的管理人士和风险控制专家。

2008 年次贷危机之后，GE 集团的营业收入和利润显著下降，究其原因，主要是 GE Capital 部分的营业利润大幅下降。这也给 GE 集团敲响了警钟。GE 集团初始作为一个大型的实体产业集团，投入太多在金融领域了。也就是说其产融结合程度过高了。产融结合是 GE 成功的重要因素之一，而且其成功模式一直被当作中外学者研究的范例，但是过度依靠金融业，忽视实体产业也给这个庞然大物造成了伤害。因此，在金融危机的巨大打击之下，GE 集团认为集团金融和产业的占比不合理会给集团带来额外风险。经过战略研究后，管理层把 GE 集团定位成一个依托强大工业产业部门，以产业为中心，打造金融部门的服务作用，不要使金融实体成为一个单纯的造钱机器。这也是上述图表中所看到的。金融服务部门的利润甚至略有下降，而总利润是上升的。这样一来，GE Capital 再次成为其持续发展的有力武器。这给我们带来三点启示：①在产融结合的过程中永远不要过分依赖金融资本；②在发展的过程中时刻注意风险监控；③永远不要生搬硬套现有企业的既有经验，要学会创新式发展。

## 二、由融到产

基于由融到产的视角，产融结合战略对协同效应同样有几个方面的实现过程。由融到产，这就要考虑金融实体的特性，金融领域准入比较严苛，因此对信息披露的要求也较高。若金融实体上市，首先对公司信息进行了披露，这样产业实体管理者的行为就要受到金融实体投资者的监督，这在一定程度上起到了监管作用，有利于改善企业集团整体管理层的管理水平，有助于预防整个产业链的逆向选择和道德风险，有利于优化公司管理体系，促使股价上升，实现协同效应。在利率市场化改革、“一带一路”战略、沪港通和人民币国际化的大背景下，金融市场形势一片大好，我国金融机构投资者在短期内数量激增，逐渐超越其他机构投资者，成为我国资本市场的重要投资主体。机构投资者通过持股的方式，参与上市公司的决策层面，通过股东大会和董事会等对公司战略、体制、章程提出看法，出于自身利益的保护，一般会要求产业实体加强内部管理和体制建设，也会对企业实体运作流程进行监督，客观上促进了这一实体的健康发展。金融机构投资者凭借自身专业技术优势、较完善的信息获取渠道和相应的利益关系，其行为就是证券市场其他相关人的标杆，这会引发羊群效应，影响相关公司管理层的管理水平，有利于优化公司管理体系，有利于增加利润。

## 案例：中信集团

中信（集团）公司是由中国国际信托投资公司发展而来的，在 2002 年经国务院批准才成为集团。中信集团产融结合的发展历程即是中国由融到产的典型案例。主要通过四个部分的发展完成了产融结合中由融到产的路径。

第一部分完成产融结合框架的搭建。从1994年以来，中信集团对子公司的发展进行了严苛限定，通过紧缩自己国内公司的投资，确立了以金融为中心的各种业务全面发展的发展战略。中信实业银行随后成立，并发展成了一个集生产、金融等于一体的综合性集团，这就是中信集团产融结合的雏形。第二部分是在我国加入世贸组织后所带来的机遇，公司的产业结构优化升级，并让中信证券上市交易。2003年，中信证券上市标志着中国终于有家证券公司能上市了。随着中信控股公司的成立，中信集团的主要资产由商业银行、证券、保险、信托、租赁等金融机构组成，并被其整合发展。标志着中国混业金融时代的开启，对于后来金融企业集团的实践有着重要的意义。第三部分将企业集团推向海外，走国际化道路。1986年，中信集团收购了香港嘉华银行，由于嘉华银行已在港交所上市，大大利于中信集团海外业务的发展。随后，中信集团又收购了华人银行、中信国安，控股了中信泰富、亚洲卫星，由此可见中信集团在电信网络市场也有了一席之地。第四部分是依托金融产业的同时，对产业进行了大量投资，并形成了产业集团（如图3-1所示）。

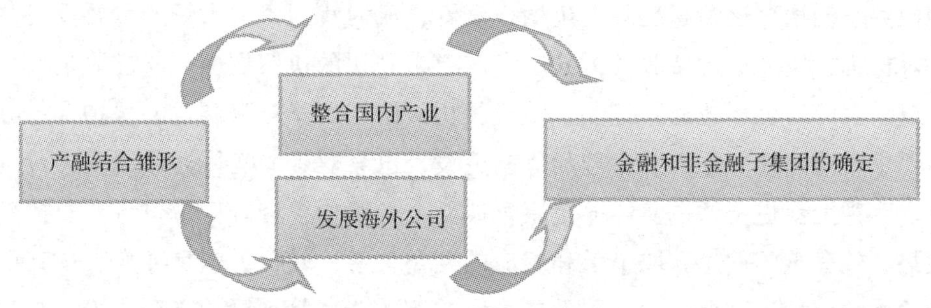


**图3-1　中信集团的发展路径**

目前，根据2013年中信集团年报，中信集团的金融下属子集团业务包括银行、证券、信托、保险、基金、资产管理等，资产规模不断扩大。2013年金融业务总资产为36916亿元，同比增长23.2%，全年营业收入1124亿元，同比增长17.2%，全年营业利润579亿元，同比增长24.6%；产业子集团包括房地产、基础设施、工程承包、资源能源、制造业、信息产业等。2013年产业业务总资产为7186亿元，同比增长7.7%，全年营业收入2692亿元，同比增长 3.8%，全年营业利润 140 亿元，同比增长 32.6%。

中信集团作为国内由融到产的典型，其发展方式有三点借鉴意义：①其按部就班的发展步骤是高效的。从产融结合雏形的建立，到完善内部制度，通过整合内部，积极应对市场环境的变化，开展海外业务，直至产业子集团的形成。其发展模式是由融到产的标准范例。②金融资本扩张以及多元化发展的形成。中信集团在金融资本的扩张中，主要将资本集中到金融行业，从行业、证券、保险、信托等各个方面形成了自己的规模经济优势，占据了集团 82% 的资产。以产业为辅确实是一招妙棋，但是产业涉及过多，不能保持原有的专业化优势以及各家子公司业务上的相互竞争，未能使内部资源完全利用，在竞争过程中也进行了一定的消耗。③中信集团的产业实体依托中信金融行业的商誉，在投融资、信息披露上获得竞争优势。以银行为例，其在贷款过程中，要收集企业项目的相关信息。企业有些为了维护自身的风险信息，不屑以隐瞒的方式，这种行为无疑造成了很大的信息风险。但通过中信集团产融发展的方式，在这个过程中就不必太过纠结产业实体的风险信息，从而获得极大的竞争优势。当然，这种依托金融实体的内部融资不可生搬硬套。在中信集团发展，这些产业企业在获取金融企业方面的支持后，也会获得一定的内部资金，影响金融方面资金的流动性，这对原本的金融业务无疑是一种不利条件。总的来说，中信集团的产融结合模式在道路上是正确的，但是其目标定位的不甚明确，导致其产融结合的过程中出现了自己的问题。虽然我国这种由融到产的案例很少，但是其发展方式说明了企业集团发展金融资本在一定程度上有利于产业资本的迅速发展和扩张，形成竞争优势，从而使企业集团在迅速发展中得到与强大跨国集团相匹配的核心竞争力。

由此可见，通过产融结合，不管由产到融或是由融到产，都能优化产业结构，大幅提高整个企业集团经营业绩，增加企业内外部利润，从而实现协同效应。因此，由产到融与由融到产，是基于协同方式的两类产融结合模式。

# 第二节　产融结合的管控模式

## 一、集团式产融结合

### 1. “总部—分公司”组织形式

分公司通常是总公司支柱业务或核心业务的经营者，是企业分权管理的一种常规形式，但这种分权并非完全分权，其分权化程度也不尽相同。总公司与分公司的关系有三个方面：

（1）总公司与分公司是对称，分公司是被总公司设置的公司分支机构，分公司在法律上不具有法人资格，仅为总公司的附属机构。

（2）分公司是公司为拓宽经营领域和范围，增加经营的灵活性，而在其住所以外设立的从事经营活动的机构，它本身只是公司的组成部分，而非独立的公司形态。

（3）分公司没有法人资格，既没有独立的财产，没有自己独立的章程，也没有独立的法人机关，当然也就不能独立承担财产责任，其业务活动的法律后果均由总公司承受，分公司这一特征使其与子公司区别开来。

分公司虽然不具有法人资格，但仍具有经营资格，需办理营业登记并领取营业执照。分公司可以以自己的名义独立订立合同，也可以以自己的名义参加诉讼。分公司的这一特征使其与公司的职能部门区别开来。

分公司的权力是管理资产，责任是实现利润，实现利润后根据薪酬制度兑现有关管理和生产人员的利益。总公司对分公司的管控通过授权控制、预算管理、会计核算、审计监督四种方式，安排分公司的责权利体系。

（1）授权控制。总公司对分公司在一定授权范围内相对自主经营，在授权范围以外的财务事项，则要报总公司批准，形成总分公司之间的授权控制制度。①授权管理资产。总公司对分公司资产管理的授权，是设立分公司而自然产生的授权，其对应的责任是保证资产的安全完整和良好使用，使资产保值增值，通过运营资产创造利润。但此授权也不应是完全授权，分公司资产处置的权力应受到限制。②资金支出授权。对资金支出的授权。此授权依总（分）公司财务管理分权程度不同而不同。最大范围的分权，是使分公司按照模拟法人的方式运作。在这种模式下，分公司可以拥有正常情况下完全的资金支出审批权。当然，在分公司非正常情况下使用的资金或者大额的资金，例如，技术改造、大额合同、大额预算变动、资产处置等，则必须报请总公司审批支出。

对分公司资金支出最小范围的分权，是使分公司按照车间的方式运作。在这种模式下，分公司相当于总公司的一个大的车间，只是在生产和技术方面被充分授权，其资金支出审批权的范围，只限于零星的小额支出。

对分公司资金支出的授权，使分公司拥有部分财务支配的能力，因此必须对分公司财务支出进行监控。常规的事前控制方法就是要分公司实行预算制度，使资金“算了再用”；总公司也可以据此了解各分公司预算资金盈缺状况，在各分公司内合理调配资金，提高资金的使用效率。常规的事中和事后控制则依靠健全的会计核算和控制制度。

（2）预算管理。总公司授权分公司管理其资产，对应的责任是通过经营资产实现利润，因此总公司于财年预算前要向分公司协调确定利润目标，以量化规范总公司对分公司责权利安排；分公司应据此编定销售、生产、成本、费用、采购等业务年度和各月预算，并把各业务预算分级归口落实到车间、班组直至个人，形成有效的分公司内部各级责权利体系；分公司再依据各业务预算编定资金预算和预计报表等财务预算，总公司可以据此掌握各分公司预计资产负债和损益状况，进行资金的预算平衡和合理调度。

预算管理体系运作的核心是责权利体系，所以必须要保证每一个层次责权利安排的有效。在分公司层面，是总公司检查并考核其年度经营目标，通过合理的人事和薪酬制度，激励和约束分公司总体经营；在分公司车间层面，是分公司检查并考核其成本控制、费用支出、材料耗用、设备管理等日常财务目标，同时也要对车间层面制定和预算权责相匹配的劳动人事制度和激励、约束机制；依次向下，对于必要的预算控制项目，要落实到相关的个人。

（3）会计核算。对分公司应按照规定的会计制度，严格进行会计核算和控制。总公司对分公司的会计核算一般有两种方式：一种是集中在总公司；

另一种是下放到分公司。集中的方式可以使总公司及时掌握所有财务信息，便于总公司管理，但却不利于调动分公司的积极性；相反，下放的方式具有较强的激励作用，却有碍于总公司了解详细信息，如果完全下放（即分公司自行设定财务部门和人员），还可能增加总公司的审计成本。所以，如果采取下放的方式核算，则应由总公司向分公司委派财务会计人员，即会计业务下放，而会计人员集中。另外，良好的计算机网络财务系统的建立，将弥补下放核算方式总公司不能充分了解会计信息的不足。

（4）审计监督。应建立对分公司的财务审计制度，形成对分公司的审计监督。对分公司的审计监督应包括会计审计和预算审计两个方面。会计审计主要检查会计核算和控制体系，主要是对分公司会计核算体系的合理性、内部控制制度的完备性和有效性、会计报表的真实性等进行审计，是针对会计系统的审计；预算审计是对分公司预算编制汇总体系的合理性、核算统计系统的完备性、预算执行和考核体系的有效性进行的检查和评估，是一种管理性审计。总（分）公司管控架构（如图 3 - 2 所示）。

集团总公司作为战略决策和投资决策中心，通常情况下对集团核心业务进行统一决策，掌控着必要的战略决策权；赋予了分公司一定的管理权限，分公司采取分散经营的模式。

在总（分）公司这种企业结构中，总部集中统一利用金融资本、虚拟货币、消费信贷、其他战略资源配置，通过金融信息、金融产品、金融服务及金融人才的组合对其分支机构进行内部价值链的改造，例如，利用分支机构产生的强大现金流迅速复制扩张规模，或者投资其他高利润带。图3 - 3为典型的总（分）公司组织结构。

总（分）公司结构最主要的形式是连锁，下面看看产融结合是怎样改变提升连锁模式的商业效应的。

首先，连锁模式通过金融资本的推手，将连锁从传统向工业化、产业化的转变。

其次，以金融资本整合市场资本、技术资本、管理资本，最终形成核心的知识产权的转让与运作。在具体运作中，连锁模式充分利用多层级财务控制实现资金集中统筹，通过资本与理念的嫁接，去改变系统，撬动更大的正能量发散。

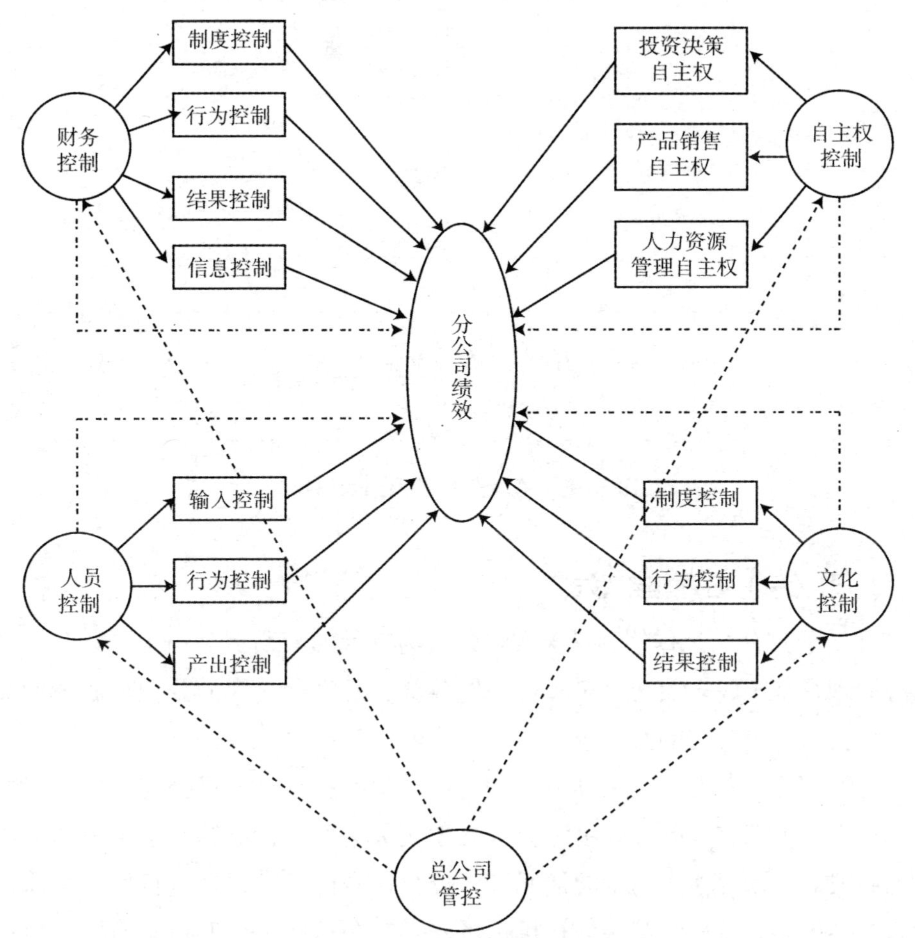


**图3-2　总（分）公司管控架构**

企业利用连锁的形态获取超额外部金融资本，或者连锁机构本身战略金融资源的统筹调度，进而将连锁模式深沉标准化，然后复制扩张，或者开辟业务以外的分支机构，赚取超额利润。简单举例来说，在这种结构中，企业可以利用强大的流量控制，例如，整合现金流等其他金融资本来实现更深、更宽层次的价值改造。例如，国美利用供应端的账期整合市场用户的强大现金流去投资房地产，实现利润的挖掘。沃尔玛利用广泛的客户群实现“零售+消费信贷”模式，在节约消费者采购成本的同时充分利用自己的金融资本实现了零售的更大价值效应。

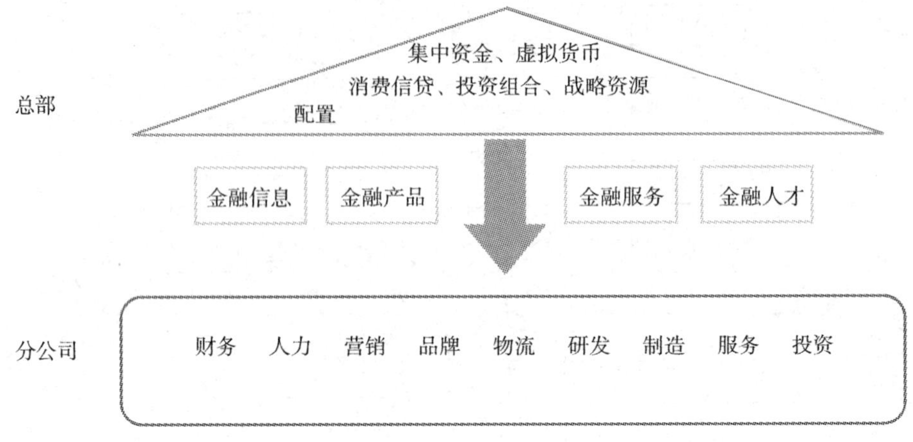


**图3－3　总（分）公司组织结构**

### 2. 母（子）公司组织形式

母（子）公司运作体制是被实际证实为有效的集团型公司运作体制，其核心原理是基于股东大会、董事会、监事会、总经理之间的分权与制衡的关系。母公司与子公司的关系包括：

（1）子公司受母公司的实际控制。所谓实际控制是指母公司对子公司的一切重大事项拥有实际上的决定权，其中尤为重要的是能够决定子公司董事会的组成。在未经他人同意的情况下，母公司自己就可以通过行使权力而任命董事会的多名董事。某些信托机构虽然拥有公司的大量股份，但并不参与对公司事务的实际控制，因而不属于母公司。

（2）基于股权的占有或控制协议。根据股东会多数表决原则，拥有股份越多，越能取得对公司事务的决定权。因此，一个公司如果拥有了另一个公司50%以上的股份，就必然能够对该公司实行控制。但实际上由于股份的分散，只要拥有一定比例以上的股份，就能够获股东会表决权的多数，即可取得控制的地位。除股份控制方式之外，通过订立某些特殊契约或协议而使某一公司处于另一公司的支配之下，也可以形成母公司、子公司的关系。

（3）母公司、子公司各为独立的法人。虽然子公司处于受母公司实际控制的地位，许多方面都要受到母公司的管理，有的甚至类似母公司的分支机构，但法律上，子公司仍是具有法人地位的独立公司企业，它有自己的公司名称和公司章程，并以自己的名义进行经营活动，其财产与母公司的财产彼此独立，各有自己的资产负债表。在财产责任上，子公司和母公司也各以自己所有财产为限承担各自的财产责任，互不连带。

母公司对子公司的管控方式包括：

（1）战略和规划控制。子公司是负责母公司某业务方向，落实母公司某战略领域的经营实体。为从财务方面控制子公司战略逐步实施，应建立战略规划制度，编制五年度滚动战略计划，其中应包括五年度滚动编制的战略财务预算。在五年度计划中，从次年后，可以粗线条编制，逐年根据经济环境、竞争状况、资源状况等因素，调整五年度战略财务预算，使其具有可行性。

该战略规划，应是子公司股东大会年会讨论审议的规定议题。该战略规划及战略财务预算应和年度预算共同报送母公司预先审核，再经股东大会审议批准实施。其标准格式内容，由子公司拟订并经母公司审定。

（2）预算控制。母公司（通过股东大会）决定子公司年度预算，监控子公司的季度预算，使预算成为母子公司之间财务管理的基本方式，因此应在子公司和母公司两个层面制定预算管理制度。应在《公司章程》和股东大会中明确要求子公司实行全面预算制度，要求子公司在预算的编制、执行、分析、考核方面制定详细的制度报母公司备案，使预算成为对子公司经营业绩考核和对子公司管理层经营绩效考核的重要依据。

（3）会计控制。《公司法》规定公司基本管理制度和机构设置方案由经理拟订，由董事会制定，即董事会拥有公司机构设定权和基本制度制定权。母公司可通过其在董事会中的控制权，制定或审定子公司基本财务制度、会计制度和内部控制制度，设定子公司财务、会计管理模式和内部控制体系。母公司并不负责管理和实施，只需监督和控制财务会计管理过程和内部控制体系的有效性，防止会计报告项目的虚列、虚报、操纵利润，保证会计系统和财务管理系统的完备有效。

（4）审计控制。审计控制在财务管理方面应包括会计审计和预算审计。会计审计可以确保会计报告正确，会计核算合理和内部控制有效；预算审计则偏重于财务管理，主要针对预算汇总编制体系的合理性、核算和统计体系的完备性、预算分析的全面性和针对性、预算考核制度的有效性等。

在母子公司之间，母公司对子公司的审计控制是一种间接控制，母公司只需在公司治理层面规定审计制度的基本原则和基本程序，由子公司制定审计制度的详细规定，在一般情况下不必直接以母公司的名义对子公司进行审计。子公司可在董事会层面设立审计委员会负责审计，也可由预算委员会负责审计事项，也可由其他董事会、监事会层的机构负责审计，也可指定一个执行董事或监事负责此事，也可委托母公司审计，形成的审计报告要报送母公司，母公司据此监控子公司财务。

应该规定母公司的审计授权涉入条款。当存在重大财务异常事项，例如，发生异常亏损、严重偏离预算目标、预算巨额偏差、投资失败或项目失误等，或规定母公司认为需要时，在股东大会预先授权下，可涉入子公司进行审计。审计授权涉入的范围和事项，可预先由股东大会议定。

应强调审计的监督性和服务性，应以服务为主。通过对会计核算、内部控制、预算体系的检查，发现问题并提出更有效、更科学的解决方案，为公司提高管理水平和经营业绩当参谋、做服务。

（5）重大财务事项预审制和授权批准制。《公司法》、《公司章程》规定和股东大会议定的应提交股东大会审议批准的重大财务事项，例如，大型项目实施、重大技术改造、增加大额预算等，应向母公司提交报告，提请母公司预先审核，交股东大会批准。为简化决策程序，提高决策效率，股东大会也可以规定在一定的授权范围内，授权母公司代行审核批准。

要改善母公司经营管理，使其有效地运营和发挥作用，必须确立合理的管理体制。母（子）公司管理体制的核心问题是集权与分权问题，只有解决了这个问题，才能保证母（子）公司管理体制的合理化。由于控股公司环境不同，管理体制也是千差万别的。按照母（子）公司管理集权与分权的程度，其管理体制大体可以划分为以下三种类型：

（1）集权经营模式。集权经营体制，是指企业的一切生产经营活动都要集中在母公司的统一指挥下进行，子公司的供、产、销、人、财、物都由母公司统管，整个企业实行统一核算，垂直领导，各子公司在财务上没有独立性，在经营管理方面没有自主权，在母公司总部设立职能部门协助总经理管理各子公司的业务工作。

（2）分权经营模式。这种体制是在统一领导下，实行分级经营、分级核算，不仅母公司独立核算，各子公司也是一级内部独立核算的单位，有经营管理自主权限。

（3）统分结合模式。这是一种由集团统一核算，由所属单位分级管理的管理形式，它是集权管理与分权管理相结合的产物。采用这种管理体制的企业，集团对整个企业的经营好坏和盈亏负全责；在经营管理职能方面，集团与分厂（分公司）则各有分工。供、产、销和人、财、物的重要经营管理权力集中在集团，而生产和销售等具体业务下放给下属单位，并拥有一定相对独立的权力。

**控股模式包括：**

（1）金融型控股模式。以追求资本增值为唯一目标，无明确的产业选择。母公司投资对象多为上市公司，股权流动性高。将注意力放在子公司财务指标数据的控制上，通过控制股权，支配被子公司的重大决策，以达到资本控制的目的。母公司人员精简，主要是高级财务管理人才，通过资本营运手段对被控股子公司进行指导、监控，并且不断捕捉资本市场的信息，进行符合投资回报目标的兼并、收购和出卖、转让。母公司的目标是不区分业务领域的企业收益最大化，资产管理是其核心功能。

（2）战略型控股模式。母公司以追求资本增值与多元产业发展双重目标，有明确的产业选择，有核心企业，母子公司关系稳定，母公司通过控股方式形成战略型企业集团。其目标是在区分战略单位的前提下，追求战略资源的优化配置。母公司根据外部环境和现有资源，从整个公司的角度制定公司整体发展战略。此外，母公司还掌握被控股公司的控制权，使被控股公司的业务活动服从于控股公司整体战略活动。母公司的人员较多，核心功能除资产管理外，还有战略协调功能。母公司与战略业务单位（即子公司）的关系是通过战略协调、控制和服务建立起来的。母公司不从事具体日常经营，只是通过掌握子公司股份，利用控股权，影响股东大会和董事会，支配被控制公司的重大决策和经营活动。采用这种组织体制的优势是决策和执行分开，产品经营和产权经营分开。战略型控股公司是我国绝大多数企业集团的发展趋势。

（3）操作型控股模式。母公司以追求主导产业市场占有率与资本增值双重目标，有明确的主导产业。既从事股权控制又从事具体某个业务的实际经营的控股公司。由于母公司从事较多的具体业务的操作指导，母（子）公司关系密切，所以人员配备较多，管理费用较高。企业在多元化的初期通常采取这种组织体制，此时主业由母公司经营，多元化的业务由子公司经营。这种组织体制的优势是主业发展会受到整个公司的充分重视，劣势是母公司高层管理者有大量的时间要耗费在主业日常经营事务的处理上，没有太多时间考虑母公司整体发展以及其他多元化业务发展，简单地说母公司高层管理者更多扮演一个业务负责人的角色，而不是一个多业务公司老总的角色。

**控制模式包括：**

（1）资本控制型。资本控制型是指母公司通过投资入股子公司，成为子公司的股东，并且掌握控股权，母子公司之间是投资者与被投资者的关系。母公司对子公司管理不加以干预，只参与分享企业利润。

（2）行政控制型。在行政控制型模式中，母公司通过全资投入子公司，或者以兼并子公司的方式，取得子公司的绝对控制权。母公司直接任命子公司的管理层，对子公司的财务、人事、经营等活动进行直接控制。

（3）参与控制型。母公司投资控股子公司，而子公司的管理层人员以自然人身份投资参股子公司，使子公司的管理层人员成为子公司的股权所有者，充分调动子公司管理层人员的积极性。

（4）平台控制型。母公司通过全资式绝对控股的形式投资子公司，投资额一般不大，子公司成为母公司的“作业平台”，子公司完全按母公司的总体安排，在“平台”上与母公司下属的产品事业部配合，为母公司完成特定的工作（如加工、生产、销售等）；子公司为母公司特定目的而建立的“平台”型企业。

许多产融结合基本都属于母子结构的产融结合。集团拥有主业或者几个主业板块，同时在集团层面设立金融机构，或者构建金融板块，或者参股、控股金融机构形成产业 + 金融的格局，产业和金融紧密协同，通过资本的杠杆撬动更大规模的产业发展。

在母子结构中，总部定位为投资中心，做大投行；子集团或事业部做利润中心，行业整合中心；第三层运营单元做成本中心，做有竞争力的产品或服务的提供者。在总部设立金融机构，统一集团各板块财务资源，协同集团各板块金融力量与产业板块进行组合，发挥“千手观音效应”。而子集团作为总部的具体承载单元，是产业资本和金融资本的贡献者，完成金融资本和产业资本的具体结合。而三级运营单元具体使用集团的四金“金融人才、金融信息、金融工具、金融产品”去做集团企业的价值链、供应链、产业链改造。

3. 产业链的主要模式

产业链在形成发展过程中受到国际产业链的布局调整、国家产业结构调整、地方产业政策的引导等诸多因素的影响，这诸多外界因素作用于产业链，必将促进产业链的形成与发展，进而演化成不同类型的产业链。在外界因素作用下，产业链在某空间区域内不断延伸和拓展，使产业链节点企业的富集程度不断增加，节点企业之间的竞争程度也日益激烈，不断兼并重组，优胜劣汰，最后形成了纵向一体式产业链、纵向约束式产业链两种类型。所以，产业链可分为市场交易式、纵向一体式、纵向约束式三种类型。

（1）市场交易式产业链是指产业链中的企业之间是完全的市场交易关系，企业在产业链中的地位平等，靠供需链而组成一个有机的链条。它的优点在于：整个产业链中不存在垄断利润的节点，企业生产不会受制于某些厂商。缺点在于：产业链中的商品迂回程度较低，供需链中的技术链较短。此外，过于“独立”式的生产不利于整合企业内、外部资源，不利于社会分工的发展和整体产业链价值的最大化。另外，由于除了自己生产的产品以外都来源于外购，产品生产受市场环境的影响大。

（2）纵向一体式产业链是指上游（下游）企业通过购买下游（上游）企业的产权获得被收购企业的控制权。纵向一体式产业链中的企业同属于一个集团公司，集团公司通过产权控制着产业链的上游（下游）企业的生产经营活动，产业链内的市场交易转化为集团公司的内部生产，从而生产经营更加稳定。一般来说，钢铁、石油、煤炭、汽车等进入壁垒高、容易产生垄断的产业往往形成一体式产业链。纵向一体式产业链能像一个企业一样进行生产交易活动，治理模式是等级控制，所以又称为等级式产业链。

（3）纵向约束式产业链是指产业链的核心企业对节点企业进行行为限制和价格限制，以便赚取高额垄断利润。纵向约束式产业链节点企业间的行为既非市场交易又非产权控制，而是通过“契约”来控制产业链节点企业的行为。所以，纵向约束式产业链又称为契约型产业链或网络型产业链，网络型产业链还可进一步分为模块式、关系式、控制式三种模式。

概括起来，产业链可分为三种类型、六种基本模式。从产业链的空间维度考察，产业链落在这个区域内的链节和落在另一个区域内的链节完全可能是不同类型的产业链，从产业链的时间维度考察，一条产业链在形成过程的不同阶段，其产业链类型也不是一成不变的，而是随着产业链的发展而发展的。

（1）市场交易式治理模式。当交易能轻易地明示化，产品的规格相对简单，供应商不需要购买商特定投入就有能力生产满足购买商所需的产品时，市场交易是最好的模式。此时，购买商根据规格需求产品，供应商根据价格供给产品，由于信息交换的复杂程度相对较低，交易完全可以通过市场模式得以完成。其运行的核心机制就是价格机制。

（2）模块式治理模式。模块化是系统的分解与集成，它是追求创新效率与集约交易费用的分工形式，不过承担具体模块的经济体不但要在既定的规则下完成该环节，而且要在该环节中有很好的创新和突破。该模式中，交易过程中所需的监督和控制程度都很低。相对于关系式，模块式给了其所承担的价值环节中生产、设备等方面更大的弹性空间，不能利用该弹性空间也就失去了模块型最根本的组织优势。

（3）关系式治理模式。当产品的规格不能明示化、交易比较复杂、供应商的生产能力较高时，产业链关系式治理模式将产生。此时，因为具有竞争力的供应商为购买商补充了需要外包增强竞争力的机会，购买商和供应商之间的隐性知识交换是必须进行的，复杂的隐性知识的交换需要双方之间面对面的接触，必须通过较高水平的非市场协调来完成，因此，双方之间转换新的合作伙伴的成本相对较高。这种关系模式中，企业一般都是通过声誉而相互集聚在一起，其一般会表现出很强的社会同构性、空间临近性、家族种族性等特性。

（4）控制式治理模式。当产品规格的复杂性较高，交易信息的明示程度较高，而供应商的生产能力相对较低时，产业链控制式治理模式将出现。因为面对复杂的产品规格和产品信息明示程度较低的情形，生产能力较低的供应商需要购买商的干预和控制。这种治理模式众多中小厂商特别是小型厂商主要依附于几个大型厂商。

（5）等级式治理模式。当产品的规格不能明示化、产品异常复杂、有竞争力的供应商不能找到时，购买商将通过纵向一体化内部生产，等级治理模式因此而产生。这种治理模式产生的动机是产业链业务需要大量隐性知识的交换，同时需要控制企业的知识产权资源。等级式治理模式运行的核心就是管理控制，治理模式就是官僚管理，上级管理下级，或者是总部控制分支机构。

（6）金控集团模式。通过建立某种管理或股权上的紧密联系（控股）控制产业链，例如，金控集团模式，产业链为金融行业，阻碍产业链中实现金融信息、金融资产的利用，分享金融控股的收益。例如，中信集团、光大集团等。

所谓金控集团，就是以控股公司形式构成的金融企业集团。根据 1999 年 2 月国际上三大金融监管部门——巴塞尔银行监管委员会、国际证券联合会、国际保险监管协会联合发布的《对金融控股公司的监管原则》一文，金控集团公司被定义为“在同一控制权下，所属的受监管实体至少明显地在从事两种以上的银行、证券和保险业务，同时每类业务的资本要求不同”，是一类多元化经营的金融企业集团。一般来说，常见以下三种形态：

（1）经营型控股公司：同时控股两个以上从事不同金融业务的金融机构（如图 3－4 所示）。

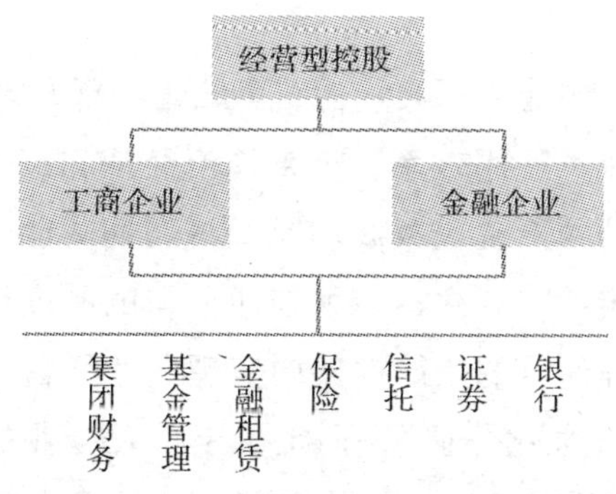


**图 3－4　经营型控股公司结构**

（2）投资控股公司：控股母公司不从事具体业务，主要进行投资管理

（如图 3 – 5 所示）。

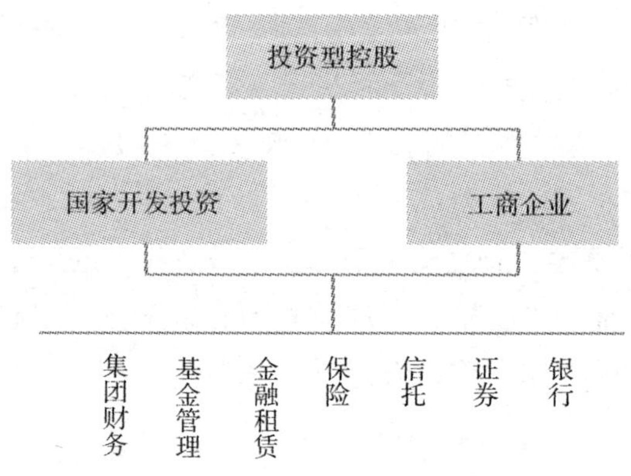


**图 3 – 5　投资型控股公司结构**

（3）管理型控股公司：控股公司与被控股公司之间不存在严格的资本纽带，即母公司在投资设立金融控股公司的同时，又投资设立了若干个金融机构，并把母公司对金融机构子公司的投资控股管理业务集中委托于金融性控股公司这一子公司进行管理，但金融控股公司与下属若干个金融机构之间没有直接的股权关系。

## 二、金控模式与产融结合

首先，金融控股公司能采用集约化、多元化经营方式，有效的配置资本，促进资本扩张，提高资本运用效率，带来规模经济和范围经济，同时还能分散和递减风险，提高公司抵抗业务波动及经济周期的能力，从而提高整个金融系统的安全性和稳定性。其次，金融控股公司的制度设计优势在于能够使我国金融业在现有分业经营的法律框架内实现混业经营，也顺应了“分业经营”的基点不定位于“强化分业”，而定位于“在分业的同时更好地为将来的混业创造条件”。由此可见，建立与完善金融控股公司模式是我国金融业由分业向混业转变的最合适的制度安排，在我国金融业发展中具有广阔的前景。有利于产业资本和金融资本的融合，从而促进我国产业结构的优化升级。

就产融结合来看，改革开放 30 年来，我国已形成了一批具有一定国际竞争力的大企业集团，它们在制造业产品市场上拥有较强的竞争力，并具备了庞大的客户群和营销网络，这些资源同时也为其发展金融业提供了适用平台。近几年来，一些大型产业集团已形成了对一些金融机构的控股，企业集团财务公司的发展也趋向多元化，例如，对其产品销售提供融资等，产业资本与金融资本的融合，已从单一地获取投资回报，逐渐转向与其主业竞争力的提高相配合，努力为其客户提供多元化、“一站式”金融服务，从而对金融控股公司提出了更高的要求。

## 三、供应链式产融结合

供应链是指产品生产和流通过程中所涉及的原材料供应商、生产商、分销商、零售商以及最终消费者等成员通过与上游、下游成员的连接组成的网络结构。也即是由物料获取、物料加工、并将成品送到用户手中这一过程所涉及的企业和企业部门组成的一个网络。

形象一点，可以把供应链描绘成一棵枝叶茂盛的大树：生产企业构成树根；独家代理商则是主杆；分销商是树枝和树梢；满树的绿叶红花是最终用户；在根与主杆、枝与杆的一个个节点，蕴藏着一次次的流通，遍体相通的脉络便是信息管理系统。

在这个网络组织发展过程中越来越复杂，呈现出整合、一体化、全球供应体系的特点。随着产融结合的资本运作模式兴起，有一些大型集团企业开始在物资流通、商业流通、信息流通等过程中利用资本的手段进行集整、改造，并优化供应链的管理模型，使其发挥多层价值，打造其供应链主地位。

竞争战略大师迈克尔·波特曾经指出，价值链的各个环节对于利润贡献是不一样的，企业应将自己摆放在最有利的市场地位，掌握关键资源与关键能力，以获得更多的利润。一个伟大的商业企业必然会突破原有的价值链，在整条流通链条上居于主导地位，而非被动的分工的接受者。拥有较强的资源整合能力的企业，在价值链上必然是强势的和有发言权的。

供应链战略是企业战略的一种，是企业诉诸纵向联盟以增强竞争力的方式。多层次供应链管理战略分析模型是企业制定和实施供应链管理战略的一个分析框架。供应链的战略实施需要企业在把握自身核心竞争力的基础上，分析企业之间的横向及纵向关系。

供应链战略与企业的横向关系：横向关系及供应链上某一环节同类企业之间的相互关系，将从战略杠杆的角度对此关系进行分析。通过战略杠杆分析，企业可以知晓自己的横向生存空间，在同竞争对手比较的同时发现自己的优势和劣势，进而判断自身在供应链某一环节的竞争中所处的地位。横向处于不利地位的企业更有能力诉诸纵向供应链寻求战略资源，增强自身的横向竞争能力。

供应链战略与企业的核心竞争力：内生能力即企业对自身核心竞争能力进行分析，确认企业边界的可能范围，寻求企业内部能力和外部环境的结合点，将从企业核心竞争能力的角度来对内生能力给予分析。内生能力的分析对企业供应链战略的制定是非常有益的，它有利于企业真正认清自身的实力和可利用的资源，更加准确地判断自身应该在供应链上处于一个什么样的位置，以便为将来战略的制定和实施提供定位参考。

供应链战略与企业的纵向关系：纵向关系及供应链不同环节之间的相互关系。纵向关系是供应链运作的基础，只有对所在供应链的上下游纵向关系的准确判断，企业才可能在结合自身能力的基础上决定究竟应该在哪一环节、以何种方式，以何种程度切入某条供应链，并在日后的实际运作中如何整合上下游的资源。

随着人们对第三方物流的重视及信息技术的发展，物流和信息流的流转效率日益提升。而供应链中的产融结合就是将资金流整合到供应链管理中，为供应链各个环节的企业提供资金融通等各种金融服务（如图 3 - 6 所示）。

通常，供应链上资金实力弱的中小企业，融资需求强，但是却难以获得金融信贷支持，而资金实力强的核心企业，融资需求弱，却容易获得融资。供应链的金融服务关系到上下游中小企业与核心企业之间的相互依存的关系，发现可以依托核心企业的付款能力为上游的供应商提供融资，前提是上游的供应商提供质量合格的货物；而核心企业掌握核心技术资源，其产品质量比较稳定，销路一般不错，可以基于货物市场销量比较有保障的因素，为下游的经销商提供融资。所以，产融结合后将以供应链中的核心企业为中心，依托核心企业将资金注入其周围的上下游企业及弱势的中小企业，从而解决供应链中资金分配不平衡的问题，进而提升整个供应链的竞争力。

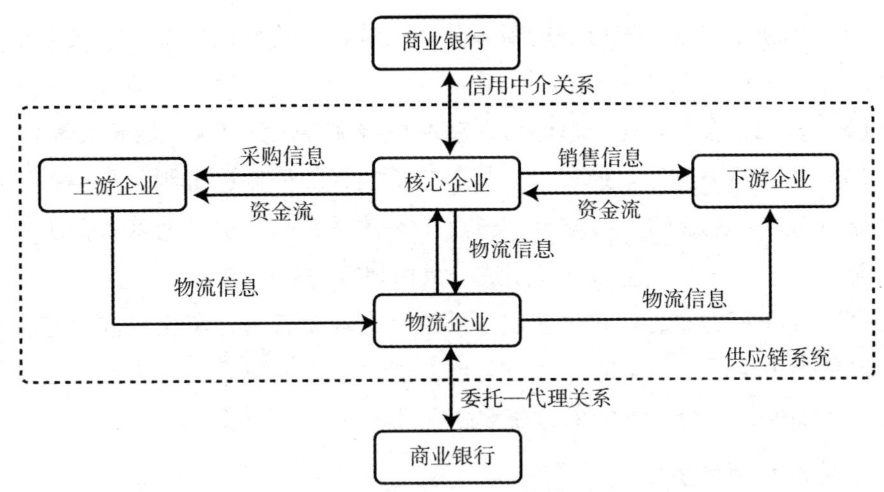


**图3-6　基于供应链的产融结合模式**

从以上的分析中可以看出，在供应链的金融服务中，银行及第三方物流企业不是真正的供应链成员，它们仅为供应链上的企业提供服务。

## 四、生态链式产融结合

在企业生态系统中，从事相同社会分工的企业形成了一个企业种群，而不同的企业或企业种群通过一系列的需求和供应关系形成了一条条企业生态链。而多条企业生态链间通过某一关键节点的作用交织形成企业生态链网，它构成了企业生态系统的基本形态。企业与外部系统也以生态链的方式联结起来，并建立起更高级组建水平的企业生态系统，实现着更大范围的物质（能量、信息和价值）循环。在企业生态链和生态链网上，企业种群之间的各种关系也将得以体现。

运用多种生态系统整合手法，通过金融工具、投资、价值掠夺等手段改造现有商业生态系统，建立利益互锁、形成多级利润区，利用系统的资本放大倍数撬动超额资源，形成超额利润垄断。

### 1. 生态链整合路径

（1）基础性整合。以金融、资源、权益等纽带融入现有、改造现有、组合现有为核心，进行优化性系统整合，提升效能。

（2）创新型整合。进行创造新型及多维融合再造价值环节，形成多级利润区。

（3）多元整合。构建人造经济，获取顶端优势，分享高速成长红利。

（4）生态体系整合。通过消费与服务机制，价值创造机制，乃至市场运作机制打造进行系统的立体整合，通过生态体系影响、引导消费者需求、观念乃至市场、行业、企业的价值创造以重构超额利润结构。

（5）生态能力整合。提供多层次外围社会环境打造，舆论导向打造，相关机制的促进生成，生态链生命力与创新能力建设形成系统自修复、自升级能力，进而通过智慧系统的构建获取超常规发展动力。

**2. 生态链整合手段**

（1）标准式。通过服务、产业标准及商业理念的整合，进行生态链缩核或延伸，形成防御及扩张态势。

（2）平台式。通过金融，平台、特殊联盟等无边界整合，形成系统的深度资源利用与利润挖掘。

（3）互锁式。通过利益互锁与分享机制等方式进行价值置换与优势互补，形成资源、能力垄断。

商业生态系统的思想，最早由美国学者詹姆斯·穆尔提出，在其著作《竞争的衰亡》一书中，他把商业生态系统定义为以组织和个人的相互作用为基础的经济联合体。穆尔经过研究认为，每一个成熟的商业生态系统，都有一个领导型的企业，它和所有系统中的成员一起，集中思考，探索整个系统发展的道路。

生态链的产融结合是霸权与王道的柔性表现，构建复合型的财团模式。运用金融人才、金融信息、金融工具、金融产品改造业务价值链、供应链、生态链、产业链，形成“实业资本＋贸易资本＋金融资本＋投资＋服务”的有机融合。

## 五、垄断式产融结合

垄断是基于自由经济与先天的所在国优势进行新垄断主义，通过大规模推进卡特尔、辛迪加、托拉斯、商帮、国家联盟等垄断手法的应用，建立财团的资本霸权，攫取全球范围内的超额利润垄断的基本形式（如图 3 - 7 所示）。

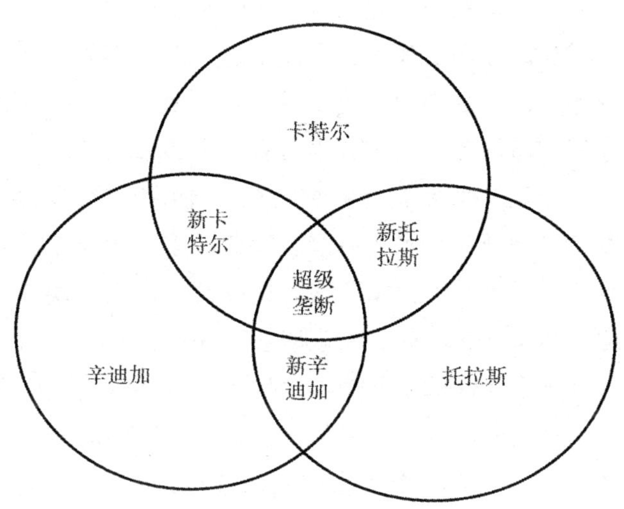


**图 3 - 7 垄断的基本形式**

### 1. 卡特尔

卡特尔就是生产同类商品的企业为了垄断市场，获取高额利润而达成有关划分销售市场、规定产品产量、确定商品价格等方面的协议所形成的垄断性企业联合。卡特尔成立时成员企业共同选出卡特尔委员会，其职责是监督协议的执行，保管和使用卡特尔基金等。

构建卡特尔首先需要拥有上游的原材料，另外原材料与原材料厂商之间能够联盟起来，这个联盟不是股权型的联盟，而是松散型的联盟，但是就必和必拓和淡水河谷的合作来看，他们在构建卡特尔上面，还是花了很大的精力，包括对欧洲和亚洲，甚至对亚洲的中国和其他国家，能够采用不同的政策，而且能够一致对外，问题是他们之间不能互相拆台，他们之间一旦互相拆台的话，这个联盟不仅不复存在，而且会被对方博弈掉。所以就联盟而言，如何建立一个强大的联盟，并且如果你的另外一个联盟方违反了你，你用资源能力和核武器对他进行惩罚。

### 2. 辛迪加

辛迪加就是经销商联盟，它是由同一生产部门的少数大企业，通过签订统一销售商品和采购原材料的协定以获取垄断利润而建立的垄断组织。参加辛迪加的企业，推选出它们的代表，组成辛迪加总办事处。辛迪加参加者的商品销售和原材料采购，都得通过这个总办事处统一进行。这种统一的、集中的购销，意味着辛迪加在流通领域中占有一定的垄断地位，使它有可能抬高商品的销售价格和压低原材料的采购价格，从而获取高额垄断利润。

未来如果像浙江物产，很多企业能够联盟起来，构成面对造船业、面对建筑业、面对很多行业的一个大销售联合体的话，那么钢铁行业的辛迪加就出现了，换言之，如果国美和苏宁两家联合起来的话，那么估计只好是他们出什么价，买什么价了，这就是辛迪加的厉害。卡特尔是供应商联盟，辛迪加是经销商联盟，我们经常听到的一种辛迪加就是银团辛迪加，多个银行构成一个银行辛迪加，去任何一个辛迪加里面的银行贷款，都是同样的条件，一致对外。

例如，对某个企业，任何联盟里面 30 家银行不能出第二个政策，只能这一个政策，该企业爱谈不谈。那么在这样的情况下，这个银行辛迪加就非常厉害了。

### 3. 托拉斯

托拉斯其实是在一个过剩的行业中，大家都把自己的资产折算成某个核心企业的股份委托给后者，持有股份回家待着去了。而这家核心企业来统一运转自己和委托持有的资产，他往往会把部分产能关掉，进行结构调整和优化，把供求关系理顺，最后整个联合体都赚钱了，由他来给大家分红。

### 4. 商帮

商帮是利用亲情、产品、交易等多种形式为枢纽，以相互扶持为宗旨，自发组织所形成的既“亲密”而又松散的一种联盟式的运作。它不是通过企业股权等传统形式形成的，也不是通过像红帮或青帮等俗世的社会团体连接而成的，但它又兼具两者的一些特征。

商帮的运作主要基于商会的设立，通过地区商会、省级商会、海外商会的设立铺设商帮纽带，这些纽带相互连接、相互合作形成巨大的超边界网络。

然后利用这张网络实现信息分享、平台共享、资源整合，发挥聚合效应，进行跨地域的联盟式运作，释放商帮的整体力量。

浙江经济之所以能够取得巨大成功，浙商的人造经济之所以能够成功，很大的因素就在于浙商的商帮化运作。

**5. 国家联盟**

正是由于国家间对进行合作互补等的种种需要，即使是奉行不结盟政策或者永久保持中立的国家，虽然没有明确宣布结盟以及签订盟约，但是为了维护和发展国家利益，创造更有利的国际环境，不可避免地会在制定内政外交政策和采取行动时产生某种倾向——与自己有更多共同利益的国家靠近。这当然不是严格意义上的结盟，但是这种相互靠近的举动以及随之出现的国际关系格局具有“结盟”的某种实质。

国家联盟就是国家与国家之间的联合。国家联盟的原因一定是复杂的综合体，其成立目的就是使联盟体在外交、政治、军事、经济等领域进行广泛合作、在关键时间、关键领域采取协调一致的行动对抗第三方力量、控制相关资源等以最大化联盟体的利益。例如，北约的目标就是将致力于在全球建立拥有“共同价值观与共同利益”的“全球伙伴关系”，这里“共同价值观与共同利益”是指西方的“民主、自由”，即北约要在民主、自由与法制等原则基础之上组建一个“拥有全球伙伴的联盟”。

国家联盟通过建立共同的章程，签署盟约协定来实现。通常会设有相关常设机构维持联盟体的日常运作。国家联盟尽管有协议的约束，但是协议本身更多的是软约束，维持盟国间采取一致行动的是一些共通的价值观和利益，因此国家联盟是松散型的，但如果联盟体的利益一致，那么当他们采取协调行动时，威力可以被无限放大。

北约近年来所采取的一系列军事行动就是很好的说明，通过各盟国基础设施的共享、共同的军事打击、共同政治施压使集体力量发挥得淋漓尽致，一次又一次地达到了他们的目的。

例如，1973 年的石油危机，欧佩克拒绝运送石油至于赎罪日战争（十月战争）支持以色列对抗埃及和叙利亚等西方国家，这使油价上升四倍，从 1973 年 10 月 17 日至 1974 年 3 月 18 日，持续五个月之久。与其他的企业间通过协议组建的联盟不同，它对成员的行为控制力较弱，因为它并非强制性协议。欧佩克的成功大部分都归功于沙特阿拉伯的弹性。该国允许其他参与协议国家的欺诈，更减少自己的产量来弥补其他成员超出配额的生产。因为其他的成员均全力生产，而沙特阿拉伯是唯一的成员拥有充裕的贮存空间，亦有在需要时增产的能力，这给予它们可靠的杠杆效应。

在这个以主权国家为主的国际社会里，联盟或者结盟是国际关系中的常态，作为实现国家利益的一个重要手段，它对于国家的崛起和发展具有重大影响。20 世纪 80 年代初以来，我国一直奉行独立自主的不结盟外交战略，然而国际形势的深刻变化使这一战略面临严峻的挑战，我们必须认清形势，充分利用各种力量来为大国崛起创造条件。在“中国不能不结盟也不能马上结盟”的情况下，准结盟战略值得我们考虑。如何选择实施战略的对象，如何建立，维护和发展更高层次的国家合作关系等都是摆在我们面前的重大问题。或许通过尝试对近代历史上国家间结盟或者联盟意图的分析，能够为未来的决策提供一些经验教训和启示。

垄断式产融结合的战略体系：①占有经济发展理论高端，用一套利己的理论来重构联盟；②占据道义巅峰，提出突破性理念，加重低能级企业制度成本；③廉价占有并控制资源；④积极扩张，把对手锁定在低利润区，使其无法进行重大突破；⑤占有人力和知识资源，使对手资源枯竭，只能做低端分工；⑥用联盟结构、规则和创新形成垄断，来积累效益；⑦用规模效应和资本的手法打压发展中国家的经济体；⑧用心理，品牌等文化优势对属地国企业进行压顶式竞争；⑨控制技术转移和知识流动，保持自身竞争优势。

## 第三节　产融结合的实施载体

金融机构主要包括商业银行、证券公司、保险公司、保险公司经纪公司、基金公司、期货公司、租赁公司、投资公司、资产管理公司、担保典当、汽车金融，小额贷款等。产业资本可以以参股或控股的形式进入金融机构。参股或控股金融机构，是产融结合的主要形式。参（控）股金融机构的主要途径包括独家或多家联合发起设立；借增资扩股之机参扩股；直接或利用关联企业去控股金融机构；借原股东退出之机受让金融机构的股权等。

## 一、商业银行

商业银行是很多企业集团实施产融结合的首选。目前全中国一年的GDP在3万亿美元左右，折合人民币约21万亿元（按1∶7），而至2015年6月末，银行金融机构境内本外币资产总额达73.7万亿元，是实体经济的1/3。按机构类型划分，国有商业银行总资产最多，占一半强；股份制商业银行总资产10.8万亿元，增长较国有商业银行更快；而城市商业银行增长最快。企业集团参股持股商业银行后，通过银行吸收存款、集中社会闲置资金，从而实现金融资源的企业集团的内部化，然后通过商业银行发放贷款，进而成为企业集团的投资、开发、建设、生产和经营等方面的信贷服务。企业集团控制商业银行后，将彼此的信贷关系内部化，有利于大幅降低交易成本、提高效益，集团的财务费用就变成商业银行的利润，进而转变成集团的利润。

相较于证券、保险、基金、信托、租赁等金融企业，商业银行居于金融的核心地位，为企业整合金融板块，建立资源共享的综合业务奠定基础，有利于加快企业集团资本的积累速度。因此一般金融控股公司都会把商业银行作为整个金融控股公司的核心。事实证明银行资本利润远远高于产业资本的利润率，对于集团整体实力的提升，进而提升企业集团的品牌和形象都有极大的作用。

## 二、证券

投资证券公司，则既可以利用证券公司的业务功能，为集团的资本经营提供全方位的服务，也可以通过分享证券行业丰厚的利润，获得高额回报。券商的业务包括自营业务，即各种固定回报证券、国库券、债券，非固定收入的股票、信托产品等；投资银行业务，即在并购、IPO、借壳的过程中提供中介服务；资产管理业务，对资产进行保值增值的管理；基金管理业务；以及证券经纪业务。过去券商一般都不是做自营业务的，但现在，自营业务是券商的利润核心。在西方信息披露更加严格的情况下，券商会利用企业收购的机会，抛出要实施收购公司的股票，而收购标的公司的股票，因为一般来说收购者本身是要赔的，而被收购者是要升值的。所以美国的券商利用该正向操作，加上不断地做资产组合的调整，来获得自营业务的收益。

## 三、基金

基金分为三类；证券基金、产业基金和风险投资基金。

基金类别不同于集团发展的关联程度，同时存在着显著差异。证券基金由于资金定向投往证券市场，所以跟集团的整体关联程度不大；产业基金帮助企业集合资金、吸收资源、扶持重点产品，有利于企业发展重点业务和战略转型；风险投资基金有利于培养集团的高科技产品和产业，能够帮助提高企业的孵化和资本运作能力。

## 四、信托

信托公司是金融机构中唯一能够跨货币市场、资本市场和实业实体的，优势鲜明。信托业务包括资金信托、动产信托、不动产信托等，也就是说只要是一块资产，就可以设计资产证券化的方案，甚至只要一个产品有相对可靠的收入，或被认为有相对可靠的收入，就可以将它证券化。

## 五、担保

担保公司属非金融租赁公司、非金融的机构，因此相较于其他金融企业，成立的门槛较低。担保公司通过为子公司进行融资担保，为担保公司带来稳定的内部承保市场，而通过担保费用的收取，集团总部能够获得担保公司取得的风险议价收益，又通过担保公司的风险控制，直接控制集团的风险水平，进而进行外部担保业务运作。

## 六、期货

随着 2007 年期货交易条例发布实施、股指期货等金融衍生品的推出，中国的期货市场已进入良性循环，交易品种日益丰富，以券商基金、QFII、私募基金为代表的机构投资者参与其中。期货市场具有的套期保值、价格发现、资产配置、套利和投资等功能，在广泛的领域内得到发挥。但对比国际金融市场，目前中国的金融功能，中国企业做期货的能力还有很大差距，发展空间很大。

## 七、金融租赁

金融租赁公司和信托、担保公司相比，信托投资公司募集资金，金融租赁公司则负责风险控制，在共同的项目上发挥特长，利用担保公司为开展项目进行担保。金融租赁的一种运作方式是根据租赁需求，租赁公司购入设备租赁给使用方，担保公司为其提供资金担保；另一种运作方式是评估并出售给租赁公司某设备，租赁公司再将设备回租，使使用企业成为轻资产，这种做法也是非常常见的。例如，江西萍乡钢铁厂需要一套 90 多亿元的冷轧设备，对这样一家企业来说压力很大，因此他们采用融资租赁的方式，即支付较少的首款后，由一家租赁公司购入设备租赁给他们，他们得以直接使用，并通过 20 年或 30 年分期还款。如果未能还款，租赁公司可将设备收回并租赁给其他企业，然后通过法律来追诉应还款项。

金融租赁的空间很大，例如，中国在建诸多的地铁项目，必须要使用的盾构。进口盾构设备单价高达数千万美元，一般只有像中国中铁这样的企业拥有这样的资产。在盾构普及之前必须由母公司持有，子公司需要的时候采用向母公司租赁的方式，而现在盾构依然是稀缺资源的时候，不能将其租赁给其他公司，避免培养竞争对手。再例如，重工企业的挖掘机、推土机、起重机这类的设备，必须依靠租赁市场。在美国的建筑装备市场，完全是由租赁公司购买并出租给建筑商，但是中国该市场尚未形成，因此，目前中国大型重工企业都在自己推动租赁业务。

## 八、保险

保险的进入门槛较高。保险资金过去只能依靠银行拆借利息，但现在保险资金的投向在逐步放松，保险资金逐渐形成基金、私募基金、基础建设等多元化使用。私募股权基金（PE）是相对公募（公开发行上市）的，很多企业都是以企业的自有资金，或者借贷资金做私募股权投资。中国的私募股权投资重点关注需要改制的国企和快速成长中的民企，投资重点包括医药、建筑、装备、文化等，一些先行的私募都获得了非常好的回报。

进入保险经纪公司也是一个选择。很多国际公司就选择进入保险经纪业务领域，例如，西门子内部甚至有保险中介公司，整个集团的各类保险都经由该中介公司，这中间赚取的手续费数目惊人。而该中介公司再做关联企业的保险、上下游供应链企业的保险的话，每年单在保费上给公司带来的就是高额的利润，这在很多国际集团中都很常见。

从发展态势来看，近几年由于参股商业银行受到资金门槛的限制，更多的企业集团把目光转向较小的城乡银行、信托投资公司，或证券、保险等非银行金融机构。证券业因为被视为未来的朝阳产业，成为企业分散投资的重点选择对象。现阶段，证券、信托被参股多于商业银行；城商银行多于股份制银行。例如，中石油通过现金的方式认购克拉玛依商业银行，成为后者最大股东。该商行就可以依托中石油的优势，发展成为全国性的商业银行和国际化的商业银行，单是中石油未来的资金放入该行，就是极大的优势。因此，参股或控股金融机构，是产融结合的主要形式。

## 第四节　国际产融结合主要模式的比较和借鉴

### 一、英美模式

英美模式实质是市场主导型的产融结合模式，以英、美两国为主要代表。这种产融结合模式以自由市场运行为基础，银企间产权制约较弱，而主要依靠短期的债权联系并靠系统的法制来解决争端，企业资金主要来源于自我积累、直接拥有工商企业的证券和对企业开展信用担保业务，以尽可能地排除风险。

英美公司的股权结构相对于日本和德国更加分数和社会化，这就决定了股东没有足够的动力参与公司治理。尽管金融自由化浪潮推动美国放松银行管制，但美国银行对企业的持股比重一直偏低，股份日益集中于养老基金和保险公司，这些机构投资者受银行的信托部控制。而美国法律规定任何一个非银行金融机构持有的股份不允许超过发行公司总股份的5%，折旧决定了持股法人对公司的直接控制和管理能力是非常有限的，英国的情况大致和美国相同。这种分散的股权结构和投资理念决定了英美的产融结合机制主要是以资本市场为基础的外部结合。这种通过公开资本市场实现的产融结合具有较高的透明度和约束力，因为金融资本的定价与配置是市场决定的，而不是通过暗示合约来完成的。个人和机构投资者并不直接参与公司的治理，而是借助资本市场的证券交易、兼并和接管机制来间接控制产业资本。

英美以资本市场机制为主的产融结合模式的优势在于：首先，现代积极的竞争优势来自于高新技术的产业化，而资本市场则是风险资本形成和支持高新技术研究开发与产业化的最重要机制；其次，更重要的是资本市场不仅具有较低的交易费用、信息的开发性和可得性、资产的流动性，还为金融资本的需求者创造了一个活的低成本资金的供给机制；最后，在多样化、高度市场化的融资体系中，企业的融资选择具有很大的自主性，这不仅有利于企业资本结构合理化，而且也使企业教授受制于银行。此外资本市场通过证券交易、接管、并购等途径和公开信息披露机制促进了金融资本使用的效率，从而有助于实现产业资本和金融资本的有效配置。美国近几年的“新经济”，很好地证明了这种产融结合模式的比较优势。

英美公司治理结构的优点在于，由于强大的股东约束和市场约束，公司治理结构之间的制衡关系较为平衡，企业经营透明度大，股东权益率作为评价经营绩效的标准，经理人员要保住职位，就必须努力保持利润的高分红率。

## 二、日德模式

日德模式实质是银行主导型的产融结合模式，以日本和德国为主要代表，日德产融结合模式以“社团”或“社会”市场经济为运行基础，银企间产权制约较强，企业以间接融资为主，银行在经济和企业经营中发挥重要作用，而资本市场的作用较小。在这种模式下，银行和企业之间常常保持密切而持续的联系与沟通，两者长期依存。企业与主银行或主持银行保持稳定的交易关系，银行与客户企业相互持股，银行通过贷款契约、股权占有、人事结合及代理小股东的表决权等方式对企业经营决策产生影响。

作为银行主导型的产融结合模式，银行在日本和德国工业化中均起了基础性的重要作用。尤其在战后重建过程中，银行支持了经济的迅速恢复和发展。首先，表现在银行为经济的发展和企业的扩大提供了巨额的资金保证；其次，银行对产业的渗入不仅能够扶植产业，实现政府的产业发展政策，带动整个经济的发展，而且能形成现代化、集团化和国际性的大公司，增强国际竞争能力；最后，有利于政府有效地控制和调节经济运行。虽然银行在日本和德国的产融结合中都占绝对的主导地位，但两国的银行对产融结合的作用不同使得日德模式还可以细分为日本模式和德国模式，这主要是因为：一是两国的银行经营制度不同。日本的主银行实行分业经营制度，而德国的银行业务范围没有限制，可以直接经营信贷、信托、证券投资基金等业务。德国的银行体系由于其全能银行业务的强大的代理投票权以及受限制的证券市场而在产融结合中发挥更大的作用。二是两种模式的市场化程度不同，政府行为不同。日本模式是建立在低市场化基础上的，政府严格限制利率和规定金融机构受到多重保护，更重要的是，金融资本的定价与自由配置也由政府决定，并且金融资本的定价远远低于市场决定的均衡水平，因而市场机制作用的广度和深度极为有限。德国模式是建立在高度市场化基础上的，德国政府对银行的行为主要表现为监管，德国的特点之一是制定了一套严格缜密的金融法律体系，把全部的金融活动都纳入了法律范畴，加上一个良好的执法环境，使市场机制得以充分发挥作用。德国的产融结合模式比日本模式更具市场化，并且在政府行为和市场效率之间找到了一个比较合理的均衡点。

在治理结构上，日德产融结合的优点是：银行的监控和法人相互持股，使企业经理人员在正常情况下对公司有较大的自主控制，来自股东的干预较少，有利于公司行为长期化；同时，治理结构又保持了对企业经理人员的有效控制，从而既保证了所有者的权益，也维护了企业的长远目标。与英美企业相比，日德企业市场占有率高，企业竞争力强，来自股东的分红压力小。这些制度鼓励连续性的、进攻性的投资，以提高生产能力，提高吸纳有业务活动的生产率。日本企业正式通过这种高累积、低分红来实现公司的长远发展，两股东的利益也因公司的高速增长带来的资本增值最终得到补偿。

## 三、比较分析

任何一种产融结合模式都有其自身的优势和劣势并导致运行绩效的差异，它们在一国经济发展的不同阶段会有不同程度的显现。

### 1. 从产融结合经济效率看

产融结合的经济效率，即资源配置的有效性。美国市场主导型的产融结合模式因其高度的市场化而被认为是最有效率的模式。美国作为市场经济发育较早的国家，政府几乎没有参与工业化的发展，而工业化的发展主要是凭借资本市场的发展来实现的。美国产融结合模式的效率在经济全球化的背景下效率优势表现得更为明显。金融企业与工商企业间的平等交易关系使得双方利益相关性较低，因而交易双方具有较高的选择性，比较灵活，在面对国际经济环境的变化时能迅速做出调整。并且在这一模式下，任何金融机构都是市场的积极参与者，拥有同等的市场竞争环境。企业在融资方式上的选择具有很大的自主性，较少地受制于银行。在资本市场上进行的产融结合，增强了资本的流动性和定价的透明性，这使得资源能够从盈利较少的产业迅速的转移到盈利较多的产业，从而使资本在各部门间得到了优化的配置。

德国的银行主导型产融结合模式在资本形成和经济发展中起着举足轻重的作用，使得资本市场作用较小，资本的自由流动受到限制，因而被认为是低效率的模式。德国银行在产融结合中的主导作用对德国的工业化和“二战”后的经济重建作用功不可没，德国经济一直保持长期稳定的态势。但是正由于它的长期稳定性，使得德国产融结合模式在面对外界环境变化时调整的非常缓慢。

日本的银行主导型产融结合模式区别于德国的是，在日本银行和企业的产融结合不仅要考虑市场因素，还必须考虑政府的经济计划，接受政府的行政指导。产融结合在依据政府意愿调度资金，实现国家产业政策方面有明显的优势。日本、德国的产融结合模式对国内环境的依赖性强，对国际经济环境变化的适应性方面不如美国。

### 2. 从产融结合风险性、稳定性看

美国的市场主导型产融结合模式的微观经济风险大，宏观经济风险小，

产融结合的稳定性差。从微观上来看，在美国的产融结合模式中，银行和企业在市场交易中具有平等的独立性，二者的关系是短期的市场契约关系，缺乏稳定性。随着资本市场上的价格波动，银行和企业市场交易行为相对频繁，双方难以全面掌握对方信息，而必须承担较大的逆向选择和道德风险。从宏观上来看，由于市场机制较健全，一切风险因素都会在价格信号上得到反应，这样有利于市场主体及时的识别、规避和控制风险。

德国的银行主导型产融结合模式风险小、稳定性强。在这一模式下，资本市场受到限制，银行长期持有企业大量的股票，参与企业的决策经营，这有助于银行减少交易中的逆向选择和道德风险。而且由于银行和企业经营利益相关性较强，在企业经营出现危机时，会尽可能给予关系企业资金援助，是企业发展避免短期行为，而追求长期发展目标，实现银行和企业的双赢。同时，由于德国拥有良好的道德法制环境，与美国相比，德国的产融结合一直处于稳定的发展状态。

日本的银行主导型产融结合模式的微观经济风险小，宏观经济风险大，产融结合的稳定性较强。日本的银行与企业相互交叉持股，建立起长期稳定的交易关系。银行作为企业的大股东，不仅关心企业的当前利润，更关心企业的长期稳定发展。企业为了确保资金来源并在不利的环境下能得到银行有效及时的援助，同时企业还持有银行的股份。与美国和德国相比，日本的产融结合模式是政府实现其产业政策的工具。政府对企业和银行过度保护，使产融结合微观风险小，银行和企业很少破产。但是内部缺陷容易造成银行业的垄断和内部交易行为，主办银行在企业出现债务危机时负担救助责任，使企业的预算处于软约束状态，这会让更多的缺乏效率的企业存在，当其累积到一定程度时必然会引发泡沫经济和金融危机，存在宏观经济风险。

## 四、我国借鉴

从上述分析可以看出，尽管市场主导型产融结合模式与银行主导型产融结合模式都存在某种程度上的不足，但其各自的优势也是明显的，具有可鉴之处。那么对于中国来说，产融结合模式能不能照搬这两种模式中的任何一种呢？

美国的市场主导型产融结合模式在中国难以适用。目前来说，中国的市场化和产业证券化水平，尤其是金融市场化水平还很低，近期内采取市场主导型产融结合模式还不现实，即使作为未来的模式，中国也不宜照搬美国的模式。因为中国和美国在生产力发展、文化、价值观等方面存在很大的差异。从生产力发展来看，美国的资本主义发展以及资本原始积累都比较充分，市场经济较发达，企业对银行依赖性不大，而中国企业对政府和银行已经形成长期的依赖关系，市场经济发展刚刚开始。从文化和价值观的差异来看，西方文化追求自我价值的实现，人与人之间是平等的契约关系，法律规章制度是经济生活中的重要组成部分。西方人具有冒险精神，这也为美国实现以证券市场为主的市场型产融结合模式奠定了基础。而中国人大多以求安稳为主，其收入除消费之外，主要用于具有相对安全的投资渠道。

同样，日本、德国的银行主导型产融结合模式曾为两国的经济发展与繁荣做出很大的贡献，对于中国来说，在处理银企关系时可以借鉴这种模式，然而走日、德的产融结合道路并不是中国的最佳选择，中国还不具备实行日、德主银行治理结构的体制条件与动力。日、德模式通过银行的内部控制与企业保持长期的交易关系，可以节省代理成本和交易费用，对企业的最后援助行动又可以减少企业的破产。然而中国的国有商业银行在银行体系中居于主导地位，银行的信贷对象主要是国有大中型企业，而我国的国有商业银行正在进行企业化改造，国有企业的改革尤其是产权制度的改革还没有完成，国有商业银行与国有企业之间还没有完全建立起有效的内部治理结构。特别是我国的国有企业资产负债率过高，对银行依赖过大，国有银行不能完全做到依据市场法则来选择企业，这就注定银行主导型产融结合模式无法在中国适用。

由此可见，中国产融结合模式的选择要考虑其特殊性，既不能走美国的市场主导型产融结合道路，也不能走日、德的银行主导型产融结合道路。当然，要注重吸取美、日、德三国产融结合模式的优点和实践经验，在考虑中国经济发展阶段及发展战略、金融及经济的稳定性以及文化背景等诸多因素时，选择适合中国社会经济发展的，具有鲜明特色的中国式的产融结合模式。

# 第二篇　案例篇

# 第四章　产融结合的管控模方式

## 第一节　沃尔玛公司：零售 + 消费信贷

沃尔玛公司由美国零售业的传奇人物山姆·沃尔顿先生于 1962 年在阿肯色州成立。经过 40 多年的发展，沃尔玛公司已经成为美国最大的私人雇主和世界上最大的连锁零售商，多次荣登《财富》杂志世界 500 强榜首及当选最具价值品牌。

沃尔玛一直在努力推动零售与消费信贷的结合。根据沃尔玛自己的测算，如果能够开设自己的零售银行，通过与零售业务共用推广渠道、客户信息和支付系统，沃尔玛零售银行可以大大节约推广信用卡的营销成本，降低客户信息管理成本和支付系统的运营成本，从而将信用卡的费率成本从 2% 降低到 1%。沃尔玛的方案是将这 1% 的成本节约回馈给消费者：2005 年沃尔玛发行了具有积分折扣功能的类似信用卡“发现卡”，“发现卡”不收年费，可以在沃尔玛和其他加盟零售店铺使用，并可享受最多 1% 的购物折扣。1% 的积分回馈将进一步巩固和扩大沃尔玛的客户群，并推动消费信贷业务的同步扩张。

在沃尔玛“零售 + 消费信贷”模式下，1% 的成本优势在金融界引起了恐慌。目前沃尔玛还只能通过与其他银行的合作来拓展金融业务，沃尔玛庞大的消费群使银行对它既恨又爱，在坚决抵制其独立开设银行的同时，又趋之若鹜地想与它合作，这种谈判优势使沃尔玛在与银行的合作中通常占据了利益的大头，也变相分享了金融业务的收益。

沃尔玛产融战略的核心是：零售业务降低了消费信贷业务的营销和管理

成本，公司通过将这种成本的节约让渡给消费者，进一步拓展零售业务的客户平台。

## 第二节 复星集团：综合金融 + 产业运营

复星坚持扎根中国，投资于中国成长根本动力，积极践行其“中国动力嫁接全球资源”的投资模式，矢志向“以保险为核心的综合金融能力”与“植根中国、有全球产业整合能力”双轮驱动的世界一流投资集团大步迈进。目前，复星的业务包括综合金融和产业运营两大板块。复星集团产业布局（见表 4－1 所示）。

表 4－1 复星集团产业布局

<table>
<tr><td rowspan="14">复星集团</td><td rowspan="9">综合金融</td><td>保险</td><td colspan="2">复星葡萄牙保险、永安财险、复星保德信人寿、鼎瑞再保险、Ironshore、MIG</td></tr>
<tr><td rowspan="4">投资</td><td>战略投资</td><td>分众传媒、菜鸟、中山公用、伦敦金融城、28Liberty、山焦五麟、招金矿业、三元股份</td></tr>
<tr><td>PE/VC 投资</td><td>St. John、Caruso、VC</td></tr>
<tr><td>二级市场投资</td><td>Folli Fillie、完美世界</td></tr>
<tr><td colspan="2">LP 投资</td></tr>
<tr><td>资本管理</td><td colspan="2">星浩资本管理、复星创泓管理、复星创富管理、凯雷复星管理、复星保德信中国机会基金管理、IDERA</td></tr>
<tr><td rowspan="3">银行及其他金融业务</td><td>银行</td><td>RHJI、复星财务公司、浙江网商银行</td></tr>
<tr><td>证券</td><td>恒利证券</td></tr>
<tr><td>租赁</td><td>创富融资租赁、杭州金投租赁</td></tr>
<tr><td rowspan="5">产业运营</td><td>健康</td><td colspan="2">复星医药、国药控股、星堡老年服务</td></tr>
<tr><td>快乐生活</td><td colspan="2">豫园商城、地中海俱乐部、亚特兰蒂斯、Studio 8、博纳影业</td></tr>
<tr><td>钢铁</td><td colspan="2">南京南钢、建龙集团</td></tr>
<tr><td>房地产开发和销售</td><td colspan="2">复地、外滩金融中心、大连东港、策源置业</td></tr>
<tr><td>资源</td><td colspan="2">海南矿业、洛克石油</td></tr>
</table>

钢铁、房地产、医药以及零售是复星集团旗下的四大主业，这几个非关联产业被复星集团依靠不同收益特性、成长规律进行组合，在一定程度上实现了产业组合的平滑波动曲线，使得集团保持了持续的成长。分析复星集团的四大主要产业，它们的收益特点各不相同。医药产业具有持续成长的收益特性，而房地产却有较大的波动幅度，零售业的波动幅度相对比较平缓，钢铁行业的周期比较长，但是波动的幅度也不大。这四大产业虽然表面上关联不大，但是其收益特性体现出了一定程度的低相关性。以长周期、平缓收益增长波动为特点的钢铁行业，与短周期、大幅波动为特点房地产业进行组合，可以在一定程度上实现产业波动的平衡性，此外，收益持续增长的医药产业则可以为企业带来持续性的收益。

复星集团将自己定位为投资集团，为充分发挥复星的投资优势，未来 10 年大力发展资产管理业务，复星资产管理集团作为复星的 PE 投资业务管理平台，致力于打造成为具有“中国动力 + 全球资源”式复星特色的国际性私募股权投资机构。同时，复星在向投资集团转型的过程中，以保险为核心，通过与国际优质资本合作，有效地在保险领域嫁接复星的投资能力，实现复星的价值投资理念。

我国目前金融行业实行“分业经营、分业管理”，虽然国家有关政策鼓励和引导民间资本进入金融服务领域，但是没有相当的政府资源，民间资本很难进入这个圈子，参股金融机构并非钱和技术就能解决。所以在相关政策限制下，很多民营资本往往通过 PE、VC 的方式进入金融行业，从而实现曲线淘“金”的目的。复星集团金融机构布局（见表 4 – 2 所示）。

**表 4 – 2 复星集团金融机构布局**

| 机构名称 | 已投资项目 | 已上市项目 |
|---|---|---|
| 上海复星创富投资管理有限公司 | 科大讯飞、山焦五磷、永安保险、红旗民爆、中光高科、陕鼓动力、爱仕达、五指山集团、川恒化工 | 科大讯飞、陕鼓动力 |

续表

| 机构名称 | 已投资项目 | 已上市项目 |
|---|---|---|
| 上海复星谱润股权投资企业 | 奥得赛化学、海翔医药化工、台州定向反光材料、上海神力科技、利尔化学、水晶光电、钢联电子商务、滨化集团、佰利联化学、海宏集团、克莉丝汀、老娘舅、江西国鸿集团、浙江永强集团、汉达药业、杭州迪安等 | 水晶光电、利尔化学、海翔医药、滨化集团 |
| 凯雷复星（上海）股权投资企业 | — | — |

复星集团在产融结合过程中没有采用华润集团的金控模式，根据自身业务特点，其采用的是大投行模式，即复星集团将母公司的定位为大的投行，其投行的作用主要体现在以下三个方面：①各个子公司的闲散资金由母公司进行集中并进行优化配置，根据需要在各子公司间进行及时调度；②在对外进行投资并购的过程中，将效益较好的企业单独培育并最终实现上市，不能上市的企业则以3－4倍的市盈率出售；③在并购、上市、借壳重组等业务中，由母公司为子公司提供中介服务。

相对于国企在实施产融结合过程中的各种政策及资源便利，复星集团作为民营企业在向金融领域渗透时受到的相关政策限制要多一些。尽管复星强调其做金融板块的打算只是为了投资，而不是为了自身的资金链，但其金融版图的扩张免不了受产融结合失败的民营企业带来的负面影响，所以复星一直在探求适合自己的发展模式。

复星集团对于少数自身培育的核心企业全面控制，而对于大多数子公司的管控方式更倾向于战略控股型甚至是财务控制型。在对子公司的管控重点上，复星的母公司主要关注三个方面：①优化公司的科学运营，通过科学管理和运营、相关的人才理念的输送，使得子公司在复制核心能力、品牌、成本控制、创新及差异化等方面的能力得到提升；②投资策略，在行业整合时，对子公司进行协助，通过及时发现和寻找高增长投资机会，合理操作进而优化自身资产结构；③多融资渠道，母公司通过自身的实力在融资方面对子公司进行协助，从而实现与优质资本的大规模、可持续地对接。

同为多元化企业，华润与复星在产业发展、财务体系的规划及控制以及与绩效管理的相关措施方面，有很多比较相似的做法，但是由于不同的企业体制和各异的企业文化，具体的措施也存在不同。这是因为两家公司的发展历史各异，成长历程不同，具体的股权关系、业务领域也有所差异，从而形成了两种不同的企业文化和管控特点，而相应具体的人才储备方案、配套的风险管控机制也有所不同。

## 第三节 光大集团：混业经营金融控股集团

中国光大集团通过中国光大（集团）总公司（北京）和中国光大集团有限公司（香港）管理境内外业务。最高决策机构为集团董事会，经由国家授权，经营管理国家投入集团的国有资产。集团党委在集团中发挥政治核心作用。集团监事会由国务院委派。目前，集团在境内拥有全资企业 6 家，控股企业 2 家，参股企业 7 家，合资企业 1 家，其中包括中国光大银行、光大证券股份有限公司、光大永明人寿保险公司和中国光大投资管理公司等金融机构和企业。在香港拥有光大控股、光大国际 2 家上市公司，全资公司 37 家，合资及联营公司 12 家。光大集团业务分布表（见表 4 -3 所示）。

表 4 -3 光大集团业务分布

<table>
<tr><td rowspan="8">光大集团</td><td rowspan="8">光大金融</td><td>银行业务</td><td>光大银行</td></tr>
<tr><td rowspan="3">证券业务</td><td>光大证券</td></tr>
<tr><td>光大控股</td></tr>
<tr><td>申银万国证券</td></tr>
<tr><td>保险业务</td><td>光大永明人寿保险</td></tr>
<tr><td>资产管理业务</td><td>光大金控资产管理公司</td></tr>
<tr><td>基金业务</td><td>光大保德信基金管理公司</td></tr>
<tr><td>期货业务</td><td>光大期货</td></tr>
</table>

续表

| | | | |
|---|---|---|---|
| 光大集团 | 光大实业 | 实业投资业务 | 光大投资管理公司 |
| | | 环保业务 | 光大国际 |
| | | 展览及酒店业务 | 上海光大会展中心 |
| | | | 王府半岛酒店 |
| | | 物业管理业务 | 光大置业有限公司 |
| | | | 深圳光大置业公司 |
| | | | 国际永年公司 |
| | | 旅游业务 | 亚龙湾高尔夫球会 |

截至2014年末，光大集团总资产2.96万亿元，同比增长18%；总负债2.71万亿元，同比增长17%；净资产2474.66亿元，同比增长29.41%。营收数据方面，营业收入947.87亿元，同比增长29%；利润总额440.16亿元，同比增长21%；净利润332.66亿元，同比增长18%，各项指标均稳定维持在20%左右的上升空间，归属母公司的净利润90.89亿元。

这是光大集团改制完成后交出的第一份成绩单，2014年，历时长达十一年的光大集团重组，历经跌宕终于收官。至此，财政部、汇金公司、光大集团、光大银行股权关系终被全面梳理清晰，30年来光大集团北京、香港两个总部无法并表的问题也就此解决。

在光大集团2015年工作座谈会上，董事长唐双宁提出，要以打造具有市场竞争能力的金控集团新体制为重点，研究集团重组改制由“邦联制”转为“联邦制”后面临的新形势、新机遇、新任务，积极研究、分步推进科学的金控集团运行体系建设。不难预见，打造“一流金融控股集团”，不仅是改制后“新光大”的头号梦想，也是市场对于其最核心的期待。如今的光大集团辖下，一级核心机构包括光大银行、光大证券、光大金控、光大信托、光大永明人寿、光大实业与中国光大集团有限公司。其中金融板块的几家机构，又呈放射式结构，各自拥有多家参（控）股公司，共同构成了光大的第二级金控体系。

例如，光大银行旗下包括光大金融租赁、韶山光大村镇银行、江苏淮安光大村镇银行；光大证券旗下包括光大证券资管、光大期货、光大资本投资、光大保德信基金、光大证券金融控股与光大富尊投资。再如，光大永明人寿旗下还拥有一家子公司——光大永明资管。

根据财务报表显示，首先就整个光大集团近 3 万亿元的资产分布来说，除母公司外，占比最大的部分是光大银行，为 2.74 万亿元；其次是光大证券，为 1149.45 亿元；最后是光大永明保险，为 527.01 亿元。而对于 947.87 亿元的营业收入部分，贡献最大的仍为以上三家机构，光大银行为 785.31 亿元，光大证券为 66.01 亿元，光大永明保险为 40.23 亿元。

光大集团运行模式则是先通过内部联动加强集团各企业的业务联系，时机成熟时再“升级”至综合金融服务，最终形成成熟的金融控股集团运行模式。而其核心思路，是推动从最初的“行政推动”到“内生机制”转型。而在唐双宁的思路中，他认为“银行将在联动中发挥基础性作用。光大集团各金融企业中，光大银行客户最广泛、产品和服务最齐全、网点最多、人才最丰富，可以说，光大银行既是联动的最大贡献者，也是联动的最大受益者”。

据光大集团内部人士透露，光大集团“联动”机制的推进方案中主要包括五种方式：①以“总对总”联动入手，推进子公司之间开展全面业务合作。各子公司领导之间每年定期会谈，就联动重大事项进行沟通和决策。②从主要业务条线联动入手，各子公司在公司业务（投行业务）、零售业务（经纪业务）、资产管理等主要业务条线之间展开“点对点”的深度合作。③以对外战略合作为平台，推进集团各企业与战略合作伙伴的业务合作。④建立区域联席会议制度，促使集团联动在基层落地。在有两家以上光大系统企业分支机构的地区，每季度举行一次会议，商讨业务合作事宜。⑤建立战略暨联动牵头人会议制度，使之成为拓展思路、解决问题、项目交流的平台。

而如此路径达成的阶段性成果包括 2014 年三季度末，各企业在光大银行存放资金余额 140 亿元；光大银行代销系统内企业产品 120 亿元，通过系统内企业投放产品 2740 亿元，托管系统内企业产品近 3000 亿元，银行与证券梳理出合作项目近 60 个。

# 第四节　UPS 集团：物流 + 供应链金融

UPS（United Parcel Service）是全球最大的物流快递企业，20 世纪 90 年代末进入金融服务领域。1998 年 UPS 成立了子公司 UPS 资本（UPS Capital，UPSC），2001 年 5 月，UPS 并购了美国第一国际银行，将其与原来的 UPSC 整合在一起，从而获得了美国本土的金融业务牌照，UPSC 开始为客户提供各种供应链金融服务，包括存货融资、应收款融资等，近年来还提供信用保险、货物保险、中小企业贷款等金融服务。

由于银行对跨境业务风险难以控制，传统银行对国际贸易的存货融资要求较高，很多中小企业难以申请到存货融资或信用证融资。与传统银行相比，UPS 的优势在于：

（1）整合了物流、信息流和资金流，降低了信用风险控制的成本。作为一个物流企业，在整个融资过程中，抵押物（存货）始终掌控在 UPS 手中，从而有效控制了违约时的风险底线。

（2）建立了实物流、资金流、信息流的实时追踪与反馈，全面提升了对客户的反应速度，缩短价值传递周期。UPS 多年发展起来的货物全球跟踪系统使贷款方可以随时掌握货物的动向，从工厂、海关到仓库，一切尽在掌握之中，即使借款人出现了问题，UPS 的处理速度也要比会计师甚至海关机构快得多。

（3）凭借多年建立的针对外贸企业的客户信息系统，UPS 可以真正了解那些规模不大、但资信状况良好的中小企业的信息。显然，UPS 做存货融资，风险要比传统银行低得多。

不过，UPSC 的目的并不在于赚取金融服务的利差收益，它将节约的风险控制成本让渡给客户，以低成本的金融服务来吸引更多客户享受它的全程物流服务，赚取更高的物流服务收益。2003 年，UPS 利用金融物流集成方案吸引了大批东南亚中小企业，解决了沃尔玛与供货商之间由来已久的资金周转矛盾。

作为强势的买方，沃尔玛通常会要求出口商垫付全额资金，货物到岸后才结清货款，这个过程长达30－90天，这对于很多中、小制造商来说是一笔不小的资金负担，有些供应商甚至因此不敢与沃尔玛签订大单合约。为了解决这一矛盾，UPSC提出了一个系统性方案，由UPS代替沃尔玛与东南亚地区数以万计的出口商进行支付结算，只要他们的货一交到UPS手中，UPS保证在两周内把货款先打给这些出口商，以保证他们的流动资金运转。作为交换条件，这些出口企业必须把出口清关、全程货运业务交给UPS，并支付一笔可观的手续费，拿到货物的UPS再来和沃尔玛一对一结算。在这一过程中，出口商加速了资金周转，沃尔玛避免了和大量出口商的结算麻烦，而UPS则扩大了物流市场份额，赚取了丰厚的物流收益。

UPS产融战略的核心在于：物流业务降低了供应链金融业务中的风险控制成本，在奠定供应链金融业务优势的同时，UPS将节约的风险成本部分让渡给客户，以拓展物流市场份额和物流的衍生增值服务。

## 第五节　阿里巴巴：引领电子商务生态系统

阿里巴巴集团主要经营专业化、多元化的电子商务服务，十几年来，阿里巴巴集团建立了完善的电子商务全产业链，包括国际贸易和国内贸易的B2B网上交易平台（阿里巴巴网络有限公司）、网上零售平台（淘宝网和天猫）、支付平台（支付宝）、网上购物搜索引擎（一淘）、以数据为中心的云计算服务（阿里云计算）。未来阿里巴巴集团的主要业务将会是平台、数据和金融。为了配合全面挺进金融领域的发展战略，从2013年起，阿里巴巴形成了新的组织架构。

阿里巴巴的产融结合发展大致分为三个阶段：

（1）萌芽阶段（2002—2009年）：为推动平台业销售，阿里巴巴开始尝试类金融服务，例如，建立起包含阿里巴巴和淘宝网商家在内的庞大的商家诚信和行为数据库、发展支付宝业务等，这些现在都已发展成为阿里金融体系的核心和基础，与银行的合作则为日后开展小微金融服务提供了宝贵的经验。

（2）探索阶段（2010—2012 年）：在这一时期，阿里巴巴正式涉足金融业，在多个金融业务方面进行了探索。尝试成立了自己的小贷公司并快速发展，同时第三方支付业务也迅速增长、业务范围不断拓宽，通过收购一达通、设立保理公司实现了对外贸易金融服务，而在后期，又成立了担保公司和互联网保险公司。业务触角扩张到包括贷款业务、保理业务、担保业务和保险业务等各金融领域。

（3）全面起航阶段（2013 年以后）：自 2013 年开始，阿里巴巴的金融业务就被提升到集团三大业务之一，宣布筹建阿里金融小微服务集团（以下简称“阿里小微金服”），与平台与业务平行运营，同时通过新设全资小贷和担保公司、投资成立保险公司、收购基金公司、进行贷款证券化业务、搭建网络理财平台来完善阿里金融的业务板块。自此，业务独立、组织完备、战略明晰的阿里小微金服正式起航。

阿里巴巴集团金融定位明确，符合战略发展。初期，整个市场的电子商务业务接受程度较低，金融业务处于服务地位，支持平台业务发展；后来，阿里巴巴集团业务形成了一定的规模并在行业中处于领导地位，但此时行业竞争开始加剧，金融服务与平台业务互相补充促进，提升和保持企业的竞争优势；之后，行业竞争进入白热化阶段，多家龙头企业竞争激烈，企业利润增长空间变小，金融业务开始逐渐独立，与平台业务并行发展，实现企业的战略转型和利润增长。

阿里巴巴涉足的金融业务丰富，但其并没有盲目地只追求高回报率的金融业务，也并没有大肆扩张到金融行业的各业务类别，一方面有政策监管限制的因素，另一方面也是阿里巴巴立足于企业发展战略，有选择地进行金融业务：其金融业务都是以其平台业务为核心和立足点，向产业的上下游扩展起来的。

对于结合程度而言，阿里巴巴对于其参与的金融业务公司都有很高的持股比例，甚至大部分有绝对的控制权，结合程度很高，不仅有利于产融结合的战略实施，还有利于企业将金融业务掌控在集团内部，便于整体的风险控制。

在阿里巴巴集团管理中，一直十分重视对企业员工的价值观教育，强调客户第一，诚信是核心、是基础，进而加强员工的职业操守。此外，阿里巴巴重视企业的风险管控，在整个企业的日常管理中强调风控的重要性，形成良好的企业风险控制文化与环境氛围。建立量化评价考核机制，对于违规行为的员工给予严厉处罚及公开，在员工及企业环境中形成风险控制意识。

阿里巴巴通过“集团首席风险官”—集团内部控制、内部审计及防腐部门—业务风险控制部门—员工，形成了一个从上至下全员参与的多层次风险控制体系。通过集团带领、审核、监督、管控，业务部门制定具体风险管理措施，员工参与实施，形成一个由宏观到微观的风险管理过程。同时，阿里巴巴注重风险的动态监控管理，对于一些关键风险事件都设置了预警机制，从而有效地及时发现风险，尽快地采取相应的风险应对措施。

阿里巴巴在内部将风险进行分类，针对不同的风险类别，公司的风险控制部门在自身实践中采取了全面、动态、多角度的风险管理措施来应对这些风险，同时，企业在运营过程中积累的大量互联网数据以及对于这些数据的分析挖掘，成为其风险控制的核心，具体到业务层面，阿里巴巴创立出一套较为完善的风险控制体系，严格遵循从贷前、贷中和贷后，多层次建立风险预警，有效地规避和防范信贷风险，独创了信用恢复机制；在企业内部成立了专门的审计和反腐监督小组，加强监督、培训和考核，并编写错误案例集，降低企业的操作风险；通过大量的技术人才和研发投入来降低技术风险，并收购在金融软件服务方面有丰富经验的恒生电子，为企业提供技术支持，降低因为技术局限和专业知识缺乏而带来的安全隐患；通过多元产品设计，丰富产品期限结理论。

## 第六节 主权财富基金：国家层面的产融结合

在新卡特尔、新辛迪加、新托拉斯、新康采恩中运用产业资本和金融资本的力量。主要以国家战略为意志，进行国际范围内的投资活动，代表国家投资，国家层面的产融结合。例如，主权财富基金模式。主权财富基金是现代兴起的一种对外直接投资工具，对管理国家外汇储备，减轻被动储备压力和外汇保值增值起到了重要作用。

## 一、定义

主权财富基金（Sovereign Wealth Funds，SWFs），是由一个国家或地区政府设立的官方投资基金，它是对过多的财政盈余与外汇储备盈余来进行管理和运作的金融机构。

2007 年 9 月 29 日中国投资有限责任公司（China Investment Corporation，CIC）正式挂牌成立，这标志着我国第一只真正意义上的主权财富基金正式成立。

## 二、特点

主权基金是指一国政府成立专门机构对外汇储备进行管理运作的投资基金。与对冲基金或共同基金等其他类型的基金相比，主权基金有以下三大特点：

（1）投资的资金来源一般是一国的外汇储备，特别是过多的外汇储备。资金来源于外汇流入，其最终的目的是外汇储备的增值和保值，一国的主权财富基金，无论是哪种类型的，其组建资金终归是来自某种渠道的外汇流入，导致国内外汇大量盈余，管理层为了避免本币过度发行产生的流动性过剩和外汇储备的保值、增值需求，而建立此类基金。从具体的资金来源看，既可以是一国政府通过特定税收与预算分配形成的，也可以是资源出口收入或非资源性贸易顺差等方式积累形成的，以亚洲为例，中东产油国和中国、东南亚各国积累了大量的美元外汇储备，若仅仅出于维护对外支付职能、维护币值稳定的目的，亚洲各国并不需要如此多的外汇储备。从经济效率的角度讲，过多持有低收益率的外汇储备，也是一种金融资源浪费。因此，多余部分的外汇储备逐渐不再投资于传统的高流动性资产，而转换成主权财富基金，通过专家管理来选择更广泛的投资工具，构造更有效的资产组合。

（2）投资主体为一国政府，而非私人或投资银行等金融机构。管理机构呈现出明显的国家特征，现有主权财富基金的管理部门主要有三种类型：①政府直接管理；②政府按照公司法设立独立的管理公司；③政府设立组合职能部门或者子公司，进行分类管理。无论是哪种类型，基金都是由国家发起的，最终受到政府部门的管理与监控。具体来说，一种较为常见的是财政委托央行的被动管理模式，欧美主要国家视外汇储备为国民财富，受财政的管辖，财政委托央行经营，此类模式的优点是行政管理基层级少，机构少，管理成本较低而效率较高。另一种常见的方式就是政府或财政部组建专门投资机构来管理基金，这些机构可能根据公司法设立，也可能根据特别法律设立，基金被置于独立法人机构的管理之下，和政府保持一臂之遥。其进行投资时对市场信号的理解和遵从程度也更好，但政府仍然对基金的投资原则和投资组合保持较大的影响力。

（3）资金规模巨大，不透明性较强。基金的不透明性较强，主权财富基金虽然资金量巨大，但是缺乏监管准则与实践，并且与一国的国家属性密切相关，造成其天生就缺乏透明度，目前全球范围内，除了少数几家基金定期公布报表外，大部分基金的经营状况都十分神秘。

主权基金的资金来源主要有以下三种途径：①自然资源出口的外汇盈余。主要是石油、天然气等自然资源的外贸盈余。由于近几十年石油等能源价格和矿产价格持续走高，中东国家及其他地区的能源出口国获得了丰厚的石油收入，这些资源出口大国利用这些收入建立了主权基金。②外汇储备盈余。在自然资源类主权基金之外，新加坡、马来西亚、韩国和中国等国家通过出口低端产品形成充足的外汇储备。这些国家也使用主权财富基金模式作为提高外汇保值、增值能力的有效途径。③依靠国际援助。一些第三世界的贫困国家，例如，乌干达等，利用国际援助资金建立了主权财富基金。

## 三、主权基金的主要分类

### 1. 根据资金来源分

（1）商品型主权财富基金。商品型主权财富基金通过商品由国家政府拥有或从中获得税收的商品出口来建立，这种基金服务于多种目标，例如，获得稳定的财政收入、平衡预算或保持储蓄率平稳等。由于近年来商品价格的迅速攀升，许多最初用于稳定财政收入或保持预算平衡的基金逐步发展为所谓的储蓄型主权基金，这种基金的投资范围比稳定型主权基金更加广泛，一般投资于流动性较好且风险相对较低的资产。目前国际上最主要的商品型主权财富基金是石油输出国的基于石油出口的基金，例如，阿拉伯联合酋长国的阿布扎比投资局。

（2）非商品型主权财富基金。非商品型主权财富基金一般通过受让一部分官方外汇储备资产而建立，例如，当经常项目存在大量顺差时在某些情况下还伴随着资本项目的顺差，就可以将一部分超额外汇储备输送到一个单独的基金中。比较著名的非商品型主权财富基金，例如，新加坡的政府投资公司，我国的中国投资有限责任公司也属于非商品型主权财富基金。

商品型与非商品型主权财富基金的主要区别在于商品型基金一般来源于政府外汇储备的增加，因此其外汇并不兑换为本国货币，也并不进入国内经济体，因此不需要通过在国内发行相应的债券来避免通货膨胀压力，但非商品型基金则通常至少部分来源于政府对外汇汇率的干预，政府通过发行一定数量的债权来购买外汇储备从而设立基金，就类似于一种债务型基金。从一国的对外贸易结构来看，那些主要的大宗商品的出口国最具代表性的石油输出国会更倾向于将大宗商品的出口额直接挂钩到商品型主权财富基金，而东亚新兴的经济体则倾向于将国内出口获得的外汇储备进行管理再设立非商品型的主权财富基金。从国家资产增值方式上看，对于石油输出国而言，商品型主权财富基金实际上是将埋在地底下的实物资产替换为账户上的金融资产，只要石油价格持续在高位，即使国内需要固定资产投入，这些国家政府在国外的资产仍然会保持增长，而对于非商品型主权财富基金而言，其增长就严重依赖于新兴市场国家或地区，向更有弹性的汇率体系的转型过程是否成功。

2. 按成立目的分类

（1）稳定基金。通过设立单独的资金池来减缓市场上大宗商品价格通常指石油价格和汇率波动，使本国经济和财政预算与外部波动“绝缘”，以避免短期自然资源产出波动导致本国经济起落。又可以具体分为外汇平准基金和石油稳定基金。例如，中东国家的各类石油商品基金就是典型的稳定基金。

（2）冲销基金。主要用于冲销市场中多余的流动性。对于长期贸易顺差导致外汇储备激增的国家，容易出现由基础货币增发带来的流动性过剩，进而面临通货膨胀的压力。成立主权财富基金，可以通过发行特别债券的方式回收本国经济中过剩的流动性，例如，中国投资有限责任公司。

（3）储蓄基金。一些严重依赖自然资源出口的经济体将当前的不可再生资产转化成分散化的金融资产组合，为将来的国民积累财富，同时还可以防止“荷兰病”的出现。平滑代替国家财富，以应对老龄化社会以及自然资源枯竭带来的后果，为子孙后代积蓄财富，例如，挪威政府养老基金。

（4）预防基金。为预防突发危机，促进经济和社会的平稳发展。正如个人预防性储蓄动机一样，许多国家设立主权基金的目的是为了应对未来可能出现的各种危机，例如，战争、人口老龄化和现在愈演愈烈的世界金融危机带来的一系列问题。国家投资公司将原本的作为一国储备的外汇资产用于更高回报的投资。

（5）发展基金。为支持国家发展战略，在全球范围内优化配置资源，或者培育世界一流的企业，更好地维护国家在国际经济活动中的利益，这类基金又可以称为战略基金。

# 第五章　产融结合的实施载体

## 第一节　银 行 业

企业集团参股持股商业银行后，通过银行吸收存款、集中社会闲散资金，从而实现金融资源的企业集团的内部化，然后通过商业银行发放贷款，进而成为企业集团的投资、开发、建设、生产和经营等方面的信贷服务。高负债的集团将彼此的信贷关系内部化以后，有利于大幅降低交易成本、提高效益，集团的财务费用就变成商业银行的利润，从而转变成集团的利润。

相较于证券、保险、基金、信托、租赁等金融企业，商业银行居于金融的核心地位，为企业整合金融板块、建立资源共享的综合业务奠定基础，有利于加快企业集团资本的积累速度。因此一般金融控股公司都会把商业银行作为整个金融控股公司的核心。事实证明银行资本利润远远高于产业资本的利润率，对于集团整体实力的提升，进而提升企业集团的品牌和形象都有极大的作用。

金融体制改革带动了商业银行、信用社等金融机构的兴起，成立于1986年的交通银行是我国第一家股份制银行，工商企业（主要包括贵州茅台、云南红塔、山东电力、上海烟草、中国一汽等国内知名企业）的持股比例达到了28%，工商企业参股商业银行，这是我国企业产融结合的实质性一步，相继成立的招商银行、深圳发展银行、兴业银行都有工商企业参股。

国务院于1991年12月批准了国务院生产办公室、国家体改委、国家计委《关于选择一批大型企业集团进行试点的请示》，企业集团的深化改革就此开始，在国家对企业进一步放权让利的大背景下，首钢集团于 1992 年 12 月经批准成立了集团全资附属银行——华夏银行。华夏银行的设立开创了我国产业型企业集团发起设立附属金融机构的先河，这也是企业集团产融结合从形式性融合向实质性融合过渡的标志。

2001—2005 年是我国企业集团产融结合的形成期。2001 年我国加入世贸组织（WTO），国家逐步开放各项市场准入限制，金融市场也在有条不紊地开放，资本市场发展迅猛，这些都为我国企业集团产融结合的快速发展提供了契机，同时随着国企改革的深化，我国国有企业集团逐步成为自负盈亏的独立的市场主体，与此同时，民营企业集团也在蓬勃发展，集团实力和影响力也在与日俱增。雄厚的资金实力为企业集团涉足金融领域提供了经济基础，而金融业丰厚的收益率也吸引着国内的企业集团跃跃欲试，产业资本开始不断向金融资本渗透，谋求对金融资本的控制。2001 年 7 月，海尔控股了青岛商业银行。2000 年 1 月成立的德隆国际与昆明城市商业银行、株洲城市商业银行、南昌城市商业银行三家银行保持着密切关系。

这一时期，企业集团产融结合的发展更多体现了企业的意志，或者看中了金融业的丰厚回报，或者出于企业做大做强，追求产业协同效应的需要；同时，企业集团产融结合的积极性很高，扩张速度非常快，似乎都在仿效 GE 的发展模式，实现企业集团的跨越式发展；一些大型民营企业集团积极进军金融业成为这一时期产融结合的一大亮点。但是这一时期企业集团的产融结合带有一些盲目性，而且风险意识淡薄。例如，德隆，大规模进军金融领域，参股控股多家金融机构，却不注重产业发展与资本运作之间的平衡，并且忽略了产融结合过程中的风险控制。

从 2006 年至今是我国企业集团产融结合的大规模扩张阶段。2006 年国内经济运行出现“高增长，低通胀”的良好态势，资本市场出现牛市，银行、证券、基金、信托公司等金融机构利润丰厚，大量的金融企业相继成立，金融企业的股权令众多实业企业趋之若鹜，几乎所有大型多元化集团都有涉足，可以说良好的经济运行环境，为企业集团的产融结合创造了良好的外部环境基础。同时，部分实业企业集团，特别是大型央企，本身具有庞大的资产规模，每年都存在巨额利润，并且拥有遍布全国的营业网点，庞大的客户资源关系，众多的员工及家属，具备了发展金融行业的基础，通过参股或者自行设立有关金融企业是一种很自然的现象，企业集团产融结合也是顺应了企业实现进一步发展的需要，是产业资本发展的一定阶段，向金融领域自然延伸，实现多元化经营的一个自然的过程。

在产融结合发展战略的不断推进中，国家电网的“英大系”、中石油的“昆仑系”等一系列具有财团特色的央企巨头开始相继出现，央企的财团化趋势开始显现。与此同时，民营多元化集团的产融结合步伐也毫不逊色。以饲料生产为主营业务的新希望集团在入主民生银行、民生保险后，获取丰厚的投资回报，目前又相继成立了二十多家担保公司，入股了多家村镇银行，为产业链的各环节提供资金支持和金融服务。纺织服装业巨子雅戈尔在大力拓展主业的同时，参股中信证券、宁波银行和浦发银行三家上市金融机构。

上市公司参股的银行主要是商业银行，包括股份制商业银行和城市商业银行。股份制商业银行包括交通银行、招商银行、民生银行等，城市商业银行包括宁波城市商业银行、南京市商业银行、杭州市商业银行等。其参股银行的方式主要包括认购、收购或受让股权，例如，钱江水利参与中信实业银行股份有限公司的发起设立；西水股份通过收购包头浩宇科技实业有限公司持有福建兴业银行的股权，达到参股兴业银行的目的。

## 一、民生银行

民生银行是经中国人民银行批准的首家主要由非国有企业入股的全国性股份制商业银行，资产优质，实力较强。从民生银行2014年年报可知，2014年新希望投资有限公司持有民生银行4.7%股份，东方集团持有民生银行股份比例为3.13%。新希望集团和东方集团是民生银行的前十大股东，持股比例较多。从年报董事、监事资料可知，这几家民营企业，作为民生银行的大股东，对民生银行的投资经营决策起到关键作用。

以东方集团为例，东方集团是一家投资控股型企业集团，2008年东方集团的总投资收益为769.26亿元，其中来自民生银行的投资收益是310.33亿元，占总投资收益的比例为40.34%。2007年东方集团投资收益总额为290.77亿元，其中从民生银行获取的投资收益为271.18亿元，占总投资收益的比例为93.26%。来自于民生银行的投资收益较2007年有所增长，但所占总投资收益的比例大幅度下降，原因是当年公司转让了新华人寿保险股份有限公司的股权，当期确认了大额转让收益，使公司当年的总收益剧增。如表5－1所示。由此可见，上市公司参股银行能带来较大收益，且收益较稳定，对银行投资的风险较小。东方集团以所持有的民生银行限售流通股作为质押物，向银行多次借款，满足其融资需求。从年报披露可知，东方集团融资方式均为借款，融资成本较低，筹资速度快，弹性较大。同时，从民生银行披露的年报可知，东方集团通过民生银行对其关联方进行了大额贷款，以较低的融资成本满足其关联公司的资金需求。民生银行对东方集团股份有限公司的关联方——东方集团财务有限责任公司、东方家园有限公司、东方家园家居建材商业有限公司等给予了一系列贷款。可知，对民生银行的参股使东方集团及其关联公司更容易获得资金，使东方集团可以以较低的资金成本进行生产运作。

**表5－1　东方集团2014年年报数据**

单位：亿元

| 持股名称 | 最初投资成本 | 持股比例 | 期末账面价值 | 报告期损益 | 报告期所有者权益变动 |
|---|---|---|---|---|---|
| 民生银行 | 186.20 | 3.13% | 706.59 | 800.34 | 543.68 |

## 二、昆仑银行

昆仑银行最早为2002年12月9日设立的克拉玛依市城市信用社，后经中国银行业监督管理委员会克拉玛依监管分局及中国银行业监督管理委员会新疆监管局批准，于2006年6月6日整体改制为克拉玛依市商业银行股份有限公司（以下简称“克商行”）并承继原克拉玛依市城市信用社的全部资产、负债和业务，是继乌鲁木齐商业银行之后新疆第二家城市商业银行。改制城商行后，“克商行”总资产32.4919亿元，但在改制第一年，其营业利润就下降了3410万元，净利润仅为2217万元。其不良资产率更是高达6.02%，存贷比也仅为20.62%，远远落后于国家监管指标。但自2009年以来，“克商行”进行了两次资产重组，这两次重组彻底改变了克商行的发展面貌，连续增资也迅速壮大了克商行的资产规模。2009 年 4 月，中石油对克商行注资 28.1 亿元重组克商行，克商行注册资本由 1.81 亿元增至 22.62 亿元人民币，中石油持股 92.01%。2010 年 4 月，克商行再次增资 19.41 亿元，注册资本变更为 42.04 亿元。截至当年报告期末，中国石油集团持股比例为 87%，增资后，克商行沿用中石油集团旗下子公司“昆仑”名称，更名为昆仑银行股份有限公司。2011 年 4 月，昆仑银行再次增资扩股，全体股东共投入资本金 51 亿元，其中增加股本 25.12 亿元，资本公积 25.88 亿元；此次增资后，该行注册资本由 2010 年末的 42.04 亿元变更为 67.16 亿元，中石油持股 82%。自 2009 年产融结合后，昆仑银行不断强化以产业链金融为核心的扩张业务，逐步在中石油关联企业最密集的乌鲁木齐、大庆、西安等地设立分行，开办了分支机构，经过短短五年时间，昆仑银行已在全国拥有 40 家分支机构。截至 2012 年末，全行总资产 1848.15 亿元，是 2009 年的近 50 倍。五年间，昆仑银行俨然由一家名不见经传的小银行彻底蜕变。2012 年首次入围标准普尔发布的《中国 50 大银行》榜单并排名第 47 位，名列《银行家》杂志 2012 年度中国城市商业银行综合排名第 14 位。昆仑银行已迅速从一家单一城市小型商业银行跃升至中等规模且有一定影响力的商业银行，正式步入城商行第一梯队。2012 年财政部与银监会要求 18 家银行实施企业会计准则通用分类标准，涉及国家开发银行及 16 家上市银行，昆仑银行也赫然在列。

2014 年初，昆仑银行将产融结合确定为“1 号工程”，举全行之力予以推动。明确这一发展要求的背景是，经过业务分析，昆仑银行认识到自身对产融结合的经营资源投入相对分散，业务合力不强，业务深度不够，业务特色需要进一步加强，以此引领产融结合发展。昆仑银行于 2014 年初成立了总行一级部门产融业务管理部，按照事业部制运营理念，赋予该部门业务规划、产品研发、业务审查审批、贷后管理等职能，为产融结合战略实施创造更良好的体制机制条件。

从金融托媒大趋势来看，产融结合在资产证券化、结构化融资、金融衍生品等领域有巨大创新空间和市场空间，而从商业银行的已有成功实践看，供应链金融是目前产融结合最成熟、最具操作性的领域之一，因此，昆仑银行按照“石油天然气供应链金融—石油天然气产业金融—产融结合”的发展路径，将当前的发展重点聚焦在石油天然气供应链金融之上，以点带面，逐步深化推动产融结合实践。

昆仑银行石油天然气供应链金融肇始于2010年推出的贸易融资业务，经过五年多的实践努力，目前已经形成了相对成熟的发展模式，具体表现在以下三个方面：

（1）紧密贴近石油石化企业密集区布设分支机构，为发展供应链金融业务提供基本的经营网点保障。在银监会大力支持下，昆仑银行自重组后紧密贴近中国石油的产业分布，陆续设立了6家分行级机构，初步构建了走出克拉玛依，覆盖新疆主要油气生产区，连接西北的长庆油田和东北的大庆油田的跨区发展布局，取得了较好的发展成效。

（2）充分发挥产融结合股东方带来的知识、信息和人才条件，为发展供应链金融业务提供必要的专业知识和技术支撑。国内商业银行的成功经验显示，发展供应链金融的关键前提，在于与核心企业的充分对接，较全面地掌握供应链中的信息流、现金流和货物流，这也是供应链金融服务的一项难点，其中，核心企业的配合银行及其供应链管理能力是一个重要决定因素。昆仑银行应用产融结合带来的天然资源优势，有效解决了上述问题，成功扭转了商业银行传统信贷面临的信息严重不对称局面。

（3）全力解决核心企业在供应链管理上的重点难点问题，高效开拓供应链金融的客户与市场空间。作为一家小规模的商业银行，昆仑银行虽然拥有较充分的股东带来的人缘、地缘优势，但更可持续的经营策略，仍在于能够有效满足核心企业的经营需求，通过市场行为得到核心企业的认可。为此，昆仑银行在总行层面与中国石油集团总部、在分行层面与中国石油集团成员企业分别建立了总对总、分对分的业务联系，随时了解核心企业的金融需求，从而给予全力支持。

各项战略设计得到有力执行，产融结合发展成效加快显现。通过近几年面向市场的探索与磨合，“坚持走产融结合道路，努力成为石油天然气领域最专业的金融服务提供商”这一行动理念，在昆仑银行全行得到了高度认可及有效贯彻执行，昆仑银行产融结合取得了越来越好的成效。

## 三、华润银行

华润集团是一个非常多元化的企业，与其他央企不同的是，其所有的产业板块均处在高度竞争的丛林之中，华润集团的行业结构既有消费品，又有零售、饮料，同时也有资源、电力、华润地产、燃气行业。大部分华润产业的结构是 B2C 与 B2B，而近几年华润的 B2C 业务开始成长，B2C 的营业额已经超过了 3000 亿元，从营业额本身可以看到华润每年大约要服务 12 亿人次的零售客户，华润燃气有超过 500 万家的管网燃气服务作为一般消费者的个人及家庭。通过对客户调查和研究发现，其几乎都有金融产品服务的需求，依托集团文化、产业集群，在华润集团产业集群内为银行找到一座取之不尽用之不竭的“宝矿”。

华润集团目前正处于发展的关键时期，实体产业发展到一定规模后，面临如何实现持续快速发展；如何解决规模收益递减、风险递增的问题；如何整合集团的产业链、客户群体、信息资源，重新迸发新能量的问题；如何利用集团原有的优势重新整合创新出商业经营模式，使之作为集团整体经营的一个总方针，贯穿于集团所有产业中的问题。

在这种背景下，华润集团借鉴了国际上许多大型财团及国内大型集团企业的发展历程，通过融合集团自身各产业的资源并对未来可能出现的演变、发展与竞争环境，做前瞻性与系统性分析后，认识到仅仅靠调整战略、变革组织、改善激励，以及技术创新、工艺革新和营销手段翻新还不够，还需要与金融结合，即把金融视为业务系统的有机组成部分，为企业和利益相关者提供金融服务，缓解利益相关者的融资约束，与企业自身的经营形成协同效应，从而有效地推动产业发展，因此提出了一种新的商业金融模式——华润集团“产融结合”创新经营模式。

华润集团的产业分布包括零售、燃气、房地产、医药等，各个产业所处竞争环境激烈、范围广泛，集团在原来的产业经营中已找到一条市场化的道路，走出了一条资产整合的有效评价、考核、发展体系。但如果企业不走产融结合的道路，就无法产生协同效应，由于实业产业和金融是两个完全不同的领域，需要不同的经营团队、管理模式和资源能力（特别是风险管理能力），实体产业成功的经验很难融入金融领域。如果与产业发展没有协同效应和风险控制能力，只是以“产融结合”的名义进行“财务投资”，带来的可能是经营风险的增加。因此能够真正发挥协同效应的“产融结合”，其成功的基础在于企业经营稳定性和规模，换言之，金融资本的发展依托产业经营进行。

华润集团提出的创新的“产融结合”模式就是基于上述观点产生的，因此更具市场化的特点，更能适应市场要求：华润银行为核心的金融板块作为模式的衔接点，贯穿于集团整体所有产业，融合了所有产业发挥最大效应，华润银行作为集团的一级利润中心，其经营机制的建立、评价均由华润集团进行操作，依托华润集团已建立的机制，相比之下，其他商业银行更加市场化，进行的“产融结合”是双向多层次的融合；华润银行的“产融结合”通过整合集团产业的信息资源等，在产品创新能力、获客能力以及抗风险能力上大大提升，在市场上更具竞争力。

2009 年 4 月，华润集团与珠海市政府达成协议，以 20 亿元收购珠海华润银行前身“珠海商业银行”，简称“华润”。中国华润总公司持有华润股份有限公司 99.9961% 的股份，而华润控股有限公司则持有珠海华润银行 75.3268% 的股份。

华润银行 2013 年实现营业收入 23.9 亿元，同比增长 32.42%，净利润 6.58 亿元，比上一年增长 36.09%。截至 2013 年末，华润银行总资产规模达到 1295.78 亿元，较年初增加 265.80 亿元，增幅 25.81%。

数据截至 2012 年末，华润集团总资产 9393 亿元，实现销售收入 4046 亿元。2013 年，《财富》全球 500 强企业排名中位列第 187 位。自 2005 年起连续获得国资委 A 级央企称号，2013 年在央企业绩考核中排名第 7。华润集团 2009 年收购了银行，开始实行产融结合之后，总资产规模、营业额、经营利润增长速度均有较大的提升，其中总资产规模由每年增长 700 亿 ~ 800 亿元到每年超 1000 亿元，营业额由每年增长 200 亿元到每年 500 亿元，经营利润由每年增长 20 亿 ~ 30 亿元到每年超 50 亿元以上，上述数据充分说明了华润集团实行“产融结合”的方针是正确的，而且未来还会持续为集团的各项指标的增长带来更大的促进作用。

华润集团旗下的业务板块可用“6 + 1”来概括，“6”是指消费品、医药、电力、地产、燃气、水泥六大实体产业，“1”是指金融产业。目前华润集团有几个业务板块已做到了国内的行业龙头，而金融板块已包括银行、信托、资本管理公司、金融租赁公司，并战略性持有证券、基金、保险等金融公司股权，构成了能提供全面金融服务的板块。华润集团产融结合的一个显著特点就是以现有资源为基础，通过华润金融控股公司来壮大多元化发展。华润金融控股通过“资金”与其他产业有机地结合在一起，并且华润金融控股一直以服务华润集团的实体经济为最终目的，而没有盲目投资于华润集团外的其他产业，这有效降低了华润金融控股公司的金融风险。由于华润金融控股公司所服务的六大产业都是集团内产业，信息不对称程度较低，对客户知根知底，能够有效预防事前风险，因此到目前为止，华润集团的产融结合模式还没有出现局部性的金融危机，这是比较值得其他企业借鉴的。

## 四、中信银行

### 1. 中信集团概况

2002 年 12 月 5 日成立的中信控股有限公司，是由中国中信集团公司出资设立的国有独资有限责任公司，它不仅是中信集团公司经营体制改革创新的重大举措，也是我国第一家金融控股公司。中国中信集团公司是由原中国中信国际投资公司改名成立，是中国经济改革试点和对外开放的窗口。经国务院批准，中国中信集团公司于 2011 年 12 月整体改制为国有独资公司，并更名为中国中信集团有限公司（以下简称“中信集团”），整体改制完成后公司注册资本 1837 亿元。中信集团经过三十多年的发展，已经成为一家金融与实业齐发展的大型跨国的综合类企业集团，集团业务覆盖金融、房地产及基础设施建设、工程承包、资源与能源开发、制造、信息产业等行业和领域，具有强大的综合优势和良好的发展前景。

中信控股接受中信集团的委托与投资，负责管理集团旗下银行、证券、信托、保险、期货、租赁、基金、信用卡以及资产管理等全部金融业务。中信控股对集团旗下所有金融类子公司行使股东权利，控股的子公司包括中信银行香港特别行政区的中信国际金融控股、中信证券、中信信托、中信资产管理、信诚人寿等金融机构。作为中信控股公司的母公司，中信集团不仅从事股权投资，同时还经营实业，母公司对集团内部所有子公司的经营业务进行整合，获取了良好的规模效益和范围效益。截至 2011 年末，中信集团总资产达 32771 亿元，净资产 2051 亿元，全年实现营业收入 3190 亿元，净利润 365 亿元。从 2009 年起连续被选入美国《财富》杂志世界 500 强企业排行榜，2011 年排名第 221 位。

2. 中信集团组织构架

中信集团的经营范围主要涉及金融业、实业以及其他服务业三大领域，金融业依旧是集团重点发展的领域，主要由商业银行、证券、信托、保险、资产管理等金融机构组成。集团所属的主要金融类公司有：

（1）中信银行股份有限公司成立于 1987 年，是我国改革开放中最早成立的新兴商业银行之一，分别在上海证券交易所和香港联合交易所上市（601998. SH、0998. HK），主要经营的产品和服务有账户结算、融资服务、贸易服务、现金管理、投资银行、资产管理、电子银行等。

（2）中信证券股份有限公司成立于 1995 年 1 月，目前在上海交易所和香港联合交易所上市（600030. SH、6030. HK），其经营范围包括：证券经纪、证券咨询、证券承销与保荐、证券自营、证券资产管理、证券投资基金代销、融资融券等。

（3）中信信托有限责任公司（前身中信兴业信托投资公司）成立于 1988 年 3 月 5 日，是经中国人民银行批准设立，由中国银行业监督管理委员会直接监管的全国性非银行金融机构。

（4）信诚人寿保险有限公司成立于 2000 年 10 月 13 日，由中信集团与英国保诚集团共同组建，经营范围有人寿保险、健康保险和意外伤害保险等。

（5）中信资产管理有限公司成立于 2002 年 8 月，经营范围包括：不良资产收购和处置、典当短期融资、私募股权投资和商业保理融资等。

中信控股旗下协同业务部的设立，为搭建集团业务协同工作信息平台，建立集团层面的业务协同信息数据库提供了便利。中信集团建立了“中信客户信息文件系统（CIF）”，收集整理各个子公司的业务资源、上下游客户资源以及社会关系资源等信息，进行“以客户为中心”的信息数据整合，为集团内子公司实现客户信息资源共享提供了途径。截至 2011 年末，中信控股的 CIF 系统中储存了集团下属金融机构的个人客户信息约 2120 万条，机构客户信息约 70 万条。中信集团在实现客户信息的共享上存在巨大的协同空间，其中中信银行的客户资源最为广泛，银行不同客户的分层服务体系与客户分类体系为中信集团旗下其他子公司，尤其是金融子公司挖掘新客户提供了途径，例如，中信银行与中信证券实现共享的机构客户与个人客户数量每年都在逐步上升。

集团内不同金融子公司可以进行客户信息资源的共享，同时还对营销渠道进行了整合。中信集团下属各金融子公司通过共享各类物理和非物理渠道开展交叉营销，使这些渠道逐步成了各子公司为客户提供多样化金融产品和服务的窗口，在市场上逐步树立了中信综合金融的品牌形象。由于银行是主要的资金集散地和结算场所，拥有全国范围的通信网络和各级各类支付清算系统，因此利用银行销售网点进行多元化金融产品的交叉销售是中信首要采取的措施。目前中信金融机构拥有约955个物理网点，而中信银行就占去了600多个网点。2011年中信银行、中信证券网点代理各个金融子公司产品的销售额达到了55.67亿元，与2010年相比，规模增长了76%。2010年、2011年集团内部渠道贡献率分别是9.24%和8.08%，均高于中国平安集团2011年的渠道贡献率7.18%。其中渠道贡献率是指提供集团内部渠道代销的产品规模、产品销售的总规模。

中信银行目前是中信证券集合计划最主要的代销渠道（见表4－5所示）。2010年中信银行代销中信证券集合计划产品18.96亿元，渠道贡献率为44.87%；2011年中信银行代销中信证券集合计划产品34.85亿元，渠道贡献率为55.88%，单只产品渠道贡献率最高达76.9%。此外，中信银行已发展成为信诚人寿银保产品销售贡献最大的合作银行，充分发挥了集团内部营销渠道的协同优势。2011年以来中信银行网点渠道对信诚人寿银保产品的贡献率始终保持在30%左右，与信诚人寿和国有四大银行的银保合作产品销售总和相当。中信银行的电话销售、网上银行等非物理渠道资源也成了集团内部金融产品交叉销售的重要补充渠道，在综合经营中发挥了重要作用。例如，截至2011年末，利用95558中信银行客户中心和信用卡中信客户团队销售了保险产品2248万元，通过银行网上支付平台销售了华夏基金公司和信诚基金公司的基金产品1.37亿元。

中信银行与中信信托、中信证券联合开发理财产品，各方利用各自在产品设计、销售、投资管理方面的优势和特点协作分工，充分发挥协同优势。中信银行重点研究客户的需求和产品模式，中信证券重点研究投资策略和风险控制，中信信托重点研究产品估值方法，合作开发理财产品。在合作模式上，中信银行作为理财产品的发行人，客户的委托代理人，中信信托则是各信托计划的受托人，并由中信银行对信托计划进行托管，中信证券、中信建投、华夏基金等集团内部金融机构担任信托计划的投资顾问。2011 年中信银行与中信信托、中信证券联合开发了理财产品 379 只，销售额 844 亿元。与往年集团合作理财产品量销售规模相比，虽然集团金融子公司合作开发理财产品销售规模上呈显著的上升趋势，但集团合作理财产品规模占中信银行个人理财产品发行规模的比例却在逐年下降，这说明了中信集团内金融子公司在理财产品开发上协作空间巨大，可是协作开发力度却明显不够。

联合为企业客户提供年金管理服务也是中信集团旗下金融子公司协同运作的典型例子。中信银行、中信证券、中信信托协同合作，利用中信企业年金管理牌照齐全的综合优势和中信统一的金融品牌效应，为客户提供企业年金管理服务。无论是市场营销、业务方案设计、人员调配、后台支持以及其他非金融资源的运用，金融子公司都可以通过内部资源充分整合的基础上，选择最优的资源方案配置。在企业年金业务管理服务的模式上，企业作为委托人，发起企业年金计划和制定年金方案。中信信托作为受托人接受企业委托执行年金方案，负责按照企业年金方案在中信证券、中信银行、华夏基金等金融子公司中选择适合的账户管理人、投资管理人和托管人，与这些金融子公司共同制定投资策略。中信银行作为托管银行，为企业设置年金账户，依据指令向证券、基金公司等投资管理人分配企业年金基金财产。截至 2011 年末，中信银行、中信证券、中信信托合作为 384 家企业提供年金基金托管、账户管理和投资服务，基金规模达 24.16 亿元，比 2010 年全年增长 38%。由于中信控股及其所属金融子公司之间的协同运作，在对企业合作过程中不仅能高效运作企业年金业务，而且可以以企业年金业务作为切入口，不断开发拓展企业客户所需要的其他各种金融需求服务。例如，中信银行可以对企业开发综合授信、企业职工的个人账户管理（含代收费、工资）等业务；中信信托可以为企业提供授信融资业务；中信证券可以为企业的资产重组、财务顾问、直接融资、资产管理等业务提供支持；华夏基金等可以为企业提供购买基金业务；信诚人寿可以开展员工的个人或团体保险产品等，由此可见，中信金融子公司在联合销售领域的协同空间巨大。

## 五、招商银行

招商局集团金融业务涵盖银行、证券、保险和保险经纪、基金和基金管理四大领域，树立了金融业的招商局品牌，形成了集多种金融行业、具招商局自身特色、门类齐全、层次分明的集团化金融体系，目前旗下各金融产业分业发展，同时集团积极推动它们加强横向业务合作。

招商银行股份有限公司（以下简称“招商银行”）成立于 1987 年 4 月 8 日，是我国第一家完全由企业法人持股的股份制商业银行，总行设在深圳。自成立以来，招商局一直是招商银行的单一最大股东，2014 年底，招商局集团持有招商银行 20% 的股份。招商银行于 2002 年 3 月成功发行了 15 亿普通股，4 月 9 日在上交所挂牌（股票代码：600036），是国内第一家采用国际会计标准上市的公司。2006 年 9 月 22 日，招商银行（3968. HK）在香港联合交易所正式挂牌上市，引起国内外广泛关注。在中国的商业银行中，招商银行率先打造了“一卡通”多功能借记卡、“一网通”网上银行、双币信用卡、“点金公司金融”、“金葵花”贵宾客户服务体系等产品和服务品牌，并取得了巨大成功，招商银行私人银行业务持续领跑国内同业。

经过二十多年的发展，招商银行已成为一家具有一定规模与实力的全国性商业银行，初步形成了辐射全国、面向海外的机构体系和业务网络。目前在境内 110 个大中城市设有分支行，2420 家自助银行；在中国香港设有香港分行，并拥有永隆银行及招银国际两家全资子公司；在中国台湾地区设有代表处；在美国设有纽约分行和代表处；在英国设有伦敦代表处。招商银行纽约分行是自 1991 年美国《外资银行强化监管法案》实施以来，中资银行首次获准在美国开设的分行。此外，招商银行还在中国大陆全资拥有招银金融租赁有限公司，控股招商基金管理有限公司，持有招商信诺人寿保险有限公司 50% 股权。

近年来，招商银行在银监会对商业银行的综合评级中，招商银行多年来一直名列前茅。同时，在英国《金融时报》、《欧洲货币》、《亚洲银行家》、《财资》（*The Asset*）等境内外权威媒体和有关机构组织的各类调查评比中，招商银行荣膺“最佳商业银行”、“最佳零售银行”、“中国区最佳私人银行”、“中国最佳托管专业银行”多项殊荣。招商银行在英国《银行家》杂志2013年公布的世界千强银行榜单上位列第50名，2014年7月，英国《银行家》（*The Banker*）杂志公布了2014年全球1000家大银行榜单，招商银行以一级资本416.9亿美元的规模排名第36名，较2013年上升了14个位次。在美国《财富》杂志2014年发布的世界500强企业排行榜上列第350位，以品牌价值68亿美元位居Millward Brown发布的2014年度BrandZ最具价值中国品牌榜第14位。凭借持续的金融创新、优质的客户服务、稳健的经营风格和良好的经营业绩，招商银行现已发展成为中国境内最具品牌影响力的商业银行之一。

## 六、兴业银行

兴业银行股份有限公司成立于1988年8月，是经中华人民共和国国务院、中国人民银行批准成立的大陆首批股份制商业银行之一，总行设在福建省福州市，2007年2月5日在上海证券交易所挂牌上市，注册资本190.52亿元。开业二十多年来，兴业银行始终坚持“真诚服务，相伴成长”的经营理念，致力于为客户提供全面、优质、高效的金融服务。截至2014年末，兴业银行总资产突破4万亿元，达到4.41万亿元，较年初增长19.84%；归属于普通股股东每股净资产12.86元，较年初增长22.61%。全年营业收入1248.34亿元，同比增长14.23%；实现归属于母公司股东净利润471.08亿元，同比增长14.31%；加权平均净资产收益率保持在21.19%的较高水平；已在全国主要城市设立108家分行、1435家分支机构；旗下拥有兴业国际信托、兴业金融租赁、兴业基金、兴业消费金融、兴业财富和兴业国信资产管理等子公司，形成以银行为主体，涵盖信托、租赁、基金、证券、消费金融、期货、资产管理等在内的现代金融服务集团。作为中国首家也是目前唯一一家“赤道银行”，兴业银行始终秉持“科学、可持续”的发展理念，依法、稳健、文明经营，兼顾维护股东、客户、银行、员工以及社会环境等各方利益，积极践行企业社会责任，深受国际国内各界广泛认可和好评。

自2006年兴业银行率先发行混合资本债补充资本充足率，其融资方案受到关注。目前符合条件的商业银行已经基本用足次级债限额，商业银行发行混合资本债券可以拓宽商业银行当前较为单一的融资渠道，提高资本充足率。混合资本债券属于混合型证券，兼具股票与债券的某些特征，一方面，与银行普通股无到期日相比较，混合资本债在期限方面可约定一个赎回期；利息支付方面，混合资本债券的利息可以递延支付；使其具有债券的特征。另一方面，与银行次级债相比，混合资本债券包含利息递延条款，出现发行人在混合资本债券到期前财务年度的核心资本充足率低于4%的约定情况时，利息可以选择延期支付，使其具有股票的特征。以下是按照时间顺序列出的兴业银行的融资途径：

（1）1997 年，兴业银行第一次增资扩股工作顺利完成，资本金从原来的 5 亿元增加到 15 亿元。

（2）2000 年，进行了第二次增长扩股，引入中国电子信息产业集团、国华能源、宝钢集团、湖南电力等多家国有企业，资本金从 15 亿元增加到 30 亿元。

（3）2003 年，兴业银行与三家境外机构签订了战略合作协议，恒生银行、国际金融公司和新加坡政府直接投资公司这三家机构作为其战略投资者入股。创下当时国内商业银行一次性引入外资股东家数最多、入股比例最高的引资纪录。

（4）2003 年，兴业银行在银行间市场上发行了 30 亿元人民币的次级债，开创了国内商业银行发行次级债补充资本充足率的先河。

（5）2006 年，兴业银行成功发行总额为 40 亿元人民币的 15 年期混合资本债券，成为国内首家发行混合资本债券的商业银行。

（6）2007 年，兴业银行在上海证券交易所上市，公开发行 A 股，增加公司注册资本和股本 10.01 亿元人民币。发行后，公司注册资本和股本增加到人民币 50 亿元。

（7）2010 年，兴业银行按每 10 股配 2 股的比例向全体股东实施配股，增加注册资本 9.92 亿元人民币，变更后的注册资本为 59.92 亿元人民币。截至 2011 年，兴业银行的第一大股东福建省财政厅持股 20.83%，外资股东恒生银行持股 12.80% 成为第二大股东。

（8）2012 年，兴业银行筹划引入战略投资者事宜。公告，拟向中国人保资产管理公司、中国烟草总公司、北京市基础设施投资公司和上海正阳国际经贸公司四家特定对象非公开发行 A 股股票，募集资金不超过 263.8 亿元人民币。

## 七、沃尔玛“零售银行”

零售巨头沃尔玛一直在努力推动零售与消费信贷的结合。

由于当时美国银行界的极力抵制，沃尔玛无法获得开展零售银行业务或单独发行信用卡的许可，因此只好选择与金融机构合作来拓展金融业务。2005 年初，沃尔玛与摩根士坦利旗下的发现金融服务公司，在北美联合推出名为“沃尔玛发现卡”信用卡，由通用电气旗下的通用消费金融公司负责发行。此卡不需要年费，消费者可以使用该卡在沃尔玛或其他地方购物，还可获得最高 1% 的折扣。也就是说，沃尔玛将 1% 的成本节约回馈给消费者，其目的是通过 1% 的回馈，巩固和扩大沃尔玛的客户群，并推动消费信贷业务的同步扩张，据不完全统计，目前约四成的美国家庭拥有沃尔玛发现卡。

由于沃尔玛具有庞大的消费群和 1% 的成本优势，当时在金融界引起了恐慌。银行对它既恨又爱，在进一步坚决抵制其独立开设银行的同时，又趋之若鹜地想与它合作。这使沃尔玛在与银行的合作中通常能够占据利益的大头通过利用自身客户资源优势，沃尔玛借助金融合作实现的产融结合，不仅推动了零售业务发展，同时也提高了与其他银行合作中的谈判地位，分食了金融业务的收益，从而形成了良性互动沃尔玛产融战略的核心是：零售业务降低了消费信贷业务的营销和管理成本，公司通过将这种成本的节约让渡给消费者，进一步拓展零售业务的客户平台。

## 八、三菱东京银行

日本产融结合最典型的形式就是日本的主银行制。关于日本主银行制的定义，富士综合研究做了如下描述：“在主银行制度下，银行不是单纯作为提供资金的金融机构，而是与作为其主银行的企业结成很深的、几乎成为一体的关系。同时，从全社会筹措资金的方法来看，实行主银行制的企业和银行采用间接金融、相对型，即企业主要从特定的银行融资的比重很高也是主银行制的重要特征之一”。具体来看，日本主银行制的定义主要包括以下六个特征：①日本通常将对某企业按融资顺序排列在第一位的银行称作主办银行，同时，也是企业开立主要账户和从事外汇买卖的银行。②主银行与企业之间具有长期、固定的交易关系，同时，双方之间不仅是融资方面的关系，而且是综合性的交易关系。③主办银行的证券子公司通常作为该企业发行企业债券的主承销金融机构。④作为企业最大股东的主银行对该企业的经营状况和发展负有不容推卸的责任。因此，在企业经营出现危机时，通常仍给予紧急融资以帮助企业渡过难关，并在必要时，主导企业的重组。⑤银行通常会向企业派遣职员，以便及时了解企业的经营状况，并帮助企业加强经营管理。⑥在一般情况下，主办银行对该企业贷款的利率比起其他企业来看，浮动幅度较小。从上述特征可以看出，日本的主银行对于企业来说，已经不是一个独立的市场主体，而是有特殊意义，特别地位的银行。正是这种银行资本与产业资本紧密结合的模式铸就了日本经济发展中的大型集团，也成就了日本重化工业的快速发展和经济赶超战略的实现。日本主银行制在日本经济高速增长时期发挥的重要作用，主要表现在以下两个方面：

（1）在主银行体系下，主银行成功地为系列企业提供了巨额资金。日本在高速增长时期，以迅速赶超欧美、建立重化工业体系为目标，进行了大规模的设备投资。当时日本企业绝大部分资金的筹措都依赖于间接金融，其中，民间金融机构的贷款达70%～80%，形成了日本金融中的“超借”现象。与企业“超借”现象相对应的是日本城市银行的“超贷”，城市银行直接把日本银行的贷款充当为流动资产和准备金。

（2）在主银行体系下，银行通过对企业的综合金融服务和向企业派遣经理人员，了解企业的内情，掌握企业的经营变化态势，克服银企信贷关系中存在的信息不对称。即使缺乏严格的信息披露制度和有效的股票市场。主银行通过这种“信用产出”机制，降低了贷款的信用风险，保证了银行贷款的收益性与安全性。同时，主银行制还有利于降低银行与企业交易中的交易费用。由于银行与企业的紧密关系，减少了银行与企业交易的不确定性，避免了交易中的机会主义倾向。正是由于主银行制的这些作用，企业敢于放手进行长期设备投资，银行敢于对企业进行大量贷款。

三菱集团是日本比较典型的产融结合型企业集团，起源于1870年由日本土佐国（现高知县）岩崎弥太郎开办的一家海运公司。目前，三菱集团旗下拥有世界上比较知名的三菱汽车、三菱电机和三菱重工等日本最大的工业企业；同时拥有世界上最大的商业银行，日本最大的信托银行、财产保险公司和人寿保险公司；还拥有世界上年营业收入最多的商业企业。

三菱集团进军金融业最早可以追溯到1885年收购日本第一百十九国立银行，之后于1919年建立三菱银行，最终发展成为现在的三菱东京银行，也是目前日本最大的银行，并以此为核心构筑了三菱集团的金融平台。目前，三菱集团旗下拥有实力雄厚的金融力量，拥有三菱东京银行、三菱信托银行、明治生命保险、东京海上火灾保险等金融企业，如果把三菱系列金融机构的资金力量整合在一起，在世界上也是数一数二的。这些金融机构是三菱集团内部的核心，通过与集团内部核心工商业企业的股权结合，彼此紧密联系在一起，相互帮助，共荣共生。

东京三菱银行1996年由东京银行和三菱银行合并而成。东京银行是本政府唯一指定的外汇专业银行，也是世界最大的外汇专业银行。三菱银行是日本也是世界最大的商业银行，一直以来都是三菱集团的核心机构。三菱银行和东京银行合并后，充分发挥各自领域内的核心优势，构筑了发达庞大的国内外业务网络，最大限度地发挥了银行的规模效益，产生了巨大的协同效应和规模效应。

三菱信托银行是岩崎家族于2005年建立的，是三菱集团的重要机构，目前是日本最大的信托银行，也是世界大银行之一。在日本，信托银行是产业和金融资本结合的重要形式，往往拥有重工业公司的大量股票，为重工业的发展提供长期稳定的资金来源。与其他信托银行一样，三菱信托银行也为三菱集团工业企业的发展起了重要的推动作用。

明治生命保险公司是岩崎1927年建立的日本第一家寿险公司，目前也是日本最大的寿险公司。长期以来，巨额的资金来源和资金积累使明治生命不仅成为三菱企业的最大股东，也使它成了其他许多日本大企业的最大股东，明治生命保险获得的巨额长期资金为三菱集团的发展创造了条件。

东京海上火灾保险公司是岩崎1881年创立的，目前是日本历史最长、规模最大的财险公司，和明治生命保险公司一样，东京海上火灾保险公司也持有三菱企业和其他大公司的股票，是许多公司的大股东。

三菱集团产融结合的特点可以总结为以下两点：

（1）银行在三菱集团产融结合的过程中起到主导作用。银行业为日本企业战后重建提供了大量的资金援助，使得企业集团能够在较短的时间内迅速发展起来，形成了现代化、集团化和国际化的大公司，增强了国际竞争力。此外，政府也可以通过银行有效地控制和调节经济运行。三菱集团在实施产融结合战略过程中，银行业一直起到基础性的作用。今天，银行业在整个三菱集团中还占据主要的地位，三菱银行几乎是整个三菱集团所有企业的最大股东。三菱银行、三菱信托银行、明治生命保险、东方海上火灾保险等的三菱金融机构的综合资金融通能力是出类拔萃的，在战后长期稳定的贷款经营下，强大的资金融通能力对三菱集团各企业成员的发展起了推动作用。

（2）企业集团内部的工商企业与金融企业相互持股，又互不隶属。三菱集团产融结合模式属于工商企业与金融企业相互持股、互不隶属的非控股型，即企业集团各成员之间相互持股，成了没有父母的大家庭，集团内部各成员之间的关系只有兄弟关系，不存在母子关系。各企业彼此成为对方的大股东，形成了一个环环相扣的股权结构。其中，金融机构和商社是这个相互持股体系的核心。这也是日本大型企业集团普遍采用的产融结合模式。

总之，对于三菱集团来说，实施产融结合对于规模的迅速发展壮大、构筑抵御跨国公司竞争的防御体系和提升企业集团国际竞争力做出了巨大的贡献。

## 九、德国复兴开发银行

作为最具典型的政策性开发性金融机构，德国复兴开发银行同时也是国际上最成功的产融结合银行之一（见图 5－1 所示）。

第二次世界大战后，德国经济严重受创，长期投资风险急剧增加，商业性金融出于自身利益和实力的考虑，不愿也没有能力涉足到那些国家需要优先发展但投资额大回收期限长、风险又非常集中的领域。为开展战后重建筹措资金，德国政府 1948 年颁布了《德国复兴开发银行法（The law Concerning KFW）》，并依此组建 KFW 集团。德国复兴开发银行是马歇尔计划的特殊资金渠道，它将马歇尔计划的援助资金转换成为由当地货币构成的资金，并将不少于 60% 的资金应用于制造业的投资。这部分资金大多用于向私人企业贷

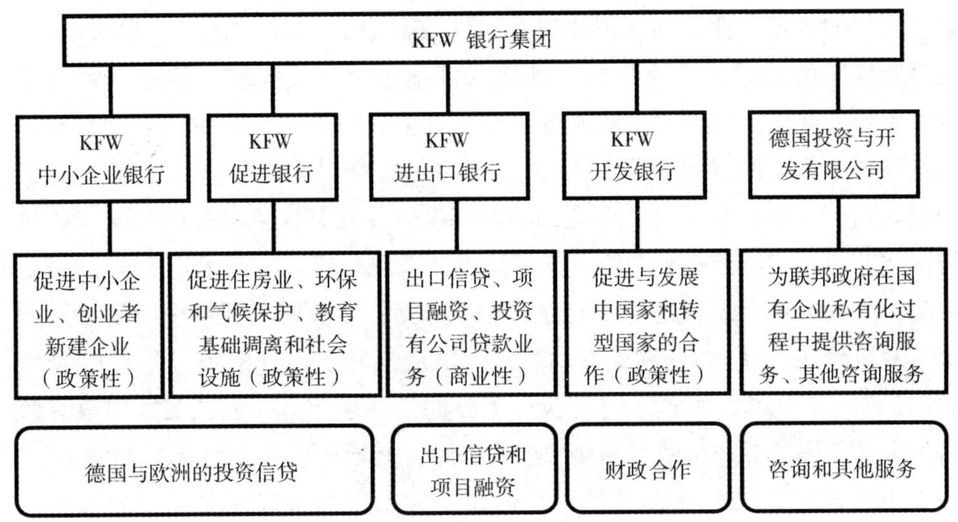


**图 5－1　德国 KFW 银行集团架构图**

款，有力地推动了德国经济重建的进程。

1949—2006 年，《德国复兴开发银行法》历经十七次修订，其机构设置业务范围、资金来源功能与任务、政府担保机制、监督机制等内容不断变化。同时，德国复兴开发银行在德国的再工业化过程中也起了核心作用，1949—1950 年，德国采煤业投资总额的 40% 是由德国复兴开发银行通过马歇尔计划下的这一资金渠道提供的。在运营机制上，德国政府不干预德国复兴开发银行的日常经营，贷款由银行自己决定。政府通过《德国复兴开发银行法》明确规定了银行的职能和业务领域。对政府不同时期经济政策的调整，则以董事会或监事会审议通过的决议来体现，不需要政府部门审批，银行在保证财务稳健的前提下自主决策自主经营。德国复兴开发银行的业务和客户范围虽然是政府批准或指定的，但是大部分贷款发放时首先考虑方案与项目的经济性，并按商业银行的风险角度来发放信贷。其业务运作以商业银行方式进行，完全按照巴塞尔银行监管委员会《新资本协议》对银行提出的风险管理要求执行严格的风险评估流程，任何贷款只有通过流程才能发放，并根据风险评估的结果进行区别定价。但是其信贷资金并非直接给贷款人而是通过转贷或者贷借给借款人，与商业银行之间不存在竞争关系。

另外，开发性金融是德国复兴开发银行的业务特征。开发性金融除了对政府支持的特定产业、地区提供直接信贷支持外，非常注意以“建设市场、建设制度”的方式，更为积极主动地为商业金融和民间资本的进入创造条件，引导社会资金流向。这使得德国复兴开发银行能够更高效地贯彻政府的政策意图。《德国复兴开发银行法》规定，政府对德国复兴开发银行承担“机构责任”，即保证其具有健全的经营基础，并在其发生财务困难时以提供资金或其他方式给予必要支持。德国复兴开发银行代表政府承担50%的贷款风险，在操作中，政府通过两种方式进行补偿：①政府从预算中向复兴开发银行的风险基金以1%的利差拨付现金；②政府和复兴开发银行各承担25%的第一债务人风险。虽然政府是银行债务的最终承担者，但在实际中只有政府指令的具体业务产生的亏损要求政府补贴，其他业务自负盈亏。

2003年后，KFW集团开始进行改革，转型思路是以建立母子公司的方式，将政策性业务和商业性业务分离开来。2006年，德国政府对《德国复兴开发银行法》进行修订，明确要求最迟2008年起，“本法第二章第一条第四项第三点所述的出口信贷和项目融资业务由一个单独运营（不接受公共扶持）的法人实体负责开展”。

2008年后，KFW集团保持政策性银行属性不变，德国联邦和各州政府分别持股80%和20%，下设五个全资或控股子公司，其中KFW促进银行、KFW中小企业银行、KW开发银行和德国投资与开发有限公司主要从事政策性业务，KFW进出口银行作为独立法人从事出口信贷和项目融资等商业性业务。其运作方式为七个方面：

（1）决策机制。监事会和董事会共同组成KFW的决策机构，董事会负责本机构日常经营与资产管理，其成员由监事会负责任免；监事会负责监督本机构日常经营与资产管理，可对董事会主席进行一般性或特殊性授权，监事会主席与主席助理由德意志联邦财政部长和经济与科技部部长轮流担任，监事会成员包括：财政部、境外事务部、经济与技术部食品与农业及消费者保护部、交通与住建及城镇事务部、联邦经济合作与发展部、德国联邦环境保护总署特派代表，参议院和众议院各提名7名代表，相关商业银行特派代表相关行业特派代表，工会举荐4名代表。

（2）功能及运营。目前KFW法定功能包括：中小型企业、自由职业者以及创业者资金支持，风险资本投资，住房贷款，环境保护融资，基础设施建设融资，技术进步及创新融资，国际认可的促进性项目和发展合作项目融资，法律或各州经济政策规定的其他项目；向地方政府及具有其他特定设立目标的社团发放贷款或给予其他形式的资金支持；为提供纯公共品的措施（例如，教育促进措施）提供融资服务；基于德国国家或欧洲地区经济利益，提供其他形式的资金支持。

（3）业务行为准则。KFW 不可吸收存款、为企业开立经常账户或第三方存管业务；KFW 融资业务必须得到常规性银行安全管理操作的保护，未得到保护的贷款投放操作必须经监事会批准；KFW 公司章程由董事会起草、由监事会批准生效，同时必须得到监管当局的认可；KFW 不进行净利润分配，提取折旧和储备之后的年度净利润将计入法定准备金项目。

（4）资金来源与运用。KFW 的资金来源主要有三部分：①在国内和国外股票市场发行债券，发行的债券有短期的和中期的，以应付不同的期限需求；②通过发行债务凭证在国内外资本市场借钱筹资；③受政府委托，管理和使用联邦政府的专门基金，用以支持国内投资和长期出口交易。资金运用方面，其所有的政策性业务都由商业银行代理而且由商业银行承担贷款风险。

（5）风险管理措施方面。KFW 严格按照新巴塞尔协议标准制定了一套严格的风险管理措施。

（6）联邦政府担保义务。联邦政府对贷款发放所涉及的债务以及由本机构发行的全部债券进行担保，同时还将对本机构参与的固定回报的当期或期权交易以及其他涉及本机构或广义上由本机构负责担保的第三方的信用产品进行担保。

（7）监管责任。德国联邦财政部应在咨询经济与科技部建议的基础上负责实施具体监管，并可采取一切必要措施保证 KFW 严格依据法律、公司章程以及其他管理规章开展经营；德国中央银行对 KFW 进行业务指导、人事参与和监督。

目前，德国复兴开发银行的主要支持领域是促进产业开发（Promotional Tasks）、支持公共法指定的地方机构或具有特殊使命的团体发展、振兴教育、支持社会公益项目、出口及金融项目、扶持德国原材料出口、德国及欧洲的金融项目、代替德国联邦政府推动国有企业民营化管理统一相关机构为德国和欧洲经济提供所必需的资金支持、欧洲投资银行（EIB）及欧洲的其他金融机构共同参与促进欧盟发展的项目、以金融出口扩大对欧盟以外国家的支持、与发展中国家或转型国家开展金融合作提供咨询及其他服务项目等。

当前，德国复兴开发银行在支持中小企业的同时，积极利用“派生”金融市场提高民间金融机构的参与度。综观进入2000年后德国复兴开发银行职能演变情况，可以发现其对贸易对外投资，中小企业的支持得到加强，但是民间领域业务移交到子公司。

## 十、洛克菲勒财团

美国最大的石油公司有16家，其中有8家属于洛克菲勒财团。

洛克菲勒财团是银行垄断资本和工业垄断资本相互融合、相互控制的典型。它拥有一个庞大的金融网，以大通曼哈顿银行为核心，下有第一花旗银行、纽约化学银行以及都会人寿保险公司等百余家金融机构。通过这些金融机构，直接或间接控制了许多工矿企业，在冶金、化学、橡胶、汽车、食品、航空运输、电信事业等各个经济部门以及军火工业中占有重要地位。在它控制下的军火公司有麦克唐纳·道格拉斯公司（1997年与波音合并）、马丁·马里埃塔公司（与梅隆财团共同控制）、斯佩里·兰德公司和威斯汀豪斯电气公司（与梅隆财团共同控制）等。洛克菲勒财团还单独或与其他财团共同控制着联合航空公司、泛美航空公司（1991年破产）、美国航空公司、环球航空公司（2001年被美国航空公司收购）和东方航空公司（1992年破产）五家美国最大的航空公司。

1973年能源危机以后，石油输出国组织国家同美国垄断资本展开了针锋相对的斗争，给洛克菲勒财团以沉重的打击。该财团采取各种措施挽回这种不利的局面。首先参与美国国内石油的开发，争取国内沿海地区近海油田的租赁权，1976年获得阿拉斯加和大西洋沿岸中部的石油租赁地130万英亩。又与英荷壳牌石油公司共同开发英国北海油田。它还渗入能源工业的其他有关部门。此外，还大力向石油化学工业发展。

洛克菲勒财团不但在经济领域里占统治地位，在政府中也安插了一大批代理人，左右着美国政府的内政外交政策。例如，曾任国务卿的杜勒斯、腊斯克都担任过洛氏基金会董事长的职务；基辛格出任国务卿之前，曾担任纳尔逊·洛克菲勒（老洛克菲勒之孙）的外交政策私人顾问。而纳尔逊·洛克菲勒自己就曾担任（1974-1977年）美国副总统。

除此以外，它还通过洛克菲勒基金会、洛克菲勒兄弟基金会等组织，向教育、科学、卫生乃至艺术和社会生活各方面渗透，以扩大其影响。

但是洛克菲勒财团20世纪80年代以来，经济实力日益衰退，地位也随之下降，已被摩根财团超过。主要是因为美国财团互相渗透，洛克菲勒财团所属的大企业，例如，埃克森公司等，大银行，例如，大通曼哈顿银行等，都已受到其他财团的渗透而成为共同控制的企业。

## 十一、GE金融

2015年4月10日，美国通用电气（GE）宣布，将在未来两年内剥离旗下庞大的银行业务部门——GE金融（GE Capital）的大部分金融业务，以期更加专注于高端制造业。GE金融拥有规模庞大的业务，其总资产高达5000亿美元，这一庞大的金融资产让其成了美国第七大银行。2014年，金融板块为GE贡献了高达42%的利润。随着重整计划的实施，GE打算在2016年把金融业务占公司利润的比例降至25%，到2018年，这一比例还会进一步减少到10%。GE官方曾对此次调整解释称，大规模、大批量资金支撑金融业务的商业模式已发生了变化，它很难在未来持续产生理想的回报。GE希望成为一家纯粹的工业制造企业，并依靠工业板块业务贡献其未来90%的利润。

这引起了各界的广泛热议，因为GE一直被经典教科书作为现代产融结合的代表范例，其经验总是为人们所津津乐道。在案例篇的金融租赁部分，将深入探讨GE集团产融结合教科书式的范例以及GE金融为整个集团的巨大贡献。GE结束实施多年的产融结合战略，就如同我国央企宣布不再涉足金融资本运作一样，令人不可思议。

作为曾被认为是最成功的产融结合型集团，其发展可大致分为三个阶段：第一阶段是金融业务支撑产业资本的市场开拓，也就是在20世纪中后期。第二阶段是金融业务通过价值附加成为利润增长点，形成产业和金融的双向支撑能力，自20世纪80年代后期开始。第三阶段是金融业务的反思和调整阶段。在2008年危机之前，GE Capital贡献了集团营业利润总额的一半以上。

但是危机对于金融业带来的冲击，也使得 GE 受到严重影响。

2008 年全球金融危机之后，针对金融机构“大而不倒”的问题，监管者绞尽脑汁，希望能够减少今后用纳税人的钱纾困救市。结果是监管机构推出了大量针对资本和流动性的新附加规则，大幅推高金融机构合规和经营的成本。同样，金融危机也把大型企业“产融结合”多元化发展的风险暴露于世。GE 的金融机构恰恰是那一轮“裸泳”潮流的先锋。鼎盛期，它在 48 个国家向消费者和公司肆意放贷，几乎无人监管。2008 年，它濒临绝境，需要近 600 亿美元的政府债务担保来维持正常运转，这和政府给许多大银行的援助旗鼓相当。集团的管理层逐渐意识到，对金融产业的过度投资可能给集团带来不必要的风险。

那么，作为产融结合“领头羊”的 GE 改弦易辙了，是否意味着产融结合的发展道路难以走下去了？对此需要从两方面来理性看待。

一方面，产融结合是否是一场全普遍化、稳定性的变革？答案可能是否定的。正如当很多人认为，美国于 1999 年 11 月 4 日通过的《金融服务现代化法案》带来了金融业的大规模混业经营之时，许多实证分析却认为这一趋势并未普遍出现，个性化、专业化的金融机构仍然占据主流，而 2008 年金融危机则使得混业经营的风险遭受疑虑。同样，如果从产融结合的研究者角度来看，可以从国内外找到大量的典型案例和事实；而对于反对者来说，也可以从全球 500 强企业的经营实践考察中，得出产融结合亦非普遍现象的结论。

由此，在现代产业与金融业的演变过程中，产融结合是一种重要的现象和实践，虽然伴随着金融专业化的发展，以及金融危机带来的冲击，可能会出现产融结合热度的下降，但长远来看并不会消失。同时，也没有必要夸大产融结合的整体状况，因为毕竟对于多数企业来说，专注本业才是根源，进入金融业很可能陷入“迷失”。

因此，GE 的变化并不能说明产融结合模式的普遍失败。究其原因，虽然长期以来通用金融庞大的金融业务为 GE 贡献了大约一半的利润，但其风险也令投资者不安，令其股价承压。GE 认为不值得为了这些利润而承受监管负担及投资者的不满。但是可以看到，金融业的庞大利润，仍然会吸引新的产融结合典型案例出现，而非是 GE 这样已经“功成名就”、“现金流充足”的企业。

另一方面，伴随着互联网金融带来的挑战，原有的产融结合模式可能出现新的变化。实际上，应该说互联网信息技术的发展带来了一个新的产融结合时代，使得金融与非金融部门的边界进一步模糊，创新型合作模式不断出现等。面对互联网金融的挑战，各方主体的转型与创新，都或多或少具有了产融结合的色彩。例如，对于传统金融企业，需要加快理念变化，运用信息技术，促进业务渠道模式变革，同时可以设置电商平台或互联网企业，以增加客户黏性；对于非金融企业，应该在新技术条件下考虑推动产融结合，有效开展金融业务；对于各类"互联网新兴金融组织"，应跳出短视，不沉溺于用互联网面纱来掩盖金融的实质，而应真正引领技术推动的草根金融创新与消费金融服务；对于支付企业、技术后台企业，则应利用比较优势，加快向金融中前台的延伸，并且探索与现有金融机构的合作共赢模式等。

# 第二节　证券业

## 一、中信证券

中信证券前身为1995年成立的中信证券有限责任公司，1999年改制为中信证券股份有限公司。2003年1月公司通过首次公开发行人民币普通股（A股）于上交所上市，2011年10月通过首次公开发行境外上市外资股（H股）于香港联交所上市。

公司主要股东为中国中信集团有限公司，其前身为成立于1979年的中国国际信托有限公司，目前已发展成为涵盖实业和金融领域的国有独资公司。中信集团的金融领域涉及银行、证券、信托、保险、基金，具有较强的综合优势和协同效应。中信证券是中信集团的证券业务平台，除母公司证券业务外，旗下有10个主要的参、控股公司，涉及特定区域证券经纪业务［中信证券（浙江）、中信万通证券］、证券投资业务（中信证券投资）、期货业务

(中证期货)、基金业务(华夏基金)、直投业务(金石投资、中信产业基金)、资产管理业务(建投中信资管)、信息咨询业务(中信标普)、海外业务(中信证券国际)。

中信产业基金成立于2008年，是中国第二只国有产业基金。截至2012年，中信产业基金已经管理超过250亿元人民币的资产。中信产业基金的基金管理公司即GP公司为中信产业投资基金管理有限公司，中信证券持有其35%的股权。百隆东方(601339.SH)招股书显示，其共有8位股东，其他股东如中国泛海控股集团有限公司(以下简称“泛海控股”)持股15%、内蒙古伊利实业集团股份有限公司(以下简称“伊利集团”)持股5%、北京华联集团投资控股有限公司(以下简称“华联控股”)持股5%等。

泛海控股、伊利集团、华联控股子公司等5家GP公司的股东，也是中信产业基金一期绵阳科技城产业投资基金(以下简称“绵阳产业基金”)的LP，可见中信产业基金成立之初，在募资时接受了部分LP持有GP公司的股权，这不符合PE基金的国际惯例，却在中国PE基金崛起时非常普遍。

绵阳产业基金有一张显赫的LP清单，例如，全国社保基金出资20亿元，中国邮政储蓄银行出资10亿元，中国建银投资出资5亿元，国开金融出资3亿元，联想控股出资1亿元，雅戈尔(600177.SH)、新华都(002264.SZ)母公司、无锡国联创业投资有限公司等资本市场耳熟能详的名字，也位列其中。另外，中信证券出资5亿元，普通合伙人出资5.83亿元。绵阳产业基金投出的项目中，新华保险(601336.SH)、百隆东方、渤海轮渡(603167.SH)、盛运股份(300090.SZ)、贝因美(002570.SZ)、江河创建(601886.SH)等已经成功登录A股，陕煤股份已经过会。

公开资料显示，一些尚未IPO的项目，例如，大连银行、红星美凯龙在中信产业基金投资后，获得稳定的增长，且上市之路可期；2010年，中信产业基金向西凤酒投资3.6亿元，西凤酒当年亏损4亿元，但根据西凤酒其他股东透露，2011年、2012年，西凤酒利润大幅增长，相较投资时的利润提高不少。

绵阳产业基金的投资期于2011年底结束。在此之前，中信产业二期基金(CPE China Fund，美元基金)就已宣告成立。该基金于2011年完成募资，规模高达9.9亿美元。

相比绵阳产业基金的投资业绩，目前CPE China Fund则稍逊一筹：百隆东方已经上市；与 KKR 集团、新天域资本联合投资的华致酒行，在 2011 年底申请 IPO 被否；此外，它投资了成都中小企业信用担保有限责任公司；在凡客诚品 F 轮融资中，投资了 2000 万美元。目前，这两者的业绩表现不尽如人意。

2011 年底，中信产业基金马不停蹄地开始募集第三只基金：北京中信投资中心（有限合伙）（以下简称“北京中信投资”）。公开资料显示，北京中信投资注册资本高达 118.96 亿元，这也许是北京中信投资最终的规模。

在北京中信投资成立之前，中信产业基金还发起设立了中信夹层（上海）投资中心（有限合伙）（以下简称“中信夹层基金”），原计划募资 50 亿元到 60 亿元。中信证券 2011 年底曾通过董事会决议，同意公司出资 2 亿元投资中信夹层基金；中弘地产（000979. SZ）与方大特钢（600507. SH）曾先后公告，将各出资 1 亿元投资中信夹层基金。

中信夹层基金的募集说明书中介绍“中信夹层基金”时，提及其年化收益率为 15%，低于 PE 基金的年化收益率（20%）；其项目资源中最重要的行业是矿产和地产，多个项目的投资金额在 10 亿元以上，且多以“股权 + 债权”的结构出现。

## 二、金石投资

金石投资一直走在券商直投前列。它成立于 2007 年，本是最早成立的券商直投公司之一；2010 年以前，注册资本超过 24 亿元已颇令人侧目；2011 年，其注册资本变更为 52 亿元，实际上，这一数额甚至超过不少券商的净资本。

因为，金石投资是中信证券全资子公司，有人将其戏称为“中信证券的亲儿子”。此前，金石投资和所有券商直投子公司一样，主要是“保荐 + 直投”模式。即一个企业，中信证券投行部保荐，金石投资直接投资。

根据统计，截至 2013 年 9 月 24 日，金石投资投入的项目中，有 18 个公司实现 IPO。这些公司基本都是中信证券担任主承销商。这一业绩在券商直投中名列前茅。尤其是 2012 年 PE 行业严冬中，金石投资仍有 9 个项目成功 IPO。这一年，金石投资还将每股 1.16 元受让的富奥汽车股权，以每股 3.6

元的价格转让出去。

在一位券商直投人士看来，这一切，只能说明金石投资是个成功的券商直投公司，而不能说它是个成功的 PE 机构。因为，在“保荐＋直投”模式之下，券商直投子公司倚重于投行部的项目资源，投行强则券商直投强；此外，《证券经营机构股票承销业务管理办法》规定，证券经营机构持有企业7%以上的股份，或是其前五名股东之一，不得成为该企业的主承销商或副承销商。因此，“保荐＋直投”模式下，券商直投投资企业时，持股比例往往不超过7%，对被投资公司的话语权较小。

2011 年 7 月，中国证监会叫停了“保荐＋直投”模式，券商可以先直投再保荐，这一先后顺序之差造成的结果是，首先券商直投必须自己找项目，而不能太过依赖投行部门的体系；其次是券商直投从投资一个公司到这个公司 IPO 的平均时间被拉长，这意味着平均的年化收益率将下滑。

同时，中国证监会又放开了“券商直投子基金”业务，即券商直投公司可以在社会上进行募资。这相当于在阻碍券商向其直投子公司输血的同时，又放手让券商直投自己去寻找社会上的资源。

金石投资 2012 年上市的项目，都是“保荐＋直投”模式被叫停之前投出。但 2013 年则是另一番光景。从 2011 年秋天开始，PE 行业募资趋难；此后形势更加严峻；2013 年，IPO 暂停，券商直投基金募资更难。有多家 2012 年声称要募集直投基金的券商直投公司，最后都销声匿迹。

金石投资 2012 年先后设立了青岛金石泓信投资中心（有限合伙）（以下简称“青岛金石”）和中信并购基金（深圳）合伙企业（以下简称“中信并购基金”）。

中信证券 2013 年中报显示，青岛金石于 2013 年 1 月完成首期交割及工商变更；2013 年上半年，中信并购基金已签约的投资者共 8 家，承诺出资金额 30 亿元人民币。截至 2013 年 6 月，中信证券对青岛金石出资 3.03 亿元，持股比例约 50%；对中信并购基金出资约 2.24 亿元，持股接近 50%。考虑到这是首期出资，中信证券对两只基金的认缴出资额应该更高。

而这一次，金石投资落后了。2012 年，海通证券和华夏证券的直投子基金成功募资，规模分别为 17.5 亿元和 20 亿元；2013 年 9 月，招商证券的直投基金也结束募资，规模为 35 亿元。一位熟悉金石投资的人士告诉记者，团队不稳定可能是金石投资在募集基金时的一大障碍。

## 三、招商证券

招商证券是国务院国资委直接管辖的证券公司，其控股股东为特大型央企招商局集团，招商局集团是中国民族工业的代表，是中国最早的公司制企业，集团的资产规模和盈利能力均位列中央企业集团的前列。招商证券基本情况（见表5－2所示）。

**表5－2 招商证券基本情况**

| | | |
|---|---|---|
| 基本情况 | 公司全称 | 招商证券股份有限公司 |
| | 注册资本 | 46.6亿元 |
| | 注册地址 | 深圳市福田区益田路江苏大厦A座38－45楼（518026） |
| | 互联网网址 | http：//www.newone.com.cn |
| 规模实力（2011.12.31） | 总资产 | 688亿元 |
| | 净资产 | 246亿元 |
| | 净利润（2011） | 20.08亿元 |
| 资格 | 业务资格 | 首批A类券商及创新业务试点券商 |
| | | 首批保荐机构 |
| | | 短期融资券首批试点承销机构 |
| 旗下企业 | 证券 | 招商证券（香港）有限公司 |
| | 基金 | 博时基金管理公司、招商基金管理公司 |
| | 期货 | 招商期货有限公司 |
| | 资产管理 | 招商证券资产管理（香港）有限公司 |
| | 咨询公司 | 华美金融公司（美国） |
| | 投资管理 | 招商致远资本投资有限公司、招商湘江产业投资管理有限公司 |

招商证券股份有限公司（以下简称“招商证券”）是中国证券交易所第一批会员、第一批经核准的综合类券商、第一批主承销商、全国银行间同业拆借市场第一批成员、第一批具有自营、网上交易和资产管理业务资格的券商、业内首八家创新试点券商之一，已成为拥有证券市场业务“全牌照”的一流券商。2005年，公司收购招商证券（香港）有限公司，成为首家经主管

机关批准设立海外分支机构的券商；2007 年，公司获得 QDII 资格，国际业务平台形成雏形。2009 年，招商证券再次获中国证监会评级为 AA 级券商（全国共 9 家）。2008 年 9 月，招商证券 IPO 顺利通过中国证监会发审委审核，2009 年 11 月，获得证监会 IPO 批文，并于 11 月 17 日在上海证券交易所正式挂牌上市（股票代码：600999）。截至 2014 年底，招商局集团持股 50.86%。

自成立以来，招商证券以优秀的风险管理、稳健的经营风格、精湛的专业服务和卓越的创新能力为市场所称道，形成了稳健经营、规范发展、高速成长的市场形象。招商证券具有中国证券市场全方位服务资质，证券经纪业务以发达的电子交易网络和丰富的服务产品享誉市场，部均价值量和人均创利水平长期处于同业前列；资产管理业务以低风险、高收益产品为主要特色，"基金宝"、"现金牛"、"股票星"、"智远成长"、"智远内需"和"智远稳健"系列等集合理财产品深受客户欢迎；投资银行业务以细分行业龙头为主要目标客户，在专业化服务方面形成特色；公司研发业务以量化研究为基础，在机械、食品饮料、社会服务、共享事业、石油化工、电子、纺织服装和传播与文化等行业具有较大优势。在创新业务方面，2010 年招商证券取得了融资融券业务试点资格，并积极开展股指期货业务。

招商证券技术、服务、管理创新一直走在国内同业前列，公司在国内券商中第一个推出证券交易网站、多媒体客户服务中心、大集中交易，招商证券牛网已经成为深受广大投资者喜爱的综合门户网站。多年以来，招商证券在《中国证券报》、《证券时报》、《上海证券报》、《新财富》、《第一财经》、和讯网、深圳交易所、上海交易所、中国证券协会等传媒、机构及各地机构的调查评比中多次荣膺"最佳保荐机构"、"金牛投资银行奖"、"最佳明星证券公司"、"最佳创业板投行"、"最佳券商研究机构"、"十佳服务投顾券商"、"最佳投行"、"最佳创新服务券商"、"最佳财富管理机构"、"最佳品牌券商"、"深圳市市长质量奖"等多项荣誉。2012 年，获《福布斯》杂志授予"2012 年福布斯中国最佳投资银行奖"；2013 年，获《证券时报》授予"2013 年度最佳互联网券商"，获东方财富网等媒体授予"2013 年中国十佳高成长投行"、获《证券时报》和《新财富》授予"最佳财富管理机构评选"等七项大奖。招商证券在国际领先的综合性品牌战略顾问和设计集团 Interbrand 发布“2012 最佳中国品牌价值排行榜”中第三次入选“最佳中国品牌 50 强”，招商证券以 31.63 亿元的品牌价值排名第 38 位。

2014 年，招商证券股票、基金交易量市场份额为 4.36%，市场排名第 7 位（按单家）；融资融券规模平均排名第 6 位。招商证券整体业绩列行业前茅。目前，招商证券在全国 60 个城市（不包含香港）开设了 100 多个营业网点，在香港设有分支机构；全资拥有招商证券国际有限公司、招商期货有限公司、招商致远资本投资有限公司，参股博时基金管理公司、招商基金管理公司。

## 四、博时基金

2014 年底突如其来的大行情让不少人“满仓踏空”，但也有少数公募基金准确地把握住了此轮行情，一直坚持价值投资的博时基金也终于守得云开见月明。根据银河数据显示，博时主题行业、博时转债增强和博时信用债分别在同类基金排名总榜中位居前六。

事实上，公募基金由于体量大、转身不易，老牌基金公司更讲究审慎稳健，要在股债双牛的大环境中取得超额收益并不容易。但由于坚守价值蓝筹，博时基金在 2014 年回报颇丰。

股市行情向好时，指数型基金因其股票仓位均严格控制在 90% 以上，往往是市场上回报率较高的一类基金。根据银河数据显示，博时裕富沪深 300 指数 2014 年涨幅达到 57.77%，在同类基金中排名前 1/5。此外，博时上证大盘 ETF、博时深证基本面 200ETF 年涨幅也分别达 51.40%、50.09%。

相对而言，主动管理型基金较难出头。但凭借多年对价值蓝筹的深耕，博时旗下主动型基金在 2014 年很是扬眉吐气。以博时主题行业为例，该基金 2014 年上涨 61.36%，在同类 355 只基金中排名第六位；此外，博时特许价值股票 2014 年涨幅也达到 58.92%，排名第 12 位，均超越同期上证指数涨幅。

债券基金回报率更高。根据银河数据显示，截至 2014 年 12 月 31 日，纳入统计的 450 只债券基金 2014 年平均涨幅为 20.10%，而博时转债增强债 A 类、博时信用债基 A/B 类业绩在同类基金中排名第三位、第四位，年均涨幅高达93.76%和88.35%，回报率直逼股票型基金冠军的净值增长率。值得一提的是，博时旗下所有纳入统计的13只债基（2014年之前成立的，A/B类、C类算同一只）年均涨幅达31.57%，整体水平远超同类平均涨幅的11.47%。

一直以来，公募基金中业绩排名靠前的往往是规模偏小的基金公司，老牌基金公司风格较为稳健，净值很难快速上冲。作为首批成立的“老五家”基金公司，博时基金在2014年进行了自上而下的优化改革，正从传统的基金公司转向全天候、多元化的现代资产管理旗舰，可谓二次创业之举。

具体而言，博时基金仍会保持权益类投资的核心竞争力，同时围绕“1+5”战略业务发展规划，即权益投资+固定收益、量化投资、互联网金融、另类投资、国际业务，进行重点布局，并在财富管理和机构客户服务能力方面进行提升。

博时基金战略部人士介绍，博时基金在业内最先开始做投研分组尝试，现在已经形成了权益投资总部和固定收益总部两大体系。权益投资总部下设价值组、成长组、混合组、量化投资组、国际组、绝对收益组、GARP组七个策略小组，固定收益总部下设公募基金组、专户组、国际组、研究组和现金管理组。另设有指数投资部，负责公司各类指数投资产品的研究和投资管理工作。如果以业绩衡量改革成败，目前已经初具成效。

## 五、德邦证券

要想从投控型集团向全球化投资平台发展，复星集团必须管理上格局，治理上水平，产业控制力上台阶。强化复星投控型集团的市场地位，在已有的品牌、产业基础、经验、社会资源的基础上，扩大集团的经营范围。与世界投控的强者实现强强联合，参与到全球化的产业整合中去。不但为自身，也为被管理的企业，在世界版图上谋一席之地。复星集团的大投行模式走过了一段创业、蜕变到再出发的过程。

### 1. 重重顾虑下的思路转变

回溯到2004年，当时复星集团已经在多个实业领域耕耘多年。是否进入金融领域考验着郭广昌对于复星集团的战略布局，当年适逢德隆系崩盘，给了复星集团这样的民营企业一个前车之鉴。当时任复星集团副董事长、副总经理的梁信军（现任复星集团总裁）曾向记者坦言，将收缩在金融领域的投入，专心做好实业。他说，在产业资本与金融资本混合发展上，市场上有过不良先例，例如，挪用保证金、操纵股价等，投资者利益受到侵害，所以监管层和投资者都有反对参与金融业的声音。时过境迁，在2009年业绩发布会上，复星集团董事长郭广昌向记者坦言："中国老百姓财富积累呈现几何级增长，金融业市场需求很大，再加上复星集团已有投资能力，金融服务业对复星集团来说是战略性核心业务，管理层会积极寻找更多投资机会。"

不久之后，郭广昌完成了对金融版图中的证券业的腾挪。成立的复星控股因为控股类公司在大陆不能上市，所以他到香港上市募集资金140亿元。复星控股下分别有复星地产（中国地产行业前十大公司之一）、复星医药、招金矿业、德邦证券、复星钢铁（分别持有南钢股份和建融钢铁），以及零售板块。零售板块包括友谊、联华和豫园商城，复星控股是友谊和联华的第二大股东、豫园商城的第一大股东。其他还包括一些小产业例如传媒等。2010年4月10日，豫园商城（600655. SH，复星集团持股17.3%）公告称，所持32.73%德邦证券股权被上海兴业投资发展有限公司拍得。而事实上，上海兴业投资发展有限公司正是德邦证券的第一大股东，其实际控制人和法人代表是郭广昌，这也使得该公司拥有德邦证券的比例进一步提高。

2. 主业加投行模式

复星控股的角色就是主业加投行。复星认为母公司就是大的投行，主要任务包括：①由母公司集中各个子公司的闲散资金，进行优化配置，在各个子公司之间进行资金调度；②对外进行投资并购，并将收购的较好的企业单独培育上市，不能上市的以3－4倍的市盈率出售给自己下属的上市公司；③由母公司给子公司的并购、上市、借壳、重组等提供中介服务。因此业内普遍地把复星集团的模式归结为主业加投行，而这种模式目前已经蔚然成风，成为很多集团母公司推动下属子公司发展的一种重要的手段。一般持有4家上市公司叫作"系"，而目前复星集团作为第一大股东持有的上市公司超过15家，已经形成一个非常大的系了。

3. 德邦证券——复星产融结合迈开的大步伐

事实上，在所有金融领域中，证券业始终是复星集团未曾放弃的金融资产，即便是2004年，当时复星集团已决定不再对金融产业进行新的投资并将有选择地退出，德邦证券依然未被放弃。

在全国各类证券公司中，德邦证券的规模不算大，在全国仅有12家营业部，但其投行业务发展强劲，特别是在钢铁、医药、化工等领域已经实现私募融资40多亿元（截至2008年末）。自2003年成立至今，德邦证券的营利能力也是复星集团紧抓的重要原因，在7年资本市场牛熊交替的时间里，德邦证券一直在盈利，2009年的净利润超过了1.8亿元。

尽管这样的盈利规模仅仅是整个复星系的一小部分，但外界普遍认为，德邦证券若成功上市虽是复星系投资成功的“一小步”，却是复星系进军金融业的“一大步”。郭广昌把复星的投资原则和策略概括为“伯克希尔”和“通用电气”的结合，但与后两者相比复星“尚无拥有低成本的稳定的资金来源”，这使得郭广昌不得不把战略触角伸向金融业。如果说以前复星注重产业资本内部上下游整合的话，未来复星很有可能向产融结合的“财阀式”集团发展。

学界对于“财阀”的定义一般具有如下特征：①紧密家族企业；②企业经营广泛；③旗下拥有金融业；④集团内部交叉持股严重；⑤与政府关系良好。如此看来，由于复星管理层尚属年轻，除“紧密家族企业”条目不符之外，其他条件已经初步具备“财阀”特征。

复星系旗下的矿山、钢铁、房地产三大板块具有产业链条上下游的互补性。复星近年来在产融结合方面进行尝试，而德邦证券恰好是突破口。根据公开披露的情况，德邦证券已经成立了与复星集团业务相衔接的工作小组，定期或不定期地与集团相关业务部门和企业实现有效沟通和资源共享。对接的部门包括经纪业务、投行业务、固定收益、资产管理业务等。其中，成功对接的项目包括豫园商城公司债、复地公司债、南钢企业债等。这些企业均是复星系旗下持股公司，意味着通过德邦证券，完成了向复星系旗下实业输送资金的目的。

#### 4. 总体评价

复星集团之所以能够在二十年间一跃成为民营企业的翘楚，与其强大的资本运作能力密不可分，其“投资收购+资产证券化”的模式更需要集团内部强化融资能力，引入产融结合模式后，可以使复星集团所投实业和金融产业协调发展，相得益彰。

## 六、万豪服务

在全球直接经营1000多家酒店、特许经营1700多家酒店的万豪酒店集团，在人们的通常想象中应该是一个拥有庞大固定资产的重资产企业，但实际上，万豪依靠其独特的轻资产模式与资产证券化运作能力，不仅实现了对全球2700多家酒店的控制，而且资产收益率也远高于同行水平。那么，它是如何做到的呢?

在20世纪70年代，万豪的负债表很“重”，自建的酒店形成了资产负债表左侧的高固定资产和右侧的高负债。一方面，酒店地产的专属性强、流动性和外延性弱的特点，都使万豪很难像百货等行业从地产租赁中获得超额收益，其超额收益仅来源于品牌化管理。但是另一方面，万豪的酒店管理业务本身能够产生相对稳定的现金流，而地产业务又是高风险、高收益的周期性行业，也存在着获得超额利润的机会。

为了将这两部分完全不同的风险特征业务隔离，企业需要在资产表上将无形资产与固定资产隔离。于是，万豪酒店集团自1993年开始分拆，分拆成万豪国际（Marriott International）和万豪服务（Host Marriott）。万豪国际转型成纯粹的服务性机构，与投资者签订长期的管理协议对酒店进行经营管理，但不拥有产权；万豪服务掌握集团旗下所有酒店地产和债务，但不参与管理，并负责将其资产证券化，出售给那些寻求长期稳定收益或者高税赋的投资者(因为溢价购买不动产债务通过会计处理可以降低高税赋投资者的所得税)，从而释放回笼现金流。

在完成业务结构的重大重组之后，万豪上市公司的资产负债表大为“轻”化，固定资产仅占总资产的9.95%（见表5-3所示）。在轻资产战略下，万豪的资本回报率大幅提升。尽管酒店行业的利润率较低，经营利润率都仅为5%左右，但由于万豪的资产表很“轻”，因此资产回报率显著高于利润率，息税前利润与投入资本之比高达16.5%，净资产收益率高达20.6%。万豪的这种高资产效率也得到了资本市场的认同，其市净利润率在5倍左右。

**表5－3　业务结构重组前后万豪资产构成变化**

单位：百万美元

| 重组前 | 时间 | 总资产 | 重组后 | 时间 | 总资产 |
|---|---|---|---|---|---|
| 流动资产 | 2010 | 8.54% | 流动资产 | 2010 | 8.54% |
| 长期投资 | 1550 | 6.59% | 长期投资 | 1550 | 6.59% |
| 固定资产 | 17341 | 73.70% | 固定资产 | 2341 | 9.95% |
| | | | 证券化资产 | 15000 | 63.75% |
| 无形资产 | 1390 | 5.91% | 无形资产 | 1390 | 5.91% |
| 其他资产 | 1239 | 5.27% | 其他资产 | 1239 | 5.27% |
| 资产统计 | 23530 | 100% | 资产总计 | 23530 | 100% |

分拆也改变了企业盈利模式。经营管理业务的万豪国际，利用其品牌与管理的优势在直营的同时开发了特许业务，进一步增强了获利能力。而经营地产业务的万豪服务，在不断积累资产证券化等金融业务运作经验的基础上，为了成为一个合格而且有竞争力的房地产投资信托基金（REITs），1998年又迈出了重要的一步，单独成立了Crestline Capital公司，将万豪服务的所有高档住宅物业都转让给Crestline Capital公司，把所有的酒店以出租或者转租的形式承包给Crestline Capital公司，从而使万豪服务于1999年正式变身为房地产投资信托基金性质的公司，其REITs也是美国房地产投资信托基金协会综合指数（NAREIT）中最大的酒店类REITs。

REITs身份为万豪带来诸多好处。①让万豪享受公司税收减免，因为REITs必须把90%以上的利润拿出来作为分红发放给投资者。②由于REITs可吸收大量来自民间的个人投资资金，因而资金状况得到进一步提升。③REITs身份让公司的股东结构更加多元化和稳定化。

完成转变后，万豪具有了两块相互支持的业务，实现了产融的有机结合。一块是具有传统竞争优势的酒店管理业务；另一块是酒店资产的管理。通过资产处置和利用REITs的融资功能，万豪服务可以收购那些有升值潜力的酒店物业，为万豪的酒店管理业务提供新的项目来源，其青睐购买和长期持有的主要是城市黄金地段、机场、度假村等稀缺和具有升值潜力的优质资产，目前遍布美国、加拿大、墨西哥、智利、英国、意大利、西班牙和波兰等地；在万豪品牌和酒店管理业务的支持下，收购后的酒店运营水平以及相应的物业价值能够获得较大的提高，REITs 收益也能得到基本保障。而根据酒店业务发展需要和对酒店地产经营周期的把握，万豪服务也在出售那些不能满足公司长期发展目标的非核心业务，出售后的获益用于进一步巩固其核心业务和新项目的购买，从而形成了一个良性循环。由于资产管理业务的出色，自 1998 年万豪服务开始接受其他酒店集团的资产管理业务。

从 2004 年至 2005 年初，万豪服务总共出售了价值 3.8 亿美元的 13 处酒店物业。2005 年 11 月 14 日，万豪服务公司买下了喜达屋公司旗下的 38 家遍布欧、亚、美三洲的酒店地产。喜达屋抛售的 38 家酒店共有客房 1.9 万间，占公司全部客房总数的 40%。此次交易总价值近 41 亿美元，是 2005 年全球最大的一起酒店转让案。交易完成后，喜达屋仍将享有这些酒店 40 年的品牌管理权。此次交易对万豪服务来说，酒店品牌数量大大扩展，公司旗下的各类豪华酒店跃升至 145 家。万豪服务也成为美国最大的酒店集团和第六大公共房地产投资信托公司。由于酒店资产来源更为广泛，为突出其专业酒店资产管理商的特点，万豪服务 2006 年 4 月 19 日由 Host Marriott 更名为 Host Hotels and Resorts。但是喜达屋称，剥离资产也是喜达屋战略转型的需要，即从酒店地产商向品牌管理商的转变。而 2005 年早些时候，洲际酒店、希尔顿酒店等业内巨头也都有出售资产的行动。这也表明，专注于品牌管理也是酒店集团获得持续发展的另一种模式，但其商业模式原理与万豪国际并无不同，也是“轻资产”战略，只不过没有选择产融结合模式而已。由此可见，是否实施产融结合模式，还是取决于酒店集团对于外部环境与自身核心能力的认识以及对总体战略的设计。

## 第三节　并购与重组

中国经济处于转型调整期，地方政府和银行体系的资产负债表都面临再平衡，利率市场化处于改革初期，从而全社会资金环境处于偏紧状态，实体融资成本偏高。而上市公司可以积极利用融资优势进行产业并购、提高效率，实现金融资本和产业资本的双赢。

未来并购重组活动存在三大趋势：①新兴产业并购，横向并购关注医药和环保，纵向并购关注 TMT 领域；②传统产业公司重生，传统行业积极拥抱新的商业模式，利用移动互联、大数据等手段提升竞争力；③海外并购，仿效海外市场的成功模式。

随着并购重组的案例逐渐增多，发生并购重组事件的上市公司后期整合值得持续关注，这将决定公司日后的实际投资价值。并购是企业成长一个非常重要的途径，优势企业通过持续并购能够强化其行业优势地位。过去几年营销板块、医疗器械板块里有不少公司成为并购成长的优秀代表，这些公司无一例外均具有以下三个特点：①原有的主营业务本来就具有很强的行业地位；②并购是沿着原有业务的产业链进行的且很少跨界；③能有效地向被并购企业输出优秀的企业文化从而使整合获得实效。未来一定会有越来越多的优势企业通过并购做大做强。

A 股市场产业资本“套利”潮涌增持、减持动作频繁，在大盘逐渐走强之际，产业资本的动向牵动着股市神经。根据券商机构统计，2014 年 7 月以来嗅觉灵敏的产业资本增持减持动作频繁，其中减持金额略有上升，增持金额略有下降，创业板减持金额环比降幅较大。

业内人士认为，眼下产业资本存在低位代持、高位套现的强烈冲动，而部分海外资金也通过资本掮客进驻 A 股。在一级市场，产业资本纷纷举牌上市公司，践行“股东积极主义”的资本大鳄开始寻求上市公司治理权，产业资本的话语权在逐步增强。同时，不少神秘控制人通过上市公司资产置换等方式打造新的“资本派系”，各种股权交易、市值管理手段举不胜举，为 A 股市场的行情演绎埋下伏笔。

当 A 股行情呈现走暖迹象时，一方面，蓝筹股、周期股等涨幅明显，部分主板上市公司大股东及高管增持公司股份，提升市场看多人气；另一方面，由于创业板行情见顶风险加剧，大股东和高管的减持动作也日益增多，减持额度不断加大，与主板市场的情况形成了鲜明的对比。

根据统计显示，2014 年 7 月以来，产业资本对 72 家公司进行增持，合计增持 20.88 亿股，折合市值约 121.87 亿元，其中主板股票成为产业资本增持的主要目标，增持品种从银行、地产扩散至钢铁、机械、电力、家电等蓝筹股。与此同时，创业板的产业资本减持额度却在不断加大，累计共有 55 笔次大股东减持和78笔次高管减持。

值得注意的是，在医药、军工等板块受市场各路资金追捧的同时，不少股价涨幅惊人的个股却频频遭遇大股东减持，多只股票减持市值达1亿元以上。与此同时，在部分上市公司业绩稳定的情形下，产业资本依然大量减持出逃，并且出现二级市场股价较低仍遭遇减持的情况，令投资者难以捉摸。兴业证券研报显示，2014年7月减持金额为77.18亿元，比6月的65.53亿元略有上升。7月最后一周减持公司数为22家次，此前两周分别为21家次、15家次，减持家数有所上升。

产业资本往往是一个比二级市场投资者更了解上市公司发展情况和未来业绩的群体，其增持、减持动向代表未来行情和产业发展的动向。尽管在公司层面，产业资本利用股价上涨进行套现是由于上市公司产业战略布局和企业发展补充资金的需要，股价上涨高位减持无可厚非，但产业资本出逃无疑也会形成市场资金失衡格局，并可能发出悲观信号，令投资者对上市公司产业发展前景产生疑虑。

除了融资需求之外，大量产业资本出逃可能隐藏“低卖高买”动机，股价低位频繁换手背后，是资本方为未来上涨做市值管理布下的“棋局”。根据熟悉市场资本运作的人士透露，不少上市公司股票在大股东减持之后，反而涨势明显，其主要的运作逻辑就是通过“低位减持代持”来获得股价未来上涨的超额收益。“每一轮产业资本的出逃都可以看到这类低位换手的减持模式，目的可能在于为将来减持做避税准备。通常而言，大小非在低位减持股票后可以将所得税降至较低水平，减持后股份会由另一个关联账户代持，减持者可间接控制该账户然后做市值管理，等股价上涨后再度高位抛出。”

大小非减持的潜规则比较多，主要在于减持股东、中间经纪人、游资等在内的资本各方的互相配合。例如，让减持股东和接盘方先达成一个固定价格的转让协议，之后再宣布减持、释放利好、拉抬股价等，实际减持价格最终高出的部分就归资金运作方所有。业内人士认为，市场行情渐起之际，这类减持模式往往会夹杂其中，并演变成更多资金方参与的链条，最终由二级市场中小投资者接盘。

2014年以来，上市公司频频发布定增公告，希望通过引入产业资本，以解决资金不足的状况。在这期间，不少资本大佬旗下的产业投资基金和上市公司高管成为定向增发的认购主力。实际上，随着大盘的企稳，代表产业资本动向的大股东或高管包销上市公司定增的案例也日益增多。为扩大话语权，产业资本在逐利套现之外，也在积极践行“股东积极主义”的控制权投资模式，通过举牌来寻求上市公司的股东治理，以公开合理的规则程序来获得超额资本收益。

从目前公布的上市公司定增方案中，不难发现这样一种新模式，即产业资本通过低位减持之后再承包所有定增，其中的运作方式值得玩味。2014 年 8 月 3 日，浙江嘉兴某紧固件行业的上市公司推出定增方案，其大股东将全额认购所有增发股。而根据资料显示，自 2014 年 2 月 17 日以来，该大股东已累计减持上市公司股票达 22 次，其中 20 次通过大宗交易方式减持、两次通过集中竞价方式减持，合计减持 15.86% 股份。粗略统计，前述减持均价为每股 7.38 元，低于此次非公开股票的发行价每股 8.11 元。在资本运作方的眼中，先通过减持获得资金，再通过定增让大股东折价买进股票，这种操作模式无疑也是产业资本进行套利的方式之一。

与此同时，不少由资本大佬带领的产业投资基金也开始在上市公司定增方案中日渐活跃。2014 年 6 月 5 日，伊利股份（-0.05% 资金研报）发布公告称，公司旗下畜牧公司计划引入马云旗下云峰投资管理（香港）有限公司等产业投资基金向畜牧公司以现金方式增资。而根据华数传媒（2.14% 资金研报）此前对外公开定增预案显示，马云、史玉柱实际控股的云溪投资斥资 65.36 亿元认购公司非公开发行股份 2.87 亿股，占发行完成后华数传媒股份总数的 20%。

分析人士指出，以大股东和高管为代表的产业资本军团参与上市公司定增，其实也是对所看好行业进行合理的投资。随着对上市公司话语权的加强，产业资本的介入将逐步渗透到上市公司后续的管理决策，给 A 股二级市场带来更大的影响。根据 Wind 数据显示，截至 2014 年 8 月 7 日，共有 495 家上市公司发布定向增发预案，绝大多数公司的定增对象是境内外战略投资者、基金等机构投资者、拟购资产的股东，或上市公司控股股东、实际控制人等。其中有 217 家上市公司面向大股东、大股东关联方及境内自然人，还有一部分是上市公司高管。

深圳某位接触产业投资基金的人士分析，当前并购市场日渐活跃，不少细分行业的龙头公司正在加速行业内的资源整合和市场布局，引入产业基金的动力较强。“目前上市公司股价在市场上尚处于低位，定向增发相对价格较低，这正符合产业资本的买入要求，越便宜越好，刺激产业资本加速进场。加上有资本大佬的介入，上市公司的定增概念也会受到二级市场的关注，其股价也有所表现。”

除此之外，2015 年以来不少处于价值洼地的上市公司也成为产业资本的举牌热门，徽商银行、金地集团、金融街等企业相继上演了股权争夺大战，通过增持股份举牌上市公司，也逐渐成为产业资本的扩张手段，而相关举牌概念股股价则无一例外出现大涨。产业资本举牌动机有两种，一种是产业资本扩张需要；另一种则是通过举牌实现借壳上市。而在市场资金方来看，越来越多的产业资金加入举牌大战，也是刺激上市公司股价大涨的直接因素，外围投资者可以遵循产业资本投资路径寻找投资标的。

资本派系玩转股权游戏无论是低位减持代持，还是举牌争夺上市公司话语权，在产业与资本的纠葛之间，可以隐约看到资本派系力量暗藏其中。围绕对上市公司产业拓展的资本市场资金布局，资本系江湖中的大佬们利用手中的人脉圈子，通过多重股权安排、链条式的融资杠杆以及二级市场资本操作，来打造自身的集团大版图，进而深刻影响着产业发展和资本市场的波动，也为未来 A 股行情的演绎埋下伏笔。

被市场称为“鹏欣系”的产业资本动作引来市场高度关注。根据近期公告，国中水务、鹏欣资源、大康牧业三家上市公司陆续推出募资规模分别为 10.99 亿元、38 亿元、25.1 亿元的定增计划，鹏欣集团及其实际控制人分别出资认购相关股份。而 2013 年鹏欣集团通过参与大康牧业的 50 亿元定增计划顺利成为大康牧业的实际控制人。有市场人士分析，鹏欣系的资本运作轨迹相对比较清晰，一方面通过不断收购热门资产来壮大自身体系；另一方面则通过旗下掌控的上市公司反复增发、除权、再增发等模式，一步步加注筹码，扩大影响力，同时也抬升了上市公司股价，做大了市值。

在 A 股市场中，类似鹏欣系的产业资本运作力量非常多见，而且日益形成分割上市公司利益盘的核心力量。根据了解，诸如“当代系”、“硅谷系”、“梧桐系”、“恒康系”等已成为当下 A 股市场上新涌现的一批资本势力，这些层出不穷的资本派系通过反复不断地资本运作，将产业的枝蔓蔓延至文化、金融、互联网、新能源汽车等多个新兴产业领域中，在上市企业的扩张、重生或转型的道路上扮演着重要角色。

在业内人士看来，不少业绩较差的ST公司面临退市危机之际，常常会遇到实力雄厚的资本派系援助，在被接盘之后进行迅速的资产整合而重新获得市场认可。深圳某私募人士指出，不少上市公司虽然濒临破产边缘，但债务关系简单，大资金接手后通过资产注入的方式进行运作，既帮助原企业完成产业转型，也避免了控制人在股权交易中可能出现的违规嫌疑，进而完成产业资本的布局。不过，这些娴熟运用各类操作平台的资本派系，往往通过操盘手、资本中介、私募投资资金以及隐形的内部人链条，来进行上市公司的资产置换、壳资源的倒卖以及维护股价的市值管理，成功归拢来自资本市场庞大的资金，其中不乏圈钱、财务造假等灰色空间的滋生，因而始终受到监管层和市场的警惕。

## 第四节　财务公司

财务公司又称金融公司，是为企业技术改造、新产品开发及产品销售提供金融服务，以中长期金融业务为主的非银行机构。财务公司在各国的名称有所不同，业务内容也有差异。

美国模式的财务公司是以搞活商品流通、促进商品销售为特色的非银行金融机构。它依附于制造厂商，是一些大型耐用消费品制造商为了推销其产品而设立的受控子公司，这类财务公司主要是为零售商提供融资服务的，主要分布在美国、加拿大和德国。美国财务公司产业的总资产规模超过8000亿美元，财务公司在流通领域的金融服务几乎涉及从汽车、家电、住房到各种工业设备的所有商品，对促进商品流通起到了非常重要的作用。

英国模式的财务公司基本上都依附于商业银行，其组建的目的在于规避政府对商业银行的监管。因为政府明文规定，商业银行不得从事证券投资业务，而财务公司不属于银行，所以不受此限制，这种类型的财务公司主要分布在英国、日本和中国香港地区。

而在中国，财务公司的产生既是我国企业集团发展到一定程度的客观要求，又是我国经济体制改革和金融体制改革的必然产物。自1987年5月我国第一家企业集团财务公司成立以来，全国能源电力、航空航天、石油化工、钢铁冶金、机械制造等关系国计民生的基础产业和各个重要领域的大型企业集团几乎都拥有了自己的财务公司。财务公司是企业的“内部银行”，是企业的金融窗口与金融支柱。它通过金融手段支持企业的发展，促进企业集团的资金集约化管理、增强企业内外部融资功能、优化产业结构，从而提高企业的竞争实力。

财务公司有效地利用企业的闲置资金，加快资金周转，减少资金体外循环，盘活沉淀资金，通过集约化管理来提高资金的使用效率；通过规模贷款来降低企业成本，增加与强化企业融资渠道；依据企业战略规划有方向地扶持相关产业，优化产业结构；通过开拓新的投资渠道和进入新产业的途径，促进企业向多元化发展。

由于是在产融结合范畴下的财务公司，所以接下来介绍的案例所涉及的财务公司专指企业依附型的财务公司，即由大型企业集团出资的，以帮助本企业进行内部资金管理促进产品销售和资本运作为主要服务宗旨，以母公司及客户、股东为重点服务对象，但不局限于企业集团和股东内部融资的企业附属金融机构。

## 一、Ally金融公司（通用汽车金融服务公司）

通用汽车公司（General Motors Company，GM）成立于1908年9月16日，其前身是1903年5月19日，美国的苏格兰人大卫·别克创办的别克汽车公司。1908年美国最大的马车制造商威廉姆·C. 杜兰特买下了别克汽车公司并成为该公司的总经理。之后，杜兰特以别克汽车公司和奥兹汽车公司为基础成立了一家汽车控股公司——通用汽车公司，1909年又合并了另外两家汽车公司——奥克兰汽车公司和凯迪拉克汽车公司。现在，通用汽车公司已经发展成为下属分部达20多个，拥有20多万名员工，分布在六大洲的工作地点有150多个，产品销售至全球120多个国家和地区的大型汽车公司。

通用汽车金融服务公司（General Motors Acceptance Corporation），现已改

名为 Ally 金融公司（Ally Financial Inc.），一度是世界上最大的金融服务公司之一。由于 2007 - 2008 年全球金融危机的发生，通用汽车金融服务公司出现财务危机，转而寻求美国联邦政府的援助，其所有权从通用汽车转移到美国政府，并顺应要求转型为金融控股公司，并于 2010 年 5 月 10 日正式改名为 Ally 金融公司。

通用汽车金融服务公司，成立于 1919 年的美国纽约，其核心业务是全球汽车信贷，除此之外，还涉及保险、抵押、贷款等一系列金融服务。公司的整个经营区域涵盖全球 40 多个国家和地区。在世界上拥有超过 1500 万客户。2008 年，在通用汽车金融服务公司还没有出现财务危机以前，通用汽车合作的 6450 家汽车经销商中，有 75% 由该金融服务公司提供融资服务。

虽然，现在通用汽车金融服务公司以及政府所有的 Ally 金融公司，仍旧与通用汽车公司关系密切。Ally 金融公司 2013 年的年报显示，其新的汽车经销商存货融资中有 62% 来自通用汽车公司，新车的消费者汽车融资量中 69% 来自通用汽车公司的消费者和经销商。由此可见，Ally 金融公司与通用汽车公司现在还是保持着紧密的合作关系，由 Ally 金融公司为其提供融资服务。另外，Ally 金融公司也涉及保险、抵押等业务。根据数据显示，2013 年，由 Ally 金融公司提供批发融资的美国通用公司特许经销商中，批发保险产品的普及率为 82%。另外，在 2009 年将通用财务公司银行业务单位改名为 Ally 银行，是一家互联网银行，或称为直销银行，提供线上直接银行服务。所以现在的 Ally 金融公司正在向多样化发展，在汽车贷款之外，也努力发展其他的业务。

通用电气公司的历史可以追溯到托马斯·爱迪生，他于 1878 年创立了爱迪生电灯公司。1892 年，爱迪生电灯公司和汤姆森 - 休斯敦电气公司合并，成立了通用电气公司（GE）。GE 是自道·琼斯工业指数 1896 年设立以来唯一至今仍在指数榜上的公司。现在的通用电气公司（GE）是世界上最大的多元化服务性公司，从飞机发动机、发电设备到金融服务，从医疗造影、电视节目到塑料，GE 公司致力于通过多项技术和服务创造更美好的生活。GE 在全世界 100 多个国家开展业务，在全球拥有员工近 30 万人。2014 年，通用电气公司销售额达到 1485 亿美元，其中利润高达 152 亿美元，排在 2015 年福布斯全球企业榜第 9 名。通用电气公司被认为是目前将产业和金融结合得最好的公司。通用电气公司年销售额数据（见表5-4所示）。

表5-4　通用电气公司年销售额数据

| 年份 | GE工业 | GE资本 |
|---|---|---|
| 2014 | 109902 | 42725 |
| 2013 | 103602 | 44067 |
| 2012 | 102811 | 45364 |
| 2011 | 95225 | 4324 |
| 2010 | 85216 | 49163 |
| 2009 | 88681 | 51065 |

通用电气公司最早涉及金融业务是在1905年，但是当时只是一些零星的商业贷款，并没有形成规范化的操作。到1932年，成立了通用电气信贷公司，最初为购买通用电气家电产品的消费者提供信贷服务，从而帮助家电经销商在大萧条的状况下推销通用电气生产的家电。1943年，通用电气金融服务公司成立，该公司原是美国通用电气公司的一个分部，主要为通用电气公司消费品和工业产品的销售与批发提供融资服务。到20世纪40年代末，为了实现产业扩张，通用电气金融服务公司需要大量的资金，此时通用电气金融服务公司开始发行公司债券来为通用电气公司融资。到20世纪60年代，通用电气金融服务公司再次扩展业务范围，开展了设备租赁业务。到20世纪70年代末，通用电气金融服务公司开始进入商务融资时代，其业务变得多样化，涉及房屋制造。二手贷款、商业地产。工业贷款和租约及个人信用卡提供经费，同时开始了后来迅速发展的飞机租赁业务。到了20世纪80、90年代，通用电气金融服务公司已经发展出一个"非银行的金融机构"的通用金融，提供除了存款业务之外的所有其他金融功能。通用电气金融服务公司主要包括通用电气商务融资和通用电气消费者融资。前者提供包括租赁服务、融资项目、商务保险和再保险等一系列金融服务和产品；后者则主要面向消费者、零售商提供服务和金融产品。

总体看来，通用电气金融服务公司的金融业务发展可分为三个时期：①金融业务的初始期，20世纪30—50年代，业务以大型消费品提供分期付款等信用服务为主；②20世纪60—70年代的转型期和过渡期，通用电气金融的重点业务仍以抵押贷款和汽车租赁等传统型消费贷款为主，但是已经开始涉足交通运输和房地产投资；③20 世纪 80 年代至今，通用电气金融服务公司已经在法律约束的框架下，进一步拓展业务范围，涉足地产开发融资、二手贷款、商业地产、工业贷款和租约以及个人信用卡提供经费等，与此同时也积极寻求投资机会，开展企业并购等资本运作行为。

现在通用电气将其涉及金融的业务单独归类为 GE Capital，目前通用电气 Capital 的业务主要分为五大块：特别保险业务、消费者服务、设备经营管理、特别金融服务、市场中介金融服务。

通用电气金融服务公司不仅仅是实现了产融，而且将产融结合发展得有声有色，信贷、保险与再保险、租赁、融资等一个不落，这些金融业务涉及房屋制造、商业地产、航空航天、医疗等板块，当然，这与通用电气公司自身的综合经营也分不开。

## 二、海尔集团财务有限责任公司

海尔集团财务有限责任公司，作为海尔的财务公司，成立于 2002 年 9 月。是经中国人民银行批准成立的非银行金融机构，公司注册资本 5 亿元。由海尔集团公司、青岛海尔空调电器有限总公司、青岛海尔电子有限公司、青岛海尔空调电子有限公司四家集团成员单位共同出资组建，其中海尔集团公司控股 40%。

公司下设会计结算部、信贷业务部、计划财务部、稽核审计部、综合管理部、国际业务部、风险管理部、投资银行部八个部门。成立伊始，海尔财务公司的近期定位是海尔集团流程整合的资金集约化管理中心；长期定位是海尔集团国际化经营的全球金融运作中心。张瑞敏曾经说过，“财务公司是海尔集团的加速器，而不是提款机”，财务公司的成立，对于海尔构筑国际大企业的战略规划来说，具有重要的意义。

从过去近五年的时间来看，财务公司开辟了海尔集团产业资本和金融资本融合的最佳途径，帮助集团整合了内部资金和外部金融资源，提高了核心竞争力；推动集团流程再造，降低了财务成本，共享了集团庞大的客户资源，从而实现了产业和金融的协同发展。

集约化金融服务、集团化金融管理、集成化金融支持三位一体。海尔集团早在 1999 年就将原来的财务部门从各单位分离出来，并将按职能分工进行纵向资金管理的财务管理部门，改造为按流程进行横向资金管理的资金管理部门。在集团层面将原来的财务管理部门改组为“资金流推进本部”。下设“资金流入部”和“资金流出部”，对集团财务资源进行统一配置，对企业资金进行统一管理。这种管理是按资金流程而不是按资金收支进行财务资源的整合和配置，这就从源头上解决了财务部门之间以及财务部门与业务部门之间在资金流动和财务资源配置上的相互割裂问题，实现了集约化的财务管理；在集约化金融服务方面，海尔财务公司利用金融手段对海尔集团企业资金进行统一配置和集约服务。通过有偿调剂集团内部企业资金余缺，优化配置集团资金资源，激活了集团内部的闲置和沉淀资金，降低了集团外部融资规模，节约了大量资金成本，满足了成员单位产业发展过程中的内部融资需求，实现了集团对外流动资金的“零”贷款。海尔财务公司在成立的几年来利用对集团内人民币资金的集约管理累计置换外部贷款 30 多亿元人民币，向成员单位提供票据融资累计近 60 亿元，累计节约资金成本 2 亿多元。

为实现集团资金运作边际效益的最大化，实现资金“零”占用，进一步缩减集团资金的体外循环的规模，协助集团加强税务统一监管力度和账户管理力度，发挥财务公司金融资源整合作用，海尔财务公司搭建了财务公司代扣代缴税款操作平台。集团成员单位清理原国税缴税户，将资金转入财务公司一般结算户，对成员单位的专项资金进行集中管理，与结算行、客户形成委托关系。海尔财务公司代扣代缴税款操作平台的建立，一方面方便纳税人（开户单位）缴纳税款，由财务公司一头对外，提升办税效率和服务质量，进一步完善集团税务工作的宏观操作和管理；同时实现对集团单位账户的进一步整合，规避税务风险及结算风险；另一方面实现资金“零”在途，进一步缩减集团资金的体外循环的规模，实现了集团资金运作效益的最大化。

此外，海尔集团目前拥有 10 多家独立进出口经营权的公司，各公司独立核算，自主收付汇，造成外汇资金余缺、币种不均，成员单位之间无法实现外汇资金的划转，致使集团内部外汇资金余缺、币种调剂过程中产生大额的汇兑损失。海尔集团授权海尔集团财务有限责任公司作为外汇资金集合管理的操作主体，负责集团内部纳入试点范围内的成员单位的外汇资金的集合管理，即内部以财务公司作为集团统一外汇账户，外部依托外汇专业银行，开展集团内部的外汇资金划拨以及对外的统一收付业务，实现集团外汇资金的集中收付和集合管理，突破了原有的禁止境内单位之间以外币资金相互结算的外汇管理政策限制，实现了集团内部各成员单位之间外汇资金的余缺、币种调剂的重大突破。

司库型资金管理、信用型信贷服务、投行型财务顾问三足鼎立。财务公司的设立，使得其资金司库管理的载体由原来的部门职能机构上升为公司功能机构。其形成的模式是："零营运资本管理"，即在满足企业对流动资产基本需求的前提下，尽量使营运资金趋于最小的管理模式。"零营运资本管理"强调的是资金的使用效益，即将营运资金视为投入的资金成本，以最小的流动资产投入获得最大的销售收益。

由于海尔集团内部成员企业在互供产品及劳务方面的经济交易量较大；在资金管理上又存在时间、空间差的情况，因此财务公司从集团整体利益出发开展统一的内部转账结算，统一调拨内部资金，以对冲内部交易，降低资金占用额度，加速资金周转。海尔财务公司充分发挥和完善各项金融结算职能，满足集团的金融需求，致力于对集团资金的集约化管理，并提高集团结算资金的流转速度，减少集团资金体外循环方面取得了良好的市场效果，并且一直保持金融风险事故为零，结算业务出错率为零的良好风险控制纪录。为提高集团总体资金运作的有效性，统一管理各单位的银行账户，防止资金运作中的风险，避免自有资金的体外循环，实现集团资金的集约化管理目标，发挥财务公司整合社会金融资源优势的作用，海尔财务公司搭建了资金账户的管理与操作平台。未获集团批准不得擅自在财务公司外开立新账户，也不允许将收到的各类款项存入除财务公司以外的任何账户，否则按私设小金库论处。海尔财务公司设立两年来，业务规模累计结算资金近 2000 亿元，日均流入流出量近 3.8 亿元，业务结算总量近 60 万笔，日均 1000 余笔；资产的流动比率平均逾 100%，远远高于 80% 的监控指标，实现了零不良资产。

海尔财务公司就集团的以人为本的"星级考核体系"运用到财务公司的风险控制预算体系中，将集团行之有效的星级评价考核体系，融合信贷资产五级分类的划分标准与体系，形成海尔财务公司独特的信用评价和风险管理系统。即形成了："信贷资产五级分类 + 海尔星级考核体系"模式。

由于信息的不对称，原有的信贷资产五级分类基本停留在财务指标分析的基础上，定性分析往往流于形式。财务指标只是过去和现在的信息，只能代表过去的经营状况，而要真正掌握一个公司的信用状况不仅要看过去的信用表现更要看未来的发展潜力，因此，要了解企业潜在或将来的发展趋势，仅靠分析财务指标远远不够，必须从市场发展与产品研发中寻找答案，必须通过研究每个企业管理层对市场反映的敏感度、市场订单获取速度及能力、所占市场份额以及新产品开发能力入手，综合判断才能揭示企业整体经营状况及发展能力。为全面反映信贷资产质量，突破原有的资产质量分类局限性，海尔财务公司一方面借助于其财务报表对其偿债能力、盈利能力、发展能力、流动性等财务指标进行分析，形成实质性数据分析；同时在财务指标分析的基础上，结合集团的“星级评定”，汇集来自于成员单位及标杆单位的最前端信息，剖析其方方面面，尤其是对成员单位负责人、经营人的能力、订单获取能力、市场份额和产品研发能力等非财务指标进行量化分析，对来源于市场的任何信息，财务公司都深入到市场终端，与成员单位一同站在市场的前沿，并参与其对现有问题的剖析，杜绝“闭门造车”，真实、全面、动态地反映成员单位的资产质量。真正实现了资产质量分类的“预警”机制。

专业化金融产品、个性化综合服务、供应链金融延伸三大进程顺应财务公司这一发展趋势并适应海尔集团产业发展的需求，海尔财务公司着力开发专业化金融产品，创立了“物流银行”模式。在促进集团的销售过程中，海尔财务公司走到市场终端了解保兑仓业务流程及风险控制点，并与法律部门和金融专家进行完全充分的沟通，针对保兑仓业务推出“物流银行”模式，在最短的时间内为各地营销公司提供最及时的服务，同时保证操作风险降到最低。为配合各地工贸公司与经销商和银行三方保兑仓业务的开展，财务公司从 2004 年 6 月开始，开展了对此项业务的履约保函业务，为保证业务的顺利开展，财务公司针对三方业务实施“物流银行”，在商业银行至少需要一周才能完成的工作，财务公司保证在 24 小时之内完成。自开展此项业务两个月以来，为各地营销公司累计提供担保近 5 亿元，有力地推动了集团产品特别是空调产品的销售，空调产品供不应求的局面与财务公司物流银行业务的推出密不可分。由于三方保兑仓业务风险较大，在支持业务发展的同时，财务公司以防范集团风险作为支持的另一种方式，实际操作中全面及时地与各工贸公司进行沟通，了解“三方协议”的执行情况，并安装“三方业务管理系统”对业务数据进行动态监控，对执行率低的工贸反馈商留本部进行通报考核及流程优化。对违反集团规定的业务坚决予以制止，保证了工贸三方业务的顺利开展。目前财务公司三方承诺函业务已步入正轨，有力地支持了市场终端，支持了集团“客户”、“大订单”目标的实现。

在供应链金融延伸方面，海尔集团供应商中有许多为中小型企业，长期与海尔集团保持着稳定的供货关系，甚至部分企业90%以上的收入来源于海尔集团，这种长期稳定的合作以及在集团账面形成的应付账款成为一种稀缺资源。海尔集团的快速发展，订单量的不断增加，为这些企业的配套生产提出了更高的要求，但融资难是长久以来困惑这些企业的问题。因为无公司愿意为其担保，不动产抵押融资成本又太高。所以从银行融资几乎成为不可能。为促进集团产业链的发展，海尔财务公司充分利用集团账面大额应付账款做质押为供应商提供融资，既解决了供应商融资难、融资成本高的问题，又丰富了财务公司的业务，增加了财务公司的利润来源，同时又推动了集团的流程再造。

## 三、申能财务公司

上海申能集团（以下简称“申能集团”）有限公司于1996年经上海市政府批准成立，注册资本60亿元，主要从事电力、燃气等生产供应和能源基础设施的投资、建设和管理。目前，申能集团在能源与金融领域的净资产已经轻重各半，互为倚靠，金融业对净利润贡献已有60%以上。申能集团的金融版图大致分为三块：①金融股权投资；②利用财务公司集中资金管理；③正在起步阶段的创投基金。

以作为其产融结合核心的财务公司来看，申能集团2011年净利润为14.21亿元，申能财务有限公司2011年为0.79亿元，占比为5.56%；2012年集团净利润为15.56亿元，申能财务有限公司为0.99亿元，占比为6.37%；2013年集团净利润为24.49亿元，申能财务有限公司为2.31亿元，占比为9.44%。

回顾历史，1992年4月，申能集团的前身——申能电力开发公司参股了交通银行上海分行，持有500万股，占股0.0021%。这是其首次涉足金融业。1996年，申能集团成立，此后直到2006年的十年间，申能集团的金融投资力度加大，成为中国太保、东方证券的主要股东，并设立了资产管理公司，参股了海通证券、申银万国证券，累计投资额约25.4亿元，并对金融资产进行了优化整合。2000年，申能集团决心尝试二级市场投资，相比收购金融股权投资，两者的风险犹如天壤之别，对申能集团带来重大挑战。2000年4月，申能集团成立了主要投资二级市场的资产管理公司，注册资本10亿元，至2009年，其净利润累计28亿元。面对国内金融产业的发展机遇，申能集团长期以来积极探索能源和金融互动发展之路，陆续投资了太平洋保险、东方证券、海通证券、光大银行等金融企业。其中，持有东方证券38.38%股权，为其第一大股东，持有太保集团13.69%股权，为其第二大股东。2007年，申能集团在地方能源企业中较早成立了集团财务公司。2010年，发起成立上海新能源创投基金，重点投资新能源节能环保等新兴产业，成为推动“产融结合”的重要平台。

申能集团的金融业务虽历经多次熊市，但无一年亏损。其主要经验是，配备专业人员，资产管理公司按市场化、专业化机制运行。尤其是人员全部面向市场招聘，待遇亦完全市场化，激励相当充分。此外，申能资产管理公司虽可投资二级市场，但禁足期货交易。其原则是，坚持价值投资，全力调研行业和上市公司。

申能财务公司成立于2007年，作为申能集团的综合金融服务平台，其成立初期的目的，是为解决申能集团资金存贷“两头大”的现象。实质上是发挥财务资源的聚合优势，实现集团内资金的集中管理、统一筹集和合理分配使用，以提高资金的使用效益。因此，申能财务公司作为集团成员单位的资金集中管理平台，希望通过内部结算、信贷、财务顾问及投资等一系列金融业务，为集团系统提供相应的金融产品和服务。除自己能为集团成员单位提供贷款外，申能集团更加需要的是财务公司能带头做银团贷款，为大的能源项目提供建设资金。通过财务公司的功能发挥，基本实现了产业结算现金流的内循环，初步形成了整个集团系统统一的资金池。

事实上，申能集团的金融股权投资一贯坚持的原则即是稳健。其最初是被动投资，听从政府安排，投资决策当然无太大风险。之后，申能集团也是基于对金融业和对已投资企业的了解，以及原股东享有的优惠条件，重点参与已投资企业的增资，并不盲目扩张。可以看到申能集团对金融投资异常小心，设有重重管理。例如，其上，专门成立金融资产管理决策委员会，决定重大金融投资活动，防范和控制金融风险；其下，又设立金融管理部，负责金融业务的管理及操作。对一些投资较大的重点金融企业，申能集团要求加强股权管理。

同时，集团领导直接参与。尤其重视对金融行业的前瞻性研究，强调对投资企业经营情况及相关重大事项的专业分析，在涉及投资企业的发展战略重大对外投资、重大合作项目、财务预算、考核与激励、利润分配等方面，会通过持续跟踪、深入分析、加深介入，提高决策水平，提升话语权，维护公司利益。而且，申能集团与被投资金融机构之间，经营业务完全独立。这样，金融系统风险不会被传导和放大。

与谨慎配套的是其市场化机制。根据《上海国资》报道，以申能财务公司为例，其股东方除了申能集团和申能股份外，还有外方参与，这是其他国企财务公司少见的现象。在财务公司股东中，申能集团出资 3. 25 亿元，占股 65%；申能股份出资 1. 25 亿元，占股约 25%；外资富通银行出资相当于 5000 万元人民币的欧元，占股 10%。其后，富通银行并入法国巴黎银行，其派出高管参与财务公司的管理。法国巴黎银行的作用不容小觑，其在能源融资领域有着丰富的经验和资源优势，可以帮助申能集团提升运营管理。

## 四、东风汽车财务有限公司

东风汽车公司是中国四大汽车集团之一，是中国特大型国有骨干企业，是国有经济的重要支柱企业，其前身是 1969 年始建于湖北十堰的“第二汽车制造厂”。总部设在“九省通衢”的武汉，主要基地分布在十堰、襄阳、武汉、广州等地，主营业务涵盖全系列商用车、乘用车、零部件、汽车装备和汽车水平事业。2004 年，东风将旗下的东风汽车有限公司、神龙汽车有限公司、东风本田汽车有限公司、东风电动车辆股份有限公司、东风越野车有限公司等主要业务进行整合，成立了东风汽车集团股份有限公司，并于 2005 年 12 月在香港联交所上市。

截至 2014 年底，东风汽车公司总资产达 1454 亿元，员工人数 12 万人，2014 年销售汽车 273 万辆，营业收入 1952 亿元。根据中国汽车工业协会统计，按国内商用车和乘用车厂商销售总量计算，2014 年东风汽车公司的国内市场占有率达到了 11.6%。除此之外，东风汽车公司位居 2014 年《财富》世界 500 强企业第 113 位，2014 年中国 500 强企业第 17 位，中国制造业企业 500 强第 4 位。

东风汽车联营公司于 1986 年底向国务院提出建立产业银行，得到国务院的批示：由中国人民银行考虑。中国人民银行认为成立产业银行的条件尚未成熟，变通为批准其成立企业集团内部的金融机构，即财务公司。1987 年，东风汽车工业财务公司正式成立，这是我国第一家财务公司，同时也是我国企业的产融结合发展历程中的一个标志性事件。财务公司的注册资本 2500 万元，全部由各联营厂出资，具有独立法人地位，隶属于东风汽车联营公司，并接受中国人民银行的监督。这也是我国产融结合发展的标志性事件，因为财务公司具有“准银行”的意义。它可以办理存贷款、企业集团内部结算、担保代理及贴现、融资租赁等业务，这些都具有银行的性质，可谓是金融资本的集中，但是该财务公司又是东风汽车联营集团申请成立的，所以它隶属于东风集团，是为产业发展服务的，因此，这是真正意义上的产融结合的公司。

东风汽车财务有限公司以“依托东风集团、服务东风集团”为经营宗旨，秉承“专业、效率、创新、服务”的经营理念，积极致力于为东风集团成员单位提供结算、融资等全方位的金融服务，并积极开展资金集中管理服务和汽车销售金融服务，使东风集团各成员单位资金得到有效管理和运用，扩大东风商用车及乘用车的市场占有率，公司已发展成为“资金集中管理平台”和“汽车销售金融平台”。东风汽车财务有限公司未来重点提升金融功能，着力打造东风国际化的金融平台，致力于金融服务改善的持续创新。

## 五、中国移动通信集团财务有限公司

中国移动通信集团公司成立于 2000 年 4 月 20 日，注册资本 3000 亿元人民币，资产规模达到万亿元人民币，基站总数超过 220 万个，客户总数超过

8 亿户，是全球网络规模、客户规模最大的移动通信运营商。中国移动通信集团公司是根据国家关于电信体制改革的部署和要求，在原中国电信移动通信资产总体剥离的基础上组建的国有骨干企业。2000 年 5 月 16 日正式挂牌。2014 年，中国移动位居《财富》世界 500 强企业第 55 位，并连续七年入选道·琼斯可持续发展指数。

中国移动全资拥有中国移动（香港）集团有限公司，由其控股的中国移动有限公司（以下简称“上市公司”）在国内 31 个省（自治区、直辖市）和香港特别行政区设立全资子公司，并在中国香港和纽约上市。主要经营移动语音、数据、宽带、IP 电话和多媒体业务，并具有计算机互联网国际联网单位经营权和国际出入口局经营权。2014 年，中国移动建成全球规模最大的 4G 网络，基站数量超过 70 万个，客户数超过 9000 万户。

中国移动产融结合的实现也是通过设立财务公司实现的，2012 年 3 月 21 日，经银监会批准，国内首家电信运营商财务公司——中国移动通信集团财务有限公司——在北京正式成立。

中国移动财务公司的经营范围包括吸收成员单位存款、对成员单位办理贷款、办理成员单位之间的转账结算与结算、清算方案设计业务。中国移动财务公司的成立有助于实现低成本高效运营，有助于加强集团内部资金的集中管理，改善资金流状况，有利于控制金融风险，能够提升集团的整体竞争力。

类似的财务公司还有很多，例如，成立于 1959 年的福特汽车金融公司、成立于 2004 年 9 月的大众汽车金融公司、成立于 2010 年的美的集团财务有限公司、宝钢集团财务公司、海尔财务公司等。其实很多大企业集团都会比较倾向于采用财务公司的形式进行产融结合，因为财务公司其实是大企业发育成熟的产物，也满足了企业在国际化经营过程中降低运营风险和成本的需求。根据统计，世界 500 强企业中，已有超过 2/3 的企业拥有自己的财务公司。

## 六、中油财务

在中国，金融行业的牌照尚属稀缺资源，金融业拥有天然的、远超实业的高额利润。

根据银监会发布的数据显示，2012 年银行业资本净利润率超过 20%，而中石油股份有限公司 2012 年净利润率仅为 5.9%。金融机构的利润贡献既有利于增加利润总额，又有利于提高经济附加值。

中石油在油价不稳、市场波动的情况下，如果要成为永续的一个盈利组织，必须在实体经济和虚拟经济之间有灵活快速的切换渠道。中石油进军金融行业的根本原因是金融和能源两个行业具有互补性，融资不是中石油的首要甚至重要目的。中石油和金融结合可以为企业发展寻求更深层次、更大范围的跨行业协同效应。

央企涉足金融往往从设立内部财务公司开始。

1995 年，中石油组建了自己的财务公司——中油财务。中油财务是为满足中国石油天然气集团公司财务发展战略，加强资金管理，由集团公司发起，19 家油田成员企业参股，经中国人民银行批准，在国家工商行政管理总局注册了一家非银行金融机构。中油财务集中了成员单位之间的内部转账结算，并且在集团内部吸收成员单位的存款、发放贷款，同时还经营有价证券投资、保险代理业务等。

作为集团公司内部最先设立的金融机构，公司坚持“依托集团，服务集团，奉献集团”的宗旨，充分发挥集团公司结算平台、筹融资平台、资金管理平台功能，集聚闲散资金，降低筹资成本，提高资金运作效率和效益，为中国石油产业的发展提供了金融服务与支持。在（集团）公司和成员企业的支持帮助下，公司保持了健康平稳的发展态势，结算量、资产、收入和利润规模连续多年位居国内同行业前列，成为目前全国资产规模最大、业务品种最多、效益最好的财务公司之一。

在中油财务的资金集中管理之下，1999 - 2006 年，公司有息债务从 1444 亿元下降到 698 亿元，资本负债率从 40.7% 下降到 10.55%。

# 第五节 信托业

信托来源于《罗马法》中记载的“信托遗赠”制度，该制度规定：“财产在按遗嘱进行划分时，可把遗产直接授予继承人。然而当继承人无力或无权接受时，可按信托遗赠制度规定，把财产委托或转移给第三者处理。”该条文最早以法律形式论述了信托的完整概念，但是这种信托的定义属于民事信托范畴，并不具备经济的意义。

现代信托制度是以英国的USE制度为原型发展而来的。USE制度指的是那些要把土地贡献给教会的人，不作直接让渡，而是先赠送给第三方，由第三方将从土地上所取得的收益转交给教会，称为“替教会使用土地”。在这种情况下，教会虽然不直接占有土地，但是可以享受土地的收益。

现代信托由此演变而来，在信任的基础上委托是对信托的广义表述。《中华人民共和国信托法》对信托的定义是：委托人基于对受托人的信任，将其财产权委托给受托人，由受托人按委托人的意愿以自己名义，为受益人的利益或者特定目的，进行管理或者处分的行为。

我国信托与国外信托的主要区别在于委托人的不同，由于国外信托产生较早，发展的比较成熟，更容易为大家所接受，所以国外信托以个人信托为主，委托人多为个人；而在我国，信托的起始较晚，发展时间相对较短，发展程度较低，加之国内个人对信托了解认识不够，造成个人对信托的接受程度较低，所以我国的信托是以法人信托为主的，即委托人多为法人机构。

信托公司以信任委托为基础、以货币资金和实物财产的经营管理为形式，融资和融物相结合的多边信用行为。信托业务主要包括委托和代理两个方面的内容。前者是指财产的所有者为自己或其指定人的利益，将其财产委托给他人，要求按照一定的目的，代为妥善的管理和有利的经营；后者是指一方授权另一方，代为办理的一定经济事项。

信托公司是金融机构中唯一能够跨货币市场、资本市场和实业实体的优势鲜明。信托公司素有“金融超市”之称，无论是投资手段的多元化，投资渠道的多元化，政策的灵活性，展现领域的交叉性，金融工具的组合运用等都有着银行、证券公司等无法比拟的优势。信托公司可以通过集合信托资金、发行企业债券、同行拆借等方式筹集资金。

## 一、华能贵诚信托

华能集团公司成立于 1985 年，是经国务院批准成立的国有重要骨干企业。公司注册资本 200 亿元人民币，主营业务为：电源开发、投资、建设、经营和管理，电力（热力）生产和销售，金融、煤炭、交通运输、新能源、环保相关产业及产品的开发、投资、建设、生产、销售，实业投资经营及管理。2014 年，华能集团总资产达到 2721 亿元，实现营业收入 1254 亿元。公司在中国发电企业中率先进入世界 500 强企业，2014 年排名由 2013 年的第 231 位上升至第 221 位。

华能集团自身拥有全资子公司，华能资本服务有限公司，以设立财务公司的模式实现产融结合。2008 年，华能集团收购黔隆信托，将其更名为华能贵诚信托有限公司，再次加深了其产融结合的程度。华能贵诚信托有限公司在北京、上海、广州、深圳、宁波、杭州、郑州、南京、无锡等地均以业务联络处的形式设有区域分公司，有 18 个业务团队从事信托业务，业务范围遍及全国二十多个省（市、区）。2014 年，公司存续信托规模 4173 亿元；当年实现利润 17.12 亿元；资本总额 30 亿元，净资产 62.70 亿元，净资本 52.75 亿元，风险资本 40.70 亿元；按照规模排名华能集团公司位居国内信托业界第 8 位；公司现有员工 230 人。

华能贵诚信托有限公司为华能集团提供包括产业投资基金业务、资产证券化业务、资产管理业务和 PE 信托业务等金融业务，为华能集团提供了大量的资金支持，也为华能集团提供多样化的金融服务。

华能集团的产融结合通过控股信托公司实现产融结合，这一作为正符合集团打造完善金融平台的战略目标，同时也为集团拓宽了资金渠道，有利于集团的进一步发展。

## 二、昆仑信托有限责任公司

昆仑信托有限责任公司是近期产业集团重组信托公司的典型案例，其前身是金港信托有限责任公司，最早成立于 1986 年 11 月。2009 年 6 月，公司进行增资扩股并更名为昆仑信托，注册资本增至 30 亿元人民币，中国石油天然气集团公司的全资子公司中油资产管理有限公司为昆仑信托的控股股东。昆仑信托公司具有完善的公司治理结构，拥有一支富有朝气、勇于开拓、善于创新、投资管理能力强的信托基金经理人队伍，经营合规、操作稳健、严控风险、资产优良、业绩突出，成功投资于基础设施建设、房地产开发和证券市场等多个领域，累计发行信托计划（基金）超过 900 只，累计管理资产超过 2100 亿元。

重组以来，昆仑信托在中石油集团产融结合战略的指导下，借助股东优势和市场资源，不断提高资产管理能力和水平，经营业绩突飞猛进。主要表现在以下三个方面：①充分利用股东对各大银行和地方政府的良好合作关系，深化银信、政信业务层次，以宁波、天津、四川等地区的基础设施建设为重点，在依法合规、控制风险的前提下，为地方政府提供个性化融资服务；②加大集合信托业务和主动管理型业务的比重，形成信托资金池，借助股东资源和自身专业能力，优选项目，提高产品收益水平；③努力优化信托业务结构，大力发展股权投资信托和房地产信托等创新业务，改变了以往过于依赖传统信托融资业务的局面。虽然完成重组时间较短，但大型企业集团控股带来的优势很快体现出来。2009 年，昆仑信托各项经营指标均比 2008 年有了大幅增长。截至 2009 年末，昆仑信托实现总收入 4.63 亿元，同比增长 251%；净利润 2.73 亿元，同比增长 586%，居行业第 15 位；信托资产规模 596 亿元，同比增长 55%，居行业第 8 位。从整体实力来看，昆仑信托由原来的行业中下游已跃居为行业中上游水平。

## 三、华宝信托有限责任公司

宝钢集团有限公司被称为中国改革开放的产物，是国有重要骨干企业。宝钢成立于 1978 年，经过三十多年的发展，现在的宝钢是中国最大、最现代化的钢铁联合企业。《世界钢铁业指南》评定宝钢股份在世界钢铁行业的综合竞争力为前三名，也是未来最具发展潜力的钢铁企业。2014 年，宝钢连续十一年进入《财富》世界 500 强企业榜单，位列第 211 位，并连续当选最受赞赏的中国公司，成为中国钢铁行业唯一上榜企业。截至 2014 年底，公司拥有资产达 2286 亿元，2014 年实现营业收入 1877 亿元，其中利润总额达 82 亿元。标普、穆迪、惠誉三大评级机构给予宝钢全球综合钢铁企业中最优信用评级，可见宝钢的信誉度是非常之高的。

宝钢以钢铁为主业，形成普碳钢、不锈钢、特钢三大产品系列，应用于汽车、家电、石油化工、机械制造、能源交通、金属制品、航空航天、核电、电子仪表等行业。宝钢是中国市场主要的钢材供应商，其产品还出口到日本、韩国、欧美等 40 多个国家和地区。

1998 年 6 月 5 日，华宝信托有限责任公司是经中国人民银行批准，由宝钢集团有限公司在购并原舟山市信托投资公司的基础上经过更名迁址增资扩股而设立的非银行金融机构。宝钢集团有限公司持股 98%，浙江省舟山市财政局持股 2%。华宝信托注册资本 37.44 亿元（含 1500 万美元），旗下控股华宝兴业基金管理有限公司（中法合资）。

华宝信托自成立至今，经历了以下三个阶段：①2001 年，经中国人民银行核准首批获得重新登记，注册资本为 10 亿元人民币（含 1500 万美元）；②2011年 1 月，华宝信托完成增资工作，注册资本增加到 20 亿元人民币（含 1500 万美元）；③2014 年 12 月，华宝信托完成工商变更及备案登记手续，注册资本增加至 37.44 亿元人民币（含 1500 万美元）。

华宝信托成立的第二年，即 1999 年，开始担任宝钢钢管股份公司的财务顾问；2000 年完成了宝钢债券的销售工作，2005 年发行宝钢新日铁 1800 冷轧项目贷款信托计划；2009 年正式运作宝钢集团有限公司 10 万名职工的企业年金计划；2012 年 6 月，华宝信托推出华宝产融生辉系列产品，树立了宝钢产融结合的典范；2013 年 6 月，华宝产融生辉 4 号—莱茵达珠海蓝琴信托计划正式成立，首次把宝钢集团“产融结合”战略应用到房地产股权投资领域。这么多年以来，华宝信托不断为宝钢提供金融上的支持，不断推进产融结合的步伐，为宝钢的发展做出了极大的贡献。

## 四、海尔集团控股鞍山信托

快速的金融产业扩张也伴随着巨大的风险，海尔也需要对产融结合的风险进行控制，金融产业发展过程当中，海尔最大的教训是鞍山信托的收购失败。

海尔的鞍山信托大股东的位子坐了不到一年。2001 年 11 月 22 日，鞍山信托的大股东鞍山市财政局与海尔集团签署了《股权转让协议》，23 日，双方又签署了《股权托管协议》。该协议的签订，一度令市场人士对鞍山信托寄予厚望，而海尔挥师进入信托业的手法也不乏喝彩之声，尽管当时由于鞍山信托本身业绩较差，而令不少人并不看好这笔交易。《股权转让协议》签署后，海尔对鞍山信托公司投入了 1.3 亿元。海尔退出的正式消息最早是从 2002 年 10 月 28 日传出来的，这一天，鞍山信托 5 名董事辞职，这些人都有任职海尔集团的背景。

通过对海尔鞍山信托失败的分析，总结了以下两点失败原因：

（1）人才储备不足。作为一个需要承担高风险的行业，金融业对人才的素质要求极高。由于海尔进入金融领域步伐过快，相对而言人才储备就显得不足，尤其是缺乏能认同海尔企业文化，既有产业背景、熟悉金融知识，又能够驾驭产业与金融两个领域的领军人才。

（2）对金融行业的负面效应还缺乏足够的认识。海尔集团更多地看到了金融行业的发展潜力和产融结合带来的协同效应，但似乎由于国家目前对来自金融行业的负面效应缺乏足够的认识。海尔集团在短时间内已经覆盖银行、保险、证券、财务公司等金融领域，由于国家目前尚无针对产业控股金融法的监管乏力，因此海尔集团既要面对来自单一业务的风险，又要面对来自这些业务之间的关联交易引发的系统风险。对于同一个控制主体下引发的系统风险，即使对于发达国家的金融控股公司来说，也是一个很棘手的问题，更别说对于一个尚无从业经验的新进入者来说，海尔集团面对的挑战是不言而喻的。

金融控股公司存在微观的公司层面上的风险和宏观的经济金融层面上的风险，发展金融控股公司不应忽视这些风险。金融控股公司的优势在于协同效应，但协同效应发挥不好，也有可能带来不良的后果，即风险的传播性和风险的集中与转换。由于系统性风险无法分散或在集团这一层次进行控制，这些风险就会加以积累，一旦积累到一定程度后，就会集中爆发。

金融控股公司风险主要在于两方面：一方面是金融控股公司的法人结构、

业务活动及管理结构的复杂性引起信息不透明，要想完整、精确地掌握整个集团的情况，成本过高，从而给金融机构本身及监管部门的管理带来极大的困难，也为金融控股公司规避法律限制，为从事各种套利、违法行为打下基础；另一方面是中国各金融机构分别由不同的监管部门监管，进一步加强了金融控股公司对监管当局的不透明性，同时也为金融控股公司创造了钻监管空子的条件。

## 第六节　金融租赁

不同国家对金融租赁的定义、性质有不同的提法和规定。国际会计标准委员会所制定的《国际会计准则第 17 号——租赁会计》中对金融租赁所做的定义是："金融租赁是指出租人在实质上将属于资产所有权上的一切风险和报酬转移给承租人的一种租赁。至于所有权的名义，最终可以转移也可以不转移。"

根据《金融租赁公司管理办法（2014）》中的规定，金融租赁公司是指经银监会批准，以经营融资租赁业务为主的非银行金融机构。同时，《金融租赁公司管理办法（2014）》对融资租赁也进行了定义：融资租赁，是指出租人根据承租人对租赁物和供货人的选择或认可，将其从供货人处取得的租赁物按合同约定出租给承租人占有、使用，向承租人收取租金的交易活动。当然，金融租赁公司的业务并不仅限于融资租赁这一种，固定收益类证券投资、经济咨询等也都在其业务范围之内。

还需要加以说明的是金融租赁的两种运作方式，一种方式是根据租赁需求，租赁公司购入设备租赁给使用方，担保公司为其提供资金担保；另一种方式是评估并出售给租赁公司某设备，租赁公司再将设备回租，使用企业成为轻资产，这种做法也是常见的。这里提到的设备通常是大型耐用类设备。

金融租赁对于企业来说，改善了企业财务状况，提高企业的资金流动性，企业通过分期付款的方式，可以将原先用于购置设备的大笔资金用作其他用途，提高资金的流动性；盘活企业闲置资产，提高资源利用率，金融租赁可以将企业中部分闲置的设备通过租赁方式转移给其他需要使用该种设备的企业或者乡镇，使设备得到充分有效的利用；有利于企业技术改造，提高企业的生产效率，企业通过金融租赁可以在第一时间引进先进设备，不需要为筹措资金再浪费时间，先进的设备可以提高企业的工作效率，提升企业竞争能力，从而提高企业的利润率。

## 一、GE 集团金融租赁

通用电气公司是世界上拥有产品线最长、最大的国际化跨国公司。通用电气公司所提供的产品从飞机发动机、发电设备到金融服务，从医疗造影、电视节目到塑料，不仅带给世界各地的人民生活的享受，同时高科技的工业产品也为提高全球人民生活的质量做出了巨大贡献。在全球 500 强企业中，其排名稳列于前 10 位；在美国《财富》500 强企业中，通用电气排名第 6 位。通用电气下属的融资租赁公司也是美国市场中位于领先地位的租赁公司。

1860 年，GE 金融开始了最早的融资租赁服务。开展的对象包括医疗设备、商业渠道融资、特许经营融资、车队租赁服务、全球电子化服务等。随着其业务范围的不断扩大，GE 金融公司不再局限于只服务 GE 集团内部。随后，GE 金融业务逐渐变成了 GE 集团的主营业务。GE 金融服务公司取得了前所未有的成功。GE 集团金融业务概览（见图 5－2 所示）。

1960 年，GE 金融开始涉及设备融资租赁业务，短短十年就开展了贷款、房地产和公司信用等金融业务。1970 年，GE 金融开始投资房地产和物流。但始终将重点放在融资租赁和抵押贷款等业务的开展上。

1980 年以后，GE 金融开始开拓杠杆租赁、杠杆收购等业务。GE 金融服务公司涉足新的行业是十分谨慎的。通常都是服务于 GE 现有的其他产业或者其衍生行业。GE 金融与 GE 其他制造业务的关系紧密，为其提供专业的金融咨询和设备的融资租赁服务，为 GE 集团其他子公司的最终用户提供现金流贷款，去帮助这些子公司，为其与客户签订大宗合同。在交易的过程中，GE 金融获得许多宝贵的产业资讯，为自身拓展其他金融业务提供了最有帮助的信息。同时也帮助其他产业部门成功提高其销售收入。

2004 年初，为了进一步整合 GE 金融，GE 金融集团又被划分为四个板

**图5－2　GE 金融业务概览**

块：商务融资、消费者金融、设备管理和保险。每个集团都受到严格管理，有明确的业务范围，同时财务独立结算。商业融资集团业务遍及35个国家，总资产超过2000亿美元；消费者金融服务集团主要开展对消费者信用卡和消费信贷业务；设备管理集团主要为全球客户提供设备融资，金融性租赁和经营性租赁业务，在26个国家拥有260多亿美元的资产；保险集团从事人身保险和退休保险业务。

目前来看，GE 金融目前是世界上最大的设备融资租赁公司，截至2013年，GE 金融拥有的可供租赁的资产有1750架飞机、75.9万辆火车、1.2万辆卡车和11颗卫星。

世界分析师一直都把 GE 归入工业类公司，然而从 GE 集团过去几年的财务报表来看，GE 的业务主要分为两部分，工业和金融。1980 年，GE 工业总体销售收入达到整个集团的 95% 以上。13 年后到了 2000 年，GE 金融服务公司已经贡献了约一半的销售收入。在 1981—2000 年，GE 金融服务公司的销售收入份额从最开始的 3.6% 提高到了 48.78%。在这二十年间，GE 金融服务公司的年复合增长率达到了 39% 而 GE 集团的年复合增长率仅为 8.6%。这点足以说明，GE 的销售增长主要来自 GE 金融服务公司。GE 的销售收入构成（见图 5-3 所示），GE 的利润构成（见图 5-4 所示）。

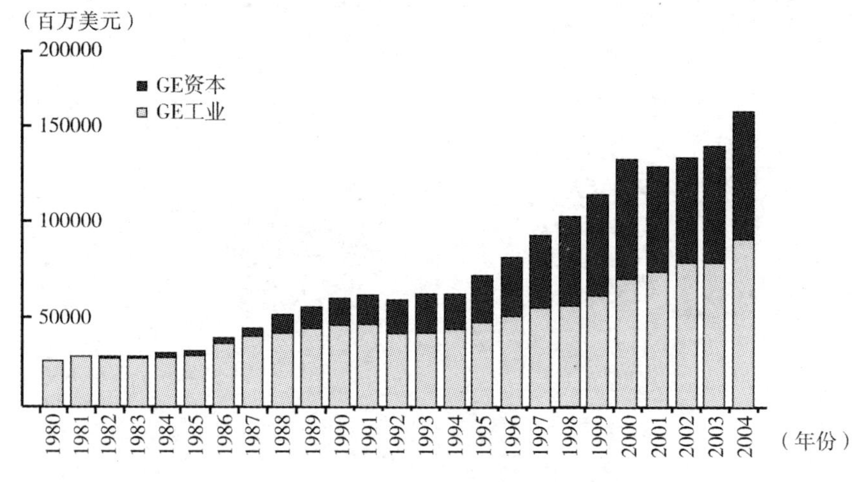


**图 5-3　GE 的销售收入构成**

GE 集团的业绩一直保持增长趋势。1990—2007 年将近二十年的时间里，GE 集团的合计净利润一直不断增加。平均增长率达到近 10%。这样一个庞大的业务集团在过去二十年里始终能保持这样平稳的增长是十分罕见的。即使在全球性经济危机中略有下降，但比起其他金融机构已经是将损失降到最低。

GE 金融始终保持利润稳定增长，从 1996 年的 21 亿美元的税后收入每年增长大约 10% 的利润，直到 2008 年全球性经济危机爆发。即使在全球经济最低迷时期，GE 金融也能以 86 亿美元的税后收入名列美国年收入最高的机构，比专业的银行金融机构摩根大通集团领先 35% 左右。GE 金融在金融危

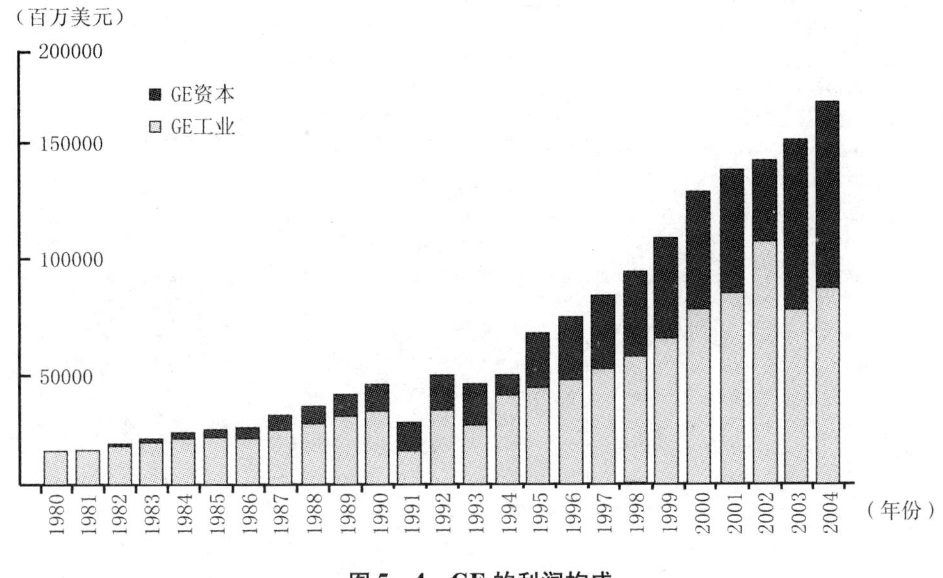


**图 5－4　GE 的利润构成**

机中的表现。（如图 5－5 所示）。

下面详细介绍一下 GE 的融资租赁部门与 GE 医疗集团进行产融结合的案例。

GE 医疗集团隶属于通用电气公司，为全世界提供开创医疗护理新时代的革新性医疗技术和服务。GE 医疗集团在医学成像、信息技术、医疗诊断、患者监护系统、药物研发、生物制药技术、卓越运营和整体运营解决方案等领域拥有广泛的专业技术，能够帮助客户以最低的成本为全世界最多的人提供更优质的服务。GE 医疗集团还与医疗行业领袖加强合作，全力支持全球政策的发展，助力打造成功的、可持续的医疗体系。

GE 医疗集团总部设在英国，员工人数分布于全球 100 多个国家和地区，致力于为医疗专业人士和患者服务。1979 年 GE 医疗集团开始了在中国的业务。1991 年，成立了第一个医疗设备公司——航卫通用电气医疗系统有限公司，它也是 GE 众多工业产业在中国的第一家合资公司。目前，GE 医疗集团是 GE 在中国建立的最多的经营实体的行业。GE 医疗集团在中国的北京、上海、无锡、桐庐、深圳建立了五个全球医疗设备生产基地，生产包括无断层扫描系统、磁共振成像系统、生命科学、超声等大型医疗设备。为中国的医

| 2008，单位，百万美元 | |
|---|---|
| 公司名称 | 利润 |
| 1. GE 金融 | 8632 |
| 2. 摩根大通集团 | 5605 |
| 3. 美国银行 | 4008 |
| 4. 美国合众银行 | 2946 |
| 5. 美国运通公司 | 2699 |
| 6. 美国富国银行 | 2655 |
| 7. 高盛集团有限公司 | 2322 |
| 8. 美国道富银行 | 1811 |
| 9. 摩根士丹利 | 1707 |
| 10. 富兰克林资源公司 | 1588 |
| 11. 美国 BB&T 公司 | 1519 |
| 12. 纽约梅隆银行 | 1386 |
| 13. 嘉信理财银行 | 1212 |
| 14. PNC 金融服务集团 | 882 |
| 15. 北美信托公司 | 795 |

GE金融是美国2008年收入最高的金融机构

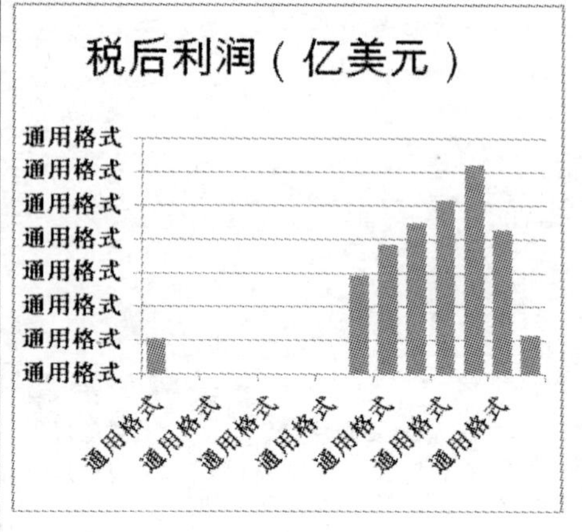


**图 5 - 5　GE 金融在金融危机中的表现**

疗事业提供了高质量的产品输出和技术革新。GE 医疗公司的发展历程（见图 5 - 6 所示）。

GE 医疗集团是 GE 的重要组成部分，研发投资每年逾 10 亿美元。在生命科学、技术和商业领域具有核心竞争力。GE 医疗集团在中国推进其“立足中国、服务中国”战略：继续向中国城市医院提供领先的医疗解决方案和遵照政府设定的农村医改目标，稳步推行农村市场拓展计划。目前公众对医

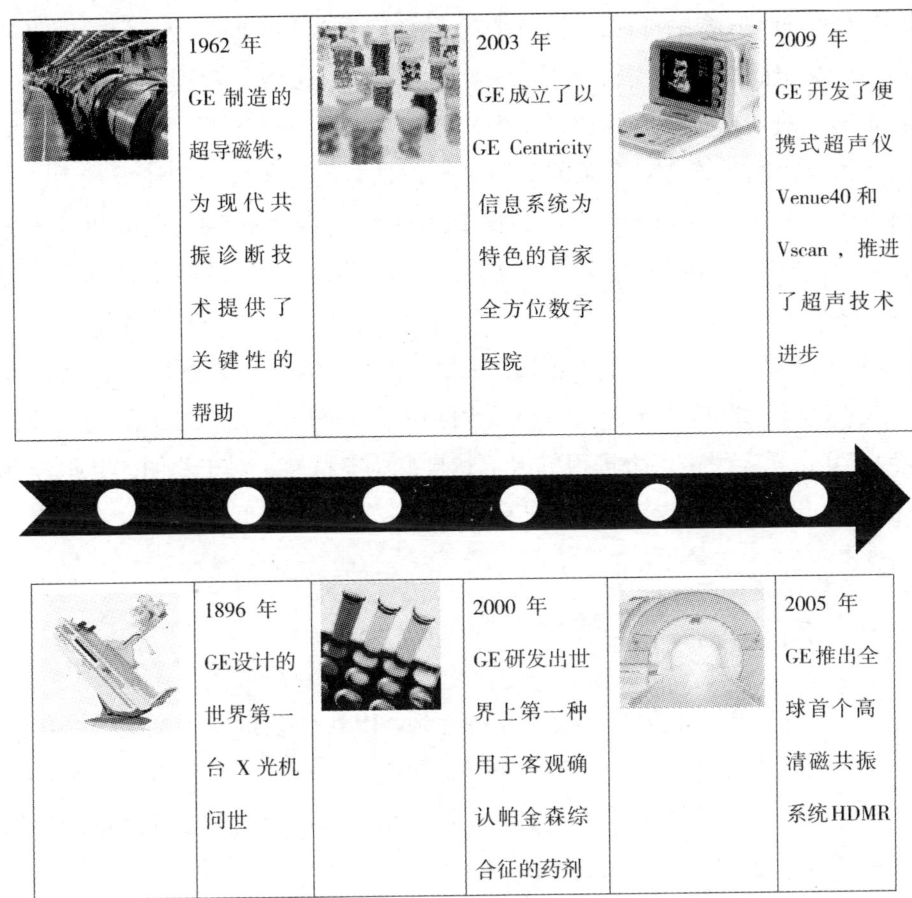


**图 5－6　GE 医疗公司的发展历程**

疗服务的要求不断提高，医院竞争不断激烈。医院也需要改革，提高服务质量和医学技术。然而并不是所有的公立医院都像同济、协和那样资金充裕，很多地方、县级别的医院存在着资金严重短缺的现状。为了提高竞争水平，就必须要寻找可靠安全的融资渠道，才能对医院进行改造。面对巨大的中国医疗市场，GE 医疗公司看到了机会，与 GE 金融公司紧密合作，推出一系列产品加融资的整体方案，实现了“一站式服务”，相比起单纯的产品销售，医院更加容易接受。因为这样一来，医院相当于是用 GE 的钱买 GE 的设备。当然也不是所有的医院都可以采用这样产品加融资的整体方案，医院在确定不能一次性支付全部货款时，就可以向 GE 医疗部门提出融资的申请，GE 医疗部门就会向GE金融部门汇报，GE金融部门在收到GE医疗部门的同事的申请后，会协同GE医疗部门的同事前往医院，对医院的管理层（院长、财务科长等）进行实地考察和访谈。做出相应考察记录，然后再进入GE金融部门的风险控制系统，对医院的资质进行评估。测算出医院的还款能力，最后将融资方案交给GE医疗部门，GE医疗部门将会合并融资方案和设备方案，呈交医院。相比起其他医疗设备的厂家，GE这个品牌的实力因为有了融资的方案而大大提高了。

GE金融部门和GE医疗部门的销售团队紧密合作，强强联手，优势互补，战果辉煌，2006年全面进军中国大陆市场，2012年在中国大陆的累计投资已达10亿元人民币。融资租赁由于其自身业务特性，对于集团的其他产业融通资金，改善财务结构，以及自身扩展业务范围，降低信贷风险都具有一定的意义。

## 二、卡特彼勒融资租赁

卡特彼勒是全球最大的工程设备制造商，1981年它成立了全资子公司卡特彼勒金融公司，1983年开始正式提供金融服务，包括为购买卡特彼勒产品的客户提供设备融资服务（零售金融服务）和为卡特彼勒产品的经销商提供应收款或存货融资服务（批发金融服务）。

与传统银行的设备金融公司或独立的设备金融公司相比，背靠产业集团的设备金融公司最大的优势在于资产余值的管理。卡特彼勒有一支专业的"再分销服务团队"（CRSI），它负责处理卡特彼勒品牌的二手设备。为了降低在二手交易中信息不透明的风险，CRSI在成立之初就大力推广卡特彼勒二手设备认证（CCU），通过分级评定为买卖双方树立一个可信的价值标杆，而卡特彼勒则为所有经CCU认证的二手设备提供相应水平的保修和零配件更换服务。CRSI的认证使卡特彼勒的二手设备成为全球最保值的二手设备。

在此基础上，CRSI通过卡特彼勒分布于全球各地的代理商开拓二手设备市场，例如，集团位于荷兰的专业二手设备代理商Pon Equipment，专门负责回购和出售卡特彼勒品牌的建筑施工二手设备，而代理商IIASA则在拉美地区提供二手设备，产品一经推出就获得了当地市场的广泛欢迎——全球每年有1000亿美元的二手设备交易，借助这一市场，卡特彼勒不仅能够充分挖掘设备价值，还能够通过资产余值的管理来降低违约事件中的信用损失。

余值管理能力的增强使卡特彼勒等厂商系设备金融公司敢于接受更高风险的融资申请。美国设备金融与租赁协会的数据显示，2006—2007年，厂家的设备金融公司接受融资申请的比例约为85%，而银行的设备金融公司和独立设备金融公司接受申请的比例为65%，高出的20个百分点就是产融模式下设备金融公司风险边界的拓展，提高了贷款收益率。

在产融战略的第二个层次上，金融协同是核心，它的增值收益主要来自于产业组合稳定现金流支持下的资金成本节约，拓宽了风险边界，提升了利差收益；同时，与产业集团共用的客户渠道降低了金融部门获取客户的成本，提高了人均利润率。最终的结果是，厂家的设备金融公司在回报率上更具优势。

在产业部门的支持下，金融部门得到了快速成长，并反过来服务于产业部门。2008年卡特彼勒金融业务为集团贡献了5.8亿美元的营业利润，相当于集团总营业利润的13%。更为重要的是，金融服务改变了产业部门的盈利模式，将传统制造部门的产品销售模式改为销售+服务模式，延长了服务期，在获取增值收益的同时，提高了业绩稳定性。

总体上，卡特彼勒租赁业务的大体框架为：通过融资租赁、以租代售、以旧换新的多种方式购买卡特或山工设备；租用卡特及其联盟产品；选择卡特认证的二手设备；获得快捷、专业的维修保养服务；为客户提供高技能的操作设备，他们经过专业的培训并已经获得卡特的认证，使设备能得到及时的维修保养，使客户得到最高的效能（见图5-7所示）。

各节点运营说明：①经再制造的设备转至经营租赁，降低存货沉没成本，增加再制造环节盈利；②制造商回购的设备二次出售，降低制造商风险，购入价格存在盈利空间；③再制造的设备经二手交易销售到终端用户，盘活资产、实现二手交易盈利；④为终端用户提供经营租赁，实现经营租赁收益；⑤经营租赁的设备可随时通过二手交易销售到终端用户，实现设备更新和二手交易盈利；⑥二手交易平台可供终端用户直接销售或置换，化解终端用户经营风险，置换实现二手交易盈利；⑦为制造商或代理商提供融资租赁服务，实现融资租赁盈利；⑧为二手设备销售提供融资租赁服务，为资产顺利变现

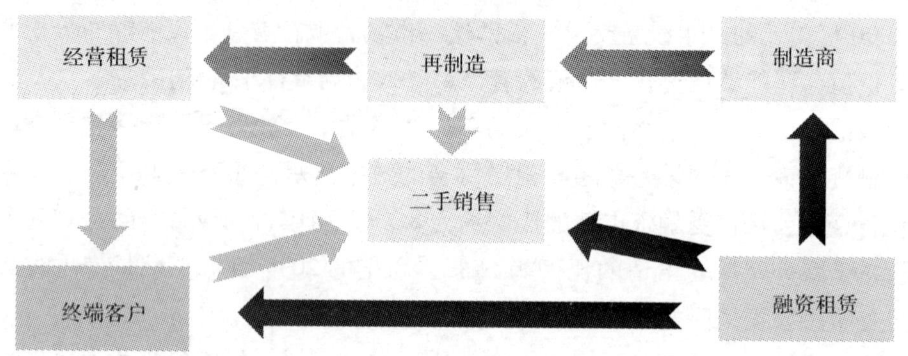


图5-7 卡特彼勒租赁业务流程

提供资金支持，并实现融资租赁盈利；⑨为终端用户提供融资租赁服务，实现融资租赁盈利。

## 三、上海电气租赁有限公司

上海电气租赁有限公司由上海电气集团股份有限公司为主体投资组建，于2005年8月18日在上海浦东注册成立，注册资本2亿元人民币。经国家商务部和国家税务总局批准，具有从事融资租赁业务的资质。

公司以灵活的融资方式、快捷的审批流程、完善的风险控制和稳健的财务管理，全力支持企业设备技术改造和固定资产投资项目，并积极推动装备制造业产品销售，为设备制造企业的终端客户，特别是中小企业客户的设备投融资提供大力支持。公司重点开展各种机械设备、电子电气设备的融资租赁，以及环保、轨道交通、电站、船舶、飞机等大型项目结构性融资租赁业务。目前主要从事的融资租赁业务涉及印刷机械、纺织机械、工程机械、机床、环保成套、节能、城市公交、轨道交通、航空、船舶等领域，并已在相关行业建立起了良好的信息网络与服务网络。

上海电气租赁有限公司成立于2005年8月，其实上海已经提出建设四个中心，发展现代服务业。更为重要的是，上海电气集团认识到，随着经济的发展，厂商和用户对融资租赁的内在需求会不断提升，融资租赁对经济的渗透率肯定会逐步提升，融资租赁这种业态也肯定会发展起来。而上海电气集团作为装备制造业企业，很多产品是适合做融资租赁的。发展融资租赁，有利于把发展先进装备制造业和发展现代金融服务业结合起来，既促销集团的产品，也为客户提供更多元更好的服务。而在提升集团装备产业整体竞争力的同时，又延伸了集团产业的价值链，有机地提升集团生产性服务业的比重。

融资租赁最大的特点就是能够结合并促进中国装备制造业的发展。从借鉴国外发展经验来看，融资租赁能够在装备制造业发展到一定阶段脱颖而出，成为必不可少的产物，并且能够反过来不断促进装备制造业的良性发展。

对装备产品厂商而言，由于单个产品一般金额都在几百万元，融资租赁的发展能减少用户一次性购买的资金压力，带动下游消费，促进装备产品的销售。正是运用这一优势，电气租赁帮助厂商实现了全国范围的销售——目前电气租赁近 90% 的业务为上海之外的客户所贡献。根据上海电气租赁公司副总经理蔺钢介绍，在与电气租赁重点合作的厂商群体中，有不少厂商通过融资租赁方式完成其产品销售占其整体销售的比例甚至超过了 50% 。

而对装备产品用户而言，融资租赁可以简单理解为融资租赁公司提供的以设备等所有权为“基本担保品”的贷款，这一结构特征保证了融资租赁较一般银行贷款服务更快捷、简便，更易为广大中小企业获得。

融资租赁既能有效促进先进制造业的发展，又能大大加速下游厂家，尤其是中小企业与民营企业的成长。在电气租赁的 600 多家客户中，90% 以上是中小企业和民营企业。与此同时，融资租赁还能带动诸如银行、法律、保险、信托、资产管理与处置、投行、咨询等多种现代服务产业的发展。

上海电气租赁有限公司在短短几年内取得了令人瞩目的成就，与其坚持厂商租赁模式，不断提升自身管理水平尤其是重视人才建设具有很大关系。

国际经验表明，拥有强大产业背景的厂商类租赁公司具有比较好的发展前景。上海电气集团作为国内最大的装备制造集团企业之一，实力背景强大，并且拥有自己的财务公司，非常适合以设备或者项目为载体开展融资租赁业务。

另外，融资租赁产业具有典型的跨学科、多元化、国际化特征，从业人员需要具备制造、金融和贸易等多领域复合交叉知识。而复合型人才的短缺是制约我国众多融资租赁企业发展的一大“瓶颈”。上海电气租赁在人才队伍建设上也颇有创新，它拥有的众多高素质人才也为电气租赁事业发展提供了重要智力支持。

## 四、昆仑金融租赁有限责任公司

昆仑金融租赁有限责任公司是经中国银行业监督管理委员会批准，由中石油天然气集团公司和重庆机电控股（集团）公司共同发起设立的第一家具有大型企业集团背景的金融租赁公司，是目前国内首家由产业类企业控股的金融租赁公司，也是目前国内首次到位注册资金最多、规模排名第二的金融租赁公司。公司控股股东中国石油集团出资 54 亿元人民币（占总股本的 90%），是中国境内最大的原油、天然气生产商和供应商，业务范围涵盖石油天然气勘探开发、炼油化工、管道运输及油气炼化产品销售、石油工程技术服务、石油机械加工制造、石油贸易、金融服务等领域。

昆仑金融租赁公司服务领域涉及石油装备购置融资、海洋运输船舶购建融资及固定资产项目建设融资三个方面。包括为相关企业采购钻机、顶驱装置、海洋钻井平台、海洋工程船舶、勘探船舶、成套炼化装置、烟气轮机、成套测井装置、修井机、内燃机、天然气压缩机、大型起重机、各种车辆及其他大型成套设备提供融资服务；为相关油品运输企业购建 VLCC、LNG 运输船舶、成品油运输船舶提供融资服务；为相关企业炼化设备升级改造、装置制造生产线引进、商务地产购建、油田产能建设、加油（气）站、油库、油气管道建设以及海外工程建设项目提供融资服务。此外，还将以融资租赁或经营租赁的方式向境外承租企业或进口商出租。

公司是由中国石油出资并控股的具有大型产业集团背景的金融租赁公司，有别于银行系金融租赁公司的不仅仅在于市场开发方向，在风险管控方面具有丰富经验。公司依托中国石油完备的风险管控和内控工作体系和运作模式，并充分吸收、借鉴业内先进理念，从政策合规性、经营情况、财务状况等八个方面入手，制定实施了《融资项目风险审查暂行办法》。有效地保障了审查、审批质量。

公司研究制定了《租赁项目担保措施管理办法》，形成了严格务实的风险管控体系。为提高项目开发效率，管控项目风险，对客户实行分类管理，根据客户性质、项目情况、租赁物的可变现性、担保人的资质和担保能力等情况分别设立风险缓释措施。

## 五、中航租赁

中国航空工业集团是由中央管理的国有特大型企业，于2008年11月6日由原中国航空工业第一、第二（集团）公司重组整合而成立。中航投资控股有限公司（以下简称“中航投资”）是中国航空工业（集团）公司全资子公司，也是中国航空工业（集团）公司全面实施产融结合战略的重要平台。

中航投资作为金融运营的平台，致力于构建“全牌照”金融业务布局，打造一流金融控股公司，旗下拥有财务公司证券公司、信托公司、租赁公司、保险公司、期货公司产业基金公司和创新投资公司，同时积极参股地方性商业银行。

中航投资与其他一些由集团所控制的机构一起，共同形成了促进和助推中航集团产融结合的多元化机制。其中，中航财务发挥资金管理、内部结算、筹资融资和金融理财等功能，做中航工业内部贴身服务银行；中航证券积极为中航工业企业上市和外部并购提供专业顾问支持和投行服务；中航租赁充分发挥集团产品与客户的资金融通桥梁作用，在民品销售、集团企业设备租赁、国产飞机租赁方面取得了巨大成果；中航信托充分利用多样灵活的信托工具，为集团成员企业提供融资服务，及时解决企业融资需求；期货公司有效发挥期货套期保值功能，帮助企业规避价格波动风险。

尤其值得关注的是，中航租赁是由中航投资控股有限公司控股的专业公司，是中航工业实施产融结合战略的重要一员。公司依托航空工业产业背景，致力于为中航工业成员单位提供融资租赁为主要形式的金融支持和相关增值服务，并逐步成为军工企业乃至国内、国际企业融资租赁的重要平台。中航租赁主营民用飞机、机电、运输设备等资产的融资租赁及经营性租赁，业务领域涉及飞机、飞机发动机等航空产品的租赁；船舶、铁路机车等运输工具的租赁；生产用设备、电力设备的租赁等。

# 第七节　担保公司

担保是指法律为确保特定的债权人实现债权，以债务人或第三人的信用或者特定财产来督促债务人履行债务的制度。担保公司是非金融租赁公司、非金融机构，因此担保公司的成立门槛相较于其他金融机构要低。担保公司通过为子公司进行融资担保，为担保公司带来稳定的内部承保市场，而通过担保费用的收取，集团总部能够获得担保公司取得的风险溢价收益，又通过担保公司的风险控制，直接控制集团的风险水平，进而进行外部担保业务的运作。

## 一、重庆通盛投资担保有限公司

1997 年，通盛机械工业有限公司成立。随着生产规模的不断扩大，于 2002 年进军越南市场，成立了力帆—通盛摩托车部品制造联营公司。2003 年，成立冠东国际贸易有限公司，并在南岸茶园工业园建立了大规模的厂区。2005 年，公司首次进入金融领域，并成立重庆通盛投资担保有限公司，实现了产业与金融的初步结合。2005 年底，在各公司规模成熟的前提下组建了重庆通盛实业（集团）有限公司，形成了集团管控模式，真正落实了产融结合的发展模式。这之后通盛集团并没有停止产融结合的脚步，先后创办了重庆安诚财产保险股份有限公司和重庆通汇典当有限公司、参股重庆三峡银行股份有限公司、投资成立重庆睿涛企业管理咨询有限公司等。

经过多年的发展，通盛集团坚持以集团公司为投资和效益主体，战略业务投资和财务投资为两翼的总体战略，已逐步形成以通盛小贷、通盛担保、通汇典当等“全牌照”小金融为核心的战略投资业务，以股权基金、银行和保险等为主的财务投资业务，并在实业方面着力培育现代农业装备、公交自行车及电动车低碳环保等战略投资业务。

在不断地创新与努力之后，通盛集团先后获得“重庆市优秀民营企业”、

"重庆市一级境外投资企业"、"中国质量协会 AAA 级企业"、"'十一五'期间支持中小企业发展贡献突出担保机构"等多个荣誉称号，是首届"中国信誉同盟"倡议发起单位之一。

重庆通盛投资担保有限公司成立于 2005 年 9 月，2007 年与国资担保中心合并，现注册资本 2. 0006 亿元人民币，是重庆市担保行业协会的副会长单位。公司主要股东为重庆通盛实业（集团）有限公司、国有股东重庆市中小企业信用担保中心南岸区分中心、重庆市茶园新区开发建设管理委员会等，被誉为重庆担保行业"民营与国有资本混营担保公司的行业标杆"。

2010 年和 2011 年，连续两年荣获重庆市中小企业局颁发的"应对金融危机支持中小企业发展成绩突出的担保机构"、"'十一五'期间支持中小企业发展贡献突出担保机构"荣誉称号。

重庆通盛投资担保有限公司主要面向中小企业，为其提供全方位的金融服务。经过数年的稳健发展，公司已累计为 400 余户中小企业提供逾 20 亿元融资性担保业务。

## 二、广东协丰融资担保有限公司

广东协丰融资担保有限公司成立于 2007 年 3 月 27 日，现注册资本 10002 万元，原名为广东协丰投资担保有限公司，于 2011 年正式改名为广东协丰融资担保有限公司。协丰融资担保公司属于产融结合中的一个比较特殊的案例，目前的产融结合比较多见的是一家实体企业或公司或收购兼并或投资设立一家财务公司或者信托公司等，而协丰投资担保有限公司则是由龙江商会的 10 位副会长、理事为股东，共同均等出资 300 万元人民币成立的，主要目的是为龙江商会的会员企业解决短期小额资金急需，后于 2010 年经广东省人民政府金融工作办同意增资至 10002 万元人民币。

协丰融资担保公司以商会为背景，并依附于政府，服务商会会员及龙江非会员企业，为银企搭桥，为企业及个人提供商业性融资担保、再担保及相关咨询业务的服务企业。公司章程明确规定，协丰融资担保公司是龙江商会属下的互助性企业。截至 2014 年 6 月，协丰融资担保累计合作客户达 112 家（位），累计担保业务发放金额超过 13. 8 亿元人民币。

协丰融资担保公司的创建不仅帮助商会会员解决融资的问题，同时也积极帮助当地的中小微企业解决其发展资金不足的问题。

## 三、浙江万丰担保有限公司

万丰奥特控股集团是民营股份制的大型工业企业，涉足汽车部件、机械装备、金融投资、新能新材、新园新城等领域。近年来，万丰奥特控股集团共组织实施国家 863 计划项目、双高一优项目、火炬项目等国家级项目 48 项、省级项目 106 项、专利 615 项，为行业国际标准、国家标准的起草修订单位之一。

万丰奥特控股集团旗下的主营业务打造了全球最大的铝合金车轮生产基地。集团还是中国机械行业核心竞争力 100 强、中国制造业 500 强、浙江省百强企业、浙江省百强民营企业。

浙江万丰担保有限公司成立于 2008 年，目前总注册资本 2 亿元人民币，下辖浙江万丰担保和绍兴万丰担保两家全资子公司。万丰担保是由上海万丰锦源投资有限公司全资控股，万丰锦源系万丰奥特控股集团金融事业部下属公司。自成立到现在，浙江万丰担保有限公司获得了包括“浙江省第三届十佳融资性担保机构”、“浙江省最佳融资服务机构”、“浙江省优秀融资性担保机构”等诸多荣誉。

浙江万丰担保有限公司以融资性担保业务为主业，主要投资领域是能源动力和金融投资。与包括国家开发银行、中国银行、交通银行、建设银行、杭州银行等近 20 家银行建立了长期合作关系。截至 2011 年底，已累计为杭州、绍兴地区 1000 余家企业提供贷款担保 25.7 亿元，担保余额逾 10 亿元。

# 第三篇　实践篇

# 第六章 英大信托：国网产业链“金融超市”

英大国际信托有限责任公司（以下简称“英大信托”或“公司”）成立于1987年3月，目前，注册资本为30.22亿元人民币，共有国网英大国际控股（集团）有限公司、中国电力财务有限公司等6家股东单位。为适应发展需要，2010年6月，公司注册地由济南迁至北京。

公司可经营以下部分或者全部本外币业务：

①资金信托；②动产信托；③不动产信托；④有价证券信托；⑤其他财产或财产权信托；⑥作为投资基金或者基金管理公司的发起人从事投资基金业务；⑦经营企业资产的重组、并购及项目融资、公司理财、财务顾问等业务；⑧受托经营国务院有关部门批准的证券承销业务；⑨办理居间、咨询、资信调查等业务；⑩代保管及保管箱业务；⑪以存放同业、拆放同业、贷款、租赁、投资方式运用固有财产；⑫以固有财产为他人提供担保；⑬从事同业拆借；⑭法律法规规定或中国银行业监督管理委员会批准的其他业务。

## 第一节 英大信托产融结合现状及需求分析

### 一、英大信托产融结合现状

近年来，英大信托在坚持服务电网、产融结合的同时，大力拓展电网产业链金融服务，市场化战略转型有序推进。截至2014年末，公司资产总规模达到2150亿元；实现经营收入9.93亿元，其中，信托业务收入7.61亿元。

英大信托深入贯彻产融结合战略，服务实体经济，围绕电力、能源领域，在产融结合方面进行了积极探索和实践，开展了以下三个方面的工作：

（1）开发产业链金融业务，开展供应链信托。2014年共发行集合信托计划16款，规模72亿元，存续规模达到139亿元。

（2）充分利用信托制度优势，提出多元化电网融资解决方案。挖掘国网总部资金和超备付金，2014年累计新增国网总部业务356亿元，累计分配信托收益61亿元；成功引入50亿元银行理财低成本资金。

（3）信贷资产证券化等创新业务取得实质性成果。2014年集合信托数量和规模均创历史新高。从业务类型来看，单一资金信托占比持续下降，集合资金信托等主动管理型产品同比增长55%。从收入角度来看，外部市场业务收入同比增长73%。从业务创新来看，公司在新能源领域以及行业前沿领域的布局已初具规模。

## 二、机遇与挑战

按照SWOT分析的基本思路，提炼出英大信托发展中的优势和劣势，以及外部环境带来的有利影响和不利影响，在此基础上得到以下SWOT分析矩阵。英大信托的SWOT分析（见图6-1所示）。

基于以上分析，英大信托产融结合具体需求有以下四个方面：

（1）建立良好运行机制。强化内部管理，苦练内功，逐步建立适应市场化要求、配套完善的经营运作机制、绩效分配奖励机制、内控管理制约机制。

（2）实施人才战略。坚持以人为本，采取多种方法和途径，努力打造一支信念坚定、业务精湛、忠诚企业、清正廉洁的管理和业务团队。

（3）同质化向差异化、精益化转型。发挥自身比较优势，坚持电力产业链发展道路，将投行业务与资产管理、受托服务有机结合，为客户提供量身定制的综合金融服务。

（4）到市场上找资源、谋发展。以盈利和效益为中心，大力开拓熟悉领域，稳步推进拟入领域，做强市场业务，全面提升业务发展质量。

| | 有利影响 | 不利影响 |
|---|---|---|
| 内部分析 | S（优势）<br>1. 良好的政府关系；<br>2. 较强的资本实力；<br>3. 组织结构深化，人才队伍逐渐壮大；<br>4. 良好的产业基础，服务电网能力强；<br>5. 外部市场逐渐开拓 | W（劣势）<br>1. 制度、流程体系有待完善；<br>2. 高端人才的缺乏；<br>3. 业务集中度高，研发创新能力不足，产品趋于同质化；<br>4. 信托报酬率低于行业平均水平 |
| 外部分析 | O（机遇）<br>1. 国家电网继续加快特高压建设；<br>2. 新能源领域及供应链方向面临发展机遇；<br>3. 消费端“电能替代”趋势发展；<br>4. 智能电网建设持续推进 | T（威胁）<br>1. 国家经济增速放缓，部分行业产能过剩；<br>2. 电网售电量增速回落，电价总体回落 |

**图 6－1　英大信托的 SWOT 分析**

# 第二节　英大信托产融结合创新主要内容及关键要素

英大信托近年来在深化电网融资咨询，丰富电网融资方式，提升服务电网发展能力的同时，通过产业链金融，紧抓转型发展机遇，创新产品和服务，深化产融结合。

## 一、创新主要内容

英大信托产融结合创新的主要内容包括信托业务及产品创新、融资方式创新以及产融结合方式创新等。

（1）围绕国网全产业链，开展供应链信托。以核心企业为节点，保证产业链企业产—供—销顺畅运转为主轴，满足以产业链企业采购和销售为目的，通过对整个供应链资金需求及风险的评估，集成供应链上下游企业的金融服务需求；以核心企业为主导授信对象，以产业链企业的应收账款、存货等为质押，设计供应链信托产品，开展票据贴现、保理、买方信贷等业务。

（2）结合重大项目建设，开展项目融资。为提升产业链整体产业规模和竞争力，以产业链的核心项目为依托，围绕重大项目的建设—运营的资金需求，开发项目信托、信托式融资租赁、项目建设基金、资产证券化等产品，并通过创新的产品设计，整合其他金融机构，提供一条龙的项目开发金融服务。

（3）围绕核心企业资金需求，开展产业并购重组融资。为提升产业链集中度，以核心企业为龙头，以推进核心企业产业整合为宗旨，开发产业并购基金、集合信托、杠杆并购信托、信托中的基金（FOT）、银行通道贷款、家族信托等产品，支持核心企业开展纵向、横向或混合并购，以增强核心企业对核心技术、资源、生产、市场等环节的控制。

（4）瞄准电力行业，内外部市场齐头并进。在国网集团内部深耕的同时进行外部市场开拓，在内部积极拓展电力产业上下游产业链金融业务，在外部如清洁能源领域，针对其产业链开展金融服务，实现了金融业务多元化发展。

## 二、创新关键要素

创新是企业发展的不竭动力，转型发展离不开创新驱动。英大信托坚持业务创新，充分发挥信托制度优势和资源配置功能，努力提升金融服务的专业性、多样性和有效性。

（1）信托期限与规模。如果是单笔债权转让，则信托期限为债权到期期限，并赋予信托公司提前终止权；如果是打包一次性转让，则以债权的最长期限为信托期限，但应设置提前分配财产的条款；如果是循环式交易，可以将信托产品设置成固定期限，如 1 年或 2 年，在信托存续期间内，债权出让方需要不停地根据债权变现情况补充债权资产，因此需对债权出让方的债权资产平均余额进行测算，使信托规模小于债权平均余额。

（2）销售对象。主要是银行理财计划或私人银行投资者，并可针对某些机构投资者定向发行，考虑到其期限短、流动性强的特征可以将产品作为银行短期理财产品的资产配置对象。

（3）合作模式。一般融资方与受托方有以下三种合作模式：①无追索权卖断型。即将应收账款卖断给信托公司，信托公司包装成信托产品销售给投资者。该种模式下，对投资者而言，承担了应收账款不能收回的风险，在产品定价上除了需获得资金占用收益外，还需获得风险溢价报酬；对应收账款销售方而言，该部分应收账款可以从资产负债表中移除。②有追索权卖断型。即将应收账款卖断给信托公司，信托公司包装成信托产品销售给投资者。该种模式下，对于到期不能收回的应收账款，信托公司可以向应收账款出售方进行追索，产品定价仅考虑资金占用成本即可。该种模式不能达到出表目的。③售出回购模式。融资方先将应收账款出售给信托公司，在一定期限后溢价购回。

（4）应收账款资金回收。可以在设立信托时由债权人通知债务人将应收账款支付至信托专户；也可以由债权人在指定银行开立三方监管账户，代为收取应收账款，并定期划入信托专户。

（5）融资成本。在债务人资质良好的情况下，可以按照同期银行贷款下浮 10% 或更低的资金占用费价格出售应收账款。

## 第三节　应收账款信托案例分析及成功经验总结

### 一、案例分析

英大信托以国网产业链为依托，对上下游企业进行产业链融资，主要的做法有企业应收账款信托产品以及信托贷款等，本书将以阳湖电缆应收账款融资为例，分析创新的产业链金融服务带来的成效。

应收账款融资是指企业将应收账款票据转让给金融机构从而取得贷款，其方式有应收账款抵押融资、应收账款让售和应收账款证券化。对应收账款的票据池可以有效地被分散化和结构化，从而规避因标的资产和衍生金融工具质量突变而带来的风险，所以说在国际上它已被归入了优质的贷款支持性资产。而就国内目前的产业链金融而言，主要还是集中在存货类动产和预付款融资方面，应收账款模式发展较慢。

国网集团产业链环节中包括许多处于稳定发展期的设备供应商和工程建设企业，这些企业应收账款的坏账率低，应收账款数额较大，在流动资产中占比较高，通过应收账款信托的模式，能够有效帮助企业盘活流动资金。

电缆企业从规模上以中小企业居多，存在银行贷款难、贷款成本高等问题，多数电缆企业除了具备以上中小企业的融资特征外，还具备如下特征：电缆企业以铜、铝等为主要原料，有色金属作为稀缺资源，导致上游供应商处于强势地位，电缆企业数量较多，电缆供给量大，下游企业多为国有电力企业，应收账款的对象信用较高，便于开展应收账款融资。

下面以江苏阳湖电缆有限公司应收账款信托项目为案例进行分析。

（1）案例简介。本案例中的江苏阳湖电缆有限公司，前身为“常州市长江电缆厂”，始创于1986年，是一家集研发、生产和销售为一体的电缆专业制造商。近年来已成为常州地区发展最快的电缆制造企业之一。

企业通过近年来的客户结构转型，目前与陕西省电力公司，天津电力公司，山西省电力公司，安徽省电力公司，江苏省电力公司建立了稳定合作关系。企业主要使用的原材料来自于各大铜业公司，其原材料来源稳定，且企业与亚达铜业、中经东源、凌峰铜业长期合作，关系良好，为企业的长期发展奠定了基础。

截至2014年末，江苏阳湖电缆有限公司总资产4.69亿元，总负债3.02亿元，资产负债率64.44%。2014年度公司实现营业收入约7.22亿元，净利润734.21万元。

**表 6－1　资产负债表**

单位:%

| 年份<br>指标名称 | 2011 | 2012 | 2013 | 2014 |
|---|---|---|---|---|
| 流动资产占比 | 89.65 | 91.34 | 90.76 | 91.34 |
| 资产负债率 | 69.67 | 70.00 | 67.01 | 64.44 |
| 流动比率 | 1.29 | 1.30 | 1.35 | 1.42 |
| 速动比率 | 0.97 | 1.02 | 0.98 | 1.03 |

江苏阳湖电缆有限公司 2011—2014 年总资产分别为 4.86 亿元、5.19 亿元、4.83 亿元和 4.69 亿元。总资产中流动资产占比较大，2011—2014 年流动资产占比达到 89.65%、91.34%、90.76% 和 91.34%。流动资产中，主要为应收账款，2011—2014 年分别为 1.89 亿元、2.78 亿元、2.71 亿元和 2.67 亿元。应收账款明细（见表 6－2、表 6－3 所示）。

**表 6－2　2013 年末应收账款明细**

单位：元

| 科目<br>账龄 | 应收账款金额 | 比例（%） | 坏账准备 |
|---|---|---|---|
| 1 年以内 | 206165738.26 | 75.95 | 0.00 |
| 1－2 年 | 41982410.72 | 15.47 | 0.00 |
| 2－3 年 | 17313640.18 | 6.38 | 0.00 |
| 3 年以上 | 5988218.37 | 2.21 | 0.00 |
| 合计 | 271450007.53 | 100 | 0.00 |

**表 6－3　2013 年末应收账款主要债务人**

单位：元

| 债务人 | 债务金额 |
|---|---|
| 江苏省电力公司 | 47741798.28 |
| 烟台市电缆厂销售处 | 44270762.80 |
| 重庆市电力公司 | 40435613.99 |
| 常州市城市照明工程有限公司 | 22240018.18 |
| 山西省电力公司 | 18534537.37 |

**表 6-4　2014 年 10 月大额应收账款明细**

单位：元

| 供应商 | 金额 |
| --- | --- |
| 江苏省电力公司 | 96431996.51 |
| 重庆市电力公司 | 57678287.23 |
| 烟台市电缆厂销售处 | 44336997.65 |
| 安徽公司 | 18280859.33 |
| 常州市城市照明工程有限公司 | 7970436.66 |
| 山西省电力公司 | 5097684.52 |
| 常州市城市照明管理处 | 4912600.19 |
| 安徽省电力公司 | 3690342.69 |
| 陕西省电力公司 | 3281696.60 |
| 其他 | 44874338.88 |
| 合计 | 286555240.26 |

企业应收账款 75% 在 1 年内，债务人以省市级电力公司为主，阳湖与其合作基本无出现逾期付款，只在某些特定日期，例如假期，财务结算日出现的特定状况会延迟几个工作日外，都如期付款。人行征信系统查询情况：公司信誉良好，无拖欠银行贷款本息，贷款无逾期，无不良记录。特别关注信息查询情况说明：无。因此能够满足各项基本条件。

（2）案例创新内容和关键要素。

• 信托期限与规模

本案例中采取循环式交易，将信托产品设置成固定期限，规模约 1 亿元人民币，首期规模 4500 万元左右，质押应收账款 5413.67 万元，全部为阳湖电缆对江苏省电力公司的应收账款，提存账户余额不低于 2700 万元。将信托总规模分期安排，有利于降低集中到期的兑付压力，确保信托本息的足额偿付。信托期限：每期 2 年。

• 合作模式

本案例中采用了售出回购模式，到信托期限后溢价回购。融资总成本/回购溢价率：11%，其中：受益人预期收益率：100 万元（含）－300 万元 9%；300 万元（含）以上 9.5%；信托佣金费率：约 1.2%（含律所专项尽调费用）。信托收益支付完毕受益人收益、保管费用以及其他所有应当由信托财产承担的各项费用、税费之后，信托财产专户内如尚有以货币资金形式存在的信托财产，作为受托人当期的浮动报酬于信托到期日一次性收取。

- 销售对象

本案例中“英大信托—联赢 LY001 号—阳湖电缆贷款集合资金信托计划”面向对象为自然人投资者及机构投资者。

- 应收账款资金回收

本案例中在指定银行开立三方监管账户，代为收取应收账款，受托保管信托财产的商业银行即招商银行北京分行。

- 融资成本

本案例中信托存续期间，各期信托贷款利息按照信托实际存续金额的11%/年计收，即：

各期贷款利息 = 信托资金存续规模 ×11% ×该笔信托资金当期实际存续天数/360。

- 信托资金运用

本案例中信托资金用于向阳湖电缆发放流动资金贷款，用于阳湖电缆日常生产经营所需的原材料采购及流动资金周转。

- 信托交易架构

本案例信托交易架构（见图 6－2 所示）。

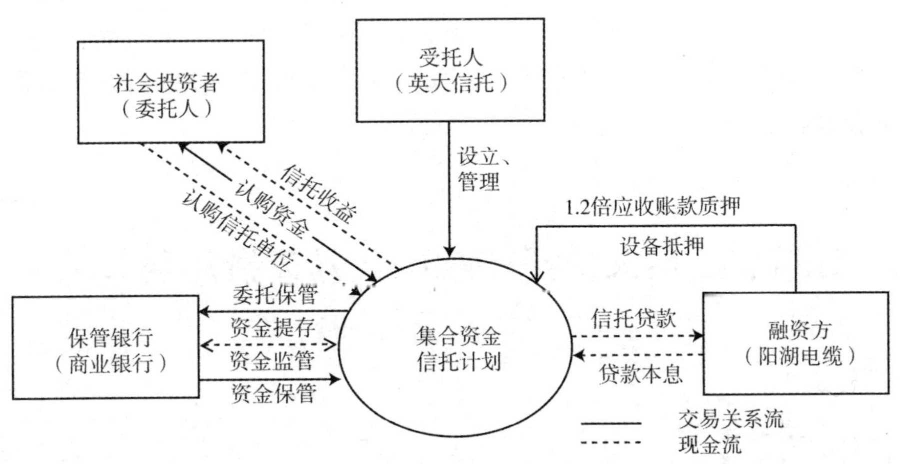


图 6－2 本案例信托交易架构

## 二、经验总结

通过产业链金融，可以满足产业链上下游企业在发展中面临的资金压力，对产业链协同发展提供强有力的支持。一方面使中小企业获得相对较低成本的融资渠道，及时获得充足的资金支持；另一方面使信托机构基于对产业链的专业知识，降低投资风险，通过提供新型金融服务获得更高的利益。

“英大信托—联赢 LY001 号—阳湖电缆贷款集合资金信托计划”项目的效益主要体现为两点：①项目总规模约 1 亿元，期限为 2 年，英大信托佣金费率为年化 1.2% 左右，项目总信托报酬为 240 万元；②通过与阳湖电缆合作，帮助其盘活应收账款，有利于下一步介入并开展与阳湖电缆及其他电力产业上游供应商的业务合作，从而为国网集团创造更大价值收益。

应收账款信托业务不仅形式灵活，且便于风险评估及跟踪管理，对于处于核心企业中上游的中小企业十分适用。应收账款信托产品有别于传统商业银行的应收账款保理模式，遵行“信托制度 + 资产证券化技术”模式。在目前国内尚未允许开展企业资产证券化的情况下，应收账款信托是一种准债权资产证券化，一方面通过设立 SPT（Special Purpose Trust）方式解决真实出售问题；另一方面通过把债权出售证券化提前将现金流变现，符合资产证券化的特征。本案例还体现了产融结合方式创新。发展产业链金融是信贷业务的一个突破点，是产融结合型金融机构最具比较优势的业务领域之一，能够促进产业链上生产企业与金融企业的协同发展，提升整体资金运用效率。英大信托依托对国家电网全产业链的深入了解，为上下游中小企业提供真正有差别的金融服务。

# 第四节　英大信托产融结合具体措施与效果

## 一、具体措施

英大信托在产融结合方面的具体做法是：紧紧围绕国网产业链，坚持服务主业、服务实体经济的原则，拓展具有市场增值潜力的金融业务，建设具有独特优势的金融业务板块，实现内部资源的共享优势和金融牌照的协同优势，提高企业的核心竞争力。

（1）强化管理创新，梳理流程、完善制度，使管理工作更加精细化、精益化、定量化，促进资源优化配置。合规风控、营销、研发三大体系初步构建，有力保障公司转型发展。

（2）加强人才队伍建设，形成有特色的用人、留人机制，优化干部队伍梯队建设，培养高水平的复合型人才、专业领军人才和行业专家。

（3）划分业务层次，坚持业务创新。紧抓国家电网公司特高压和智能电网建设、清洁能源领域高速发展的机遇，充分发挥信托制度优势和资源配置功能，努力提升金融服务的专业性、多样性和有效性，成为多种金融工具集成商和金融服务提供商，巩固、扩大已有重大创新成果，大力研究行业前沿业务领域，创新产品和服务，积极争取突破。

英大信托一方面为了理清产业链的市场需求，有的放矢地做好金融服务。以电力全产业链为调研对象，从产业价值链出发，围绕产业链的利益机制中的各环节，提升信息整合分析能力，动态掌握产业链的信息链，实时发掘市场机会，实现从被动信息收集向主动信息整合转型；另一方面根据产业链金融需求，有针对性地设计金融服务模式，构建多种产业链配置模式，从而衔接了市场与金融需求，实现全产业链金融联动开发。

（4）坚持市场化方向，以金融服务为载体，以客户收益最大化为原则，走特色化、差异化、精益化发展道路，突出核心业务，打造优势产品，提升主动管理能力，做出、做强品牌，不断提高市场份额和竞争力。

## 二、实施效果

英大信托通过上述管理创新示范项目的实施，积极探索产融结合创新模式，为推进国网全产业链协同创新做出有力支撑，使英大信托服务电网发展能力进一步提升。

（1）提高创新意识，促进国网全产业链的协同创新。英大信托连续七年荣登年度金融机构排行榜，获得北京市“纳税信用 A 级企业”称号，行业地位和社会影响力进一步提升。英大信托充分利用国网集团品牌与资源优势，创造协同价值。通过产融结合创新，英大信托服务电网的能力和水平持续提升，为相关产业链企业提供了精益化、差异化的融资服务，从而促进国网公司各个单位间的协同创新发展。如案例中对供应链企业的应收账款信托服务实现了小资本驱动大资本，不仅有利于解决集团上下游企业资金短缺的问题，而且也有助于促进集团各单位、各环节的协同创新发展。

（2）拓宽融资渠道，提供多元化电网融资方案。英大信托根据国网全产业链运营状况、财务状况、信用状况、金融需求，选定核心企业对主要服务对象，大力开展多元化的产业链金融服务，积极拓展电力上下游，充分发挥内部市场的辐射和带动作用，开发了供应链信托、项目融资、产业并购重组融资等金融创新产品，拓宽融资渠道，实现收入和利润来源的多元化。

（3）降低风险和成本，创造集团协同价值。围绕国网集团产业链，在信息整合、业务整合、产品整合的基础上，优化运营模式，实现作业一体化、服务一体化，打破信托公司内外职能部门局限，对内横向整合不同产品和服务，对外纵向整合金融机构和物流监管商、交易平台、保险公司、担保公司、行业协会、评估公司、拍卖公司等非金融机构的产品和服务，构建多层级的产业链金融合作体系。这样既可以有效地将资金流转过程中的部分体外循环转化为体内循环，改进资源的整合效率，节省交易成本，延长价值链管理时间和空间，提升集团整体收入；还有助于提高集团风险控制能力，提高资金安全，保障集团公司对资金的控制力，从而促进国网协同价值的提升。

（4）拓展产业领域，培育产业集团核心竞争力。英大信托通过大力开拓产业链金融服务，基于“核心资源—核心能力—竞争优势”的思路，不断开发新的产业领域，实现了金融业务多元化和内外市场协同发展。

在深入调研的基础上，英大信托拓展了有发展潜力的外部市场。例如，新能源市场、精益化房地产领域、基础设施建设领域等，例如，对潍坊东兴建设发展有限公司持有的潍坊市财政局应收账款提供应收账款信托服务，加强信政合作，做大、做强品牌，不断提高市场份额和竞争力。在此过程中，英大信托组建相应的产业链专业服务团队，设计相应的金融产品和融资方案，凝聚了高水平的复合型人才、专业化人才，锻造了高端团队。

英大信托通过产融结合的实践，一方面巩固集团自身核心竞争力，在主导产业的市场竞争中取得压倒性优势；另一方面有利于培育和创造新的产业机会，培养高端专业人才和团队，对提升国网集团整体竞争力提供支撑。

# 第七章　中国电力财务有限公司：集团的内部银行

中国电力财务有限公司（以下简称“中电财”）成立于1993年，是经中国银监会批准，由国家电网公司控股、国网英大（集团）公司等参股的一家非银行金融机构，注册资本100亿元，为国家电网公司成员单位及经中国银监会核准的服务对象提供金融服务。中国电力财务有限公司目前拥有东北、西北、华中、华东、华北5家区域分公司、7家省级分公司和13家省级业务部，员工800余人。中国电力财务有限公司经营业务主要包括资金结算、存款、贷款、融资租赁、票据、贴现、债券承销、证券投资以及财务顾问等。

## 第一节　中电财发展现状

2014年，中国电力财务有限公司全年实现利润38.7亿元，同比增长24.72%；经济增加值（EVA）18.08亿元，同比增加2.1%；在国家电网公司2014年企业负责人业绩考核中，继续被评为A级。连续四年荣获“金龙奖”最佳财务公司称号。

作为国电电网的内部金融机构，中国电力财务有限公司在推进企业资金集中管理方面亮点突出，其开发的企业集团资金管理平台顺利完成了企业集团财务集约化等重要任务。中国电力财务有限公司的资金结算体系已经极为成熟，保障了国家电网公司保持较高的资金使用水平。

中国电力财务有限公司的财务集约化平台和资金结算平台在管理国家电网资金方面成绩斐然。它不但将国家电网下属多家子公司的财务与企业集团的账务相连接，实现了企业集团资金的高效集中管理；同时又在集团内部形成了资金清算平台，实现了企业集团账户零余额的高效管理。中国电力财务有限公司的资金结算平台充分发挥了其资金结算的金融功能。

## 一、资金特点

### 1. 统一的金融运作平台

成立初期的国家电网战略并不清晰，资金利用效率不高，所持金融股权较为分散，缺乏统一的战略指导。2005 年，国家电网成立了金融资产管理部，负责整合金融资产。2007 年国网资产管理公司成立，国家电网金融资产管理部与国网资产管理有限公司是两块牌子一套人马，由金融资产管理部统一管理集团控股的金融机构资产。

通过优化重组金融资源，构建母公司层面统一的金融运作平台，以资产划拨方式，将旗下公司所持金融机构股权划转到国家电网总部，再由国家电网无偿划拨给国网资产管理公司，并将国网资产管理公司改组为英大集团公司，国家电网顺利完成了旗下金融资产的整合，与此同时，国家电网的金融发展战略逐渐清晰，管理日渐完善。

### 2. 舍去边缘资产，整合有进有退

由于缺乏核心且优良的金融资产，2009 年国家电网对旗下金融资产展开了强有力的整合。对于所持处于次要股东地位的金融机构股权，大部分选择挂牌转让或在二级市场抛售；对处于主要股东地位的则寻求增持；同时谋求并购一些牌照资源。2008 年 11 月，中国电力财务有限公司将所持永诚财产保险股份有限公司 5% 股权（5000 万股）全部转让给北方联合电力有限责任公司。2011 年 1 月，陕西省电力公司持有的西部证券 30. 7% 股权和国家电网所持的国泰君安 5. 55% 股权分别以 17. 8 亿元、28. 83 亿元转让给了上海城投控股股份有限公司与上海市城市建设投资开发总公司。

### 3. 注重信息化建设

2006 年 4 月 29 日，提出了在全系统实施“SG186 工程”的规划。2008 年 4 月 14 日，国家电网公司金融平台“SG186”工程全面启动。金融平台“SG186”工程的业务应用分为通用类业务和金融类核心业务两大类，一体化

平台包括信息网络、数据交换、数据中心、应用集成、企业门户五项建设任务。2009 年 11 月，金融平台“SG186”工程验收测试的顺利完成，意味着国家电网在金融信息化建设方面又实现了新的跨越。2010 年，国家电网全面完成“SG186”信息化工程，全面建设了集团一体化信息管理平台。

## 二、资金管理模式

作为国家电网的内部金融机构，中国电财在推进企业资金集中管理方面亮点突出，其开发的企业集团资金管理平台不但能够顺利完成企业集团财务集约化等重要任务，而且在加强集约化的过程中也发挥了重要作用。中国电财的资金结算体系已经达到了极为成熟的阶段，保障了国家电网公司的资金使用水平在较高的位置上，为国家电网的资金管理体系建设做出了重要贡献。

## 三、面临问题

通过前面的分析，发现虽然电网企业集团财务公司近几年来发展很快，有了一定的成绩，但还存在一些需要解决的问题，主要有以下三个方面：金融服务功能单一、资金来源有限、信贷风险管理问题等，下面简单介绍这些需要解决的问题。

### 1. 金融服务功能单一，不能满足集团发展的金融需求

电网财务公司作为非银行类金融机构，在资金筹措和运作方面面临着诸多问题和考验。当财务公司的内部成员单位的存贷款需求同时增加或减少时，其金融服务功能就不能很好地发挥。国外财务公司的经营管理中，传统的信贷融资业务只占其业务的一小部分，其业务逐渐综合多元化，金融创新水平不断提高。而电网企业财务公司仍比较偏重于企业融资业务，所使用的金融工具十分有限，主要是开展传统的存贷款业务和比较常见的金融服务。当前，财务公司在日益竞争激烈的市场中与商业银行竞争结算业务是不现实的。要解决资金需求与供给方面的平衡问题，就要求电网财务公司必须将传统的业务范围向金融创新领域发展。

由于经济环境、集团背景与自身水平等的局限，电网企业财务公司目前的业务仍以传统的银行存贷款业务为主，创新业务开展的比重较少。财务顾

问等投资银行业务财务公司开展得更少。如买方信贷、融资租赁、消费信贷等业务，在国外财务公司中已经是比较成熟的业务，规模做得也很大，但在我国电网财务公司业务中，尚处于未开发和摸索阶段。

2. **资金来源有限**

电网企业在当前企业融资方式多样化的形势下有以下五个方面的融资渠道：①国家财政拨款；②企业内部资金；③银行信贷资金；④非银行金融机构筹措资金；⑤通过发行债券筹集资金。但是近年来国家不再大量进行财政补贴和投资，企业的融资成本不断提高、负债率不断升高、可用于电网基础建设的利润来源不断减少等原因，导致电网公司的资金缺口不断增大。

3. **信贷风险管理问题**

中国电力财务有限公司在信贷管理中主要存在以下风险：操作风险隐患，主要体现在国家电网内部制度规范不完善、信贷风险管理系统的建设不完善、关联交易问题突出、信贷风险中的借新还旧隐患。

## 第二节 财务公司开展产业链金融业务分析

当前企业间的竞争越来越激烈，竞争形式也日趋多样，产业链实现高效、灵敏和安全已经成为企业的核心竞争力之一。产业链金融作为一种新型金融解决方案，能够促进产业链竞争效率的提升。财务公司作为隶属于大型企业集团并接受银监会监管的非银行金融机构，在提高企业集团内部资金运营效率、改善企业集团财务治理结构、为企业集团产品销售及新产品开发提供金融服务等方面都发挥了重要作用。目前中国银监会已经批准部分财务公司开展产业链金融服务试点，将服务范围向产业链上游的供应商延伸，开展“·头在外”的票据融资和保理业务等。随着业务范围的扩大，相应的风险也在增加，下面以财务公司为研究主体，通过对产业链金融业务的相关风险进行分类，提出针对性措施，重点分析财务公司如何开展产业链金融业务。

## 一、产业链金融及相关风险

产业链一般包含了核心企业、围绕核心企业的上下游企业、物流和仓储企业及提供金融服务的金融机构等参与主体。核心企业是整条产业链中的技术、资金和信息中心，是产业链的灵魂；金融机构是产业链发展的支持者和“催化剂”。产业链金融是以产业链上的核心企业为依托，为产业链上各环节参与者提供量身定制的金融服务产品和综合解决方案。产业链金融力求将资金和资本以最合理和最高效的方式投入到整条产业链的上下游公司，服务于产业链采购、生产、运输和销售的各个环节。产业链金融不但为产业链中的核心企业提供个性化金融解决方案，更为产业链上下游处于弱势地位的中小企业提供定制的金融产品，从而支持产业链的良性和快速发展，属于一种新型的金融运营模式。

产业链金融按提供金融服务主体的不同通常有以下几种模式：商业银行模式、融资平台模式、财务公司模式等。如果产业链中的核心企业拥有隶属于自身的财务公司，对产业链资源的整合将特别有利。财务公司作为企业集团的“内部银行”，既熟悉企业内部事务，熟悉企业原料采购、产品生产、物流仓储、商品销售的全过程；又兼具金融机构优势，熟悉金融业务和金融市场，熟悉上下游企业的信用状况，能够连接内外资本市场。由核心企业属财务公司提供产业链金融服务，借助于财务公司的资源整合、资金集中、专业顾问和风险管控能力，将核心企业的资源在整条产业链上，实现优化配置和集成放大。

产业链金融风险是商业银行、融资平台、财务公司等机构为产业链中各企业提供金融服务后，因为各种不确定性，导致结果和预期差距较大，造成经济损失，甚至会产生引发系统性风险的可能性。财务公司模式作为产业链金融服务模式中的一种，其金融服务链条应和整条产业链的资源供给相联系，把产业链视为基础，把交易环节视为重心，把风险管理视为保障。与此同时，鉴于业务的扩展会带来风险的扩大，开展产业链金融业务的财务公司通常会遇到以下四种风险：

(1) 产业链金融业务的政策风险。政策风险是指财务公司在实施产业链金融业务时，由于相关行政机构及行业商会更改或修订产业链的经济政策或行业规则，导致损失的可能性。在经济政策和行业规则修改后，相关产业会受到影响，资金的筹措及投资方式也会发生改变，可能导致风险的升高。例如，行政机构借助推行相关政策以实现产业结构调整的目标时，有一些产业会受到利好影响，投资者将增大对此产业的投资，同时另外一些产业便会被严格限制，甚至列入淘汰落后产能的范围，如果财务公司开展的产业链金融业务身处此类被限制的产业中，可能会遭受风险损失。

（2）产业链金融业务的信用风险。信用风险又称违约风险，是指财务公司在实施产业链金融业务时，由于相关企业不能履行按期偿还贷款的义务而导致损失的可能性。发生信用风险往往是因为产业链上的公司经营困难、亏损严重者恶意逃避贷款债务，造成贷款不能归还，进而把风险转嫁至财务公司的情况。

（3）产业链金融业务的操作风险。操作风险是指财务公司在实施产业链金融业务时，因管理不力、流程混乱、责任不清、人为失误等原因而导致损失的可能性。根据《巴塞尔新资本协议》，操作风险有内部欺诈、外部欺诈、员工失误、业务中断、实物损坏等多种表现形式。

（4）产业链金融业务的信息风险。信息风险是指财务公司在实施产业链金融业务时，由于对产业链中某些环节的信息掌握不全面，监控不到位，沟通不及时而导致损失的可能性。由于产业链规模的持续增大，产业链构造的日益复杂，业务过程中出现错误信息的概率也不断上升。信息失真或者传递延误将使产业链上下游公司无法进行良好的沟通交流，各公司对市场供给、消费者需求等问题的分析可能出现分歧，产业链对市场需求反应的灵敏度便会大大下降。

## 二、产业链金融业务的管控方式

产业链金融业务是一项专业性极强的业务，对产品设计、业务操作、风险监管及贷后管理等环节的要求均较高，目前虽然一些财务公司已经开展此项业务，但针对性的风险管理工作还仍然停留在原有常规业务的认识基础上。财务公司针对产业链金融业务的风险管理不仅要满足中国银监会对资本充足率、流动性比例、担保比例等相关指标的监管要求，更要能够覆盖业务风险，把风险控制在可接受的范围内，保障财务公司经营安全和经营收益。

1. 创建产业链金融业务风险管理体系

财务公司创建产业链金融业务风险管理体系是控制风险的重要手段，风险管理体系应规范决策流程、业务流程和监督流程。

优化财务公司前、中、后台相互分离的内部控制体系，实施事前、事中和事后监控。财务公司开展产业链金融业务应事前与产业链各公司及合作银行签署协议，规范条款控制措施和信息沟通方式。事中则通过开展风险管理工作和信贷审查委员会、投资管理委员会等治理机制，对业务的关键控制点进行风险研究、识别、评估和监控，把风险控制在可控的范围内。事后则借助审计、稽核、评估等方式展开独立的检查和分析评价。

财务公司开展产业链金融业务时应注意拓宽信息的获取途径，强化信息平台在内部控制中的运用。广泛收集相关信息，保证信息及时有效传输，让内部控制的实施具有更高的效率，以便收到更好的效果。财务公司开展产业链金融业务时应建立风险预警响应机制，借助于历史交易数据建立风险模型，并通过模型的量化指标对产业链中的各经营主体进行监控，通过数据的异常来发现存在风险的可能性，根据数据波动的范围对风险影响进行判断，并选用各类技术方案来降低风险，防止风险在产业链链条上实现串联，进而产生几何效应。

2. 加强信用风险管理

财务公司在传统的金融服务中，是以产业链上单个公司为服务对象的，基于单个公司的财务数据、担保方式和风险状况，分别进行信用评级、授信管理和风险控制。这种单一的授信模式并没有充分考虑整条产业链的特性，产业链金融业务作为一种新型金融解决方案，应该将一条产业链作为一个整体来审视并开展综合信用授信和评级，信用风险管理对象从对单个独立公司转变为对产业链全链条中的各个公司，所以财务公司的风险评估不能只注重融资主体本身，而应把融资方主体信用评估与具体业务评估融合在一起，突出对交易链条的评估。原有针对传统金融服务的信用评估机制已无法满足产业链金融业务的需要，因此为了对产业链金融业务的信用风险实施有效的监控，必须建立与业务风险相匹配的信用评价机制。

财务公司在实施产业链金融业务时，可以考虑应用信用风险隔离技术来控制风险。信用风险隔离技术是指使用物流、资金流等自偿性技术，目的是构筑防火墙来隔离信用风险。自偿性技术要求财务公司根据企业真实贸易信息和上下游客户资信情况，设计出以销售收入产生的未来现金流作为偿还贷款的来源金融产品，产业链金融业务中有很多围绕在核心企业上下游的中小企业，财务公司通过掌握这些中小企业与核心企业之间真实的贸易信息，设计封闭贷款来确保专款专用，控制物流和资金流的方向。例如，在煤炭贸易中，财务公司、煤矿和贸易商签订三方协议，贸易商缴存一定比例的保证金，财务公司开具收款人为煤矿的财务公司承兑汇票（以下简称“财票”），贸易商连续补足保证金，财务公司向煤矿发出等金额的发煤指令，贸易商将销售款足额打入承兑账户后，财票项下的货物全部归贸易商所有，如果贸易商在财票到期日没有足额提运煤炭，财票将扣除贸易商已经提运金额，剩余部分由煤矿进行回购，这样能够保障货款和货物的安全。

3. **规避操作风险**

产业链金融业务过程设计的优化可以在合同制定、产品设计、物流监控等诸多环节开展。

（1）检查合同是否存在法律缺陷。产业链金融业务运作过程中常常需要签署三方甚至多方协议，因此要重点检查协议文本本身是否存在不合理的条款或陷阱。财务公司使用的很多合同都是固定格式文本合同，如果法律政策进行调整，原有的合同条款就可能与新颁布的法律法规产生冲突，此时应及时修订格式文本合同。

（2）检查金融产品设计是否存在缺陷。财务公司应拟定全面的管理办法及操作流程，借助绘制操作流程图等方式对业务过程实施梳理，并通过模型推算、压力测试等手段实施实质性检查。

（3）加强业务流程中的物流监控。由于产业链金融业务可能涉及相关货物的运输、仓储、抵押等环节，所以在业务运作过程中要加强货物监控和货权控制。财务公司通过上述环节的风险控制，完善整个产业链金融业务运作流程，规避操作风险。

风险转移是指在风险发生之前，将可能发生的风险转移给他人承担，从而避免承担风险损失。风险转移是一种事前控制手段，比风险规避更加积极主动。财务公司在实施产业链金融业务中可以将某些超出自身擅长的领域、风险又较大的业务外包给第三方，并通过合同条款的约束来转移风险。例如在产业链金融业务中发生货物质押时，财务公司有时很难对货物实施有效控制，可以考虑向保险公司投保相关保险来规避可能的损失并获得相应的风险补偿，同时将融资方质押货物的仓储管理工作外包给专业的物流公司。

4. 增加针对信息风险的管理手段

信息流是产业链中资金流、物流、信息流中的重要方面，拥有高效、安全的信息集成平台能够保证信息流的畅通。财务公司在实施产业链金融业务时，一方面可以通过建设信息集成平台，将各业务系统集成，并建设统一的数据库进行数据批量处理，能够对数据实现动态分析并用于信用评估、综合授信和贷后管理。另一方面通过大数据、云计算等信息手段，将财务公司的信息集成平台与物流公司的物流信息系统或者第三方数据公司的信息系统关联，使财务公司能够及时获取产业链中的物流信息、中小企业的历史交易数据等有价值的信息，用于评估相关金融业务的风险。

财务公司可借助与商业银行、金融公司或交易市场创建密切合作关系的方法，实现信息资源共享，确保信息流畅通。例如，可以与商务网站或交易平台合作，财务公司获取产品价格、市场活跃度、交易量等信息，或者财务公司对外提供专业的金融数据服务，向第三方出售有价值的交易信息、信用情况等数据，完成信息的优势互补。

开展产业链金融业务能够帮助企业集团扩大市场占有率、增加销售收入、提高盈利能力，同时也能够给财务公司带来利息收入、顾问收入、保理收入、手续费收入等多项收入，扩大中电财在国网的影响力。但同时，财务公司在开展产业链金融业务时应关注相关风险，根据产业链的业务特点及风险种类，开展相应的风险管理工作，把风险控制在可接受的范围内，保证产业链通畅和高效，实现企业集团利益的最大化。

# 第三节　中电财票据池业务探索

2015 年 12 月 25 日，深圳市泰日升实业有限公司成功用浙商银行的票据池业务开出 91 万元银行承兑汇票，标志着中电财务在浙商银行的票据池业务试点成功，标志着中电财务的银行代开业务增加了银行承兑汇票的新品种。该笔银票是占用票据池业务入池票据额度开出的，占用企业在中电财务的授信额度，从企业向中电财务提出申请，到中电财务审批后在票据池系统释放额度，到企业在浙商深圳分行开出纸质银行承兑汇票，一天内全部完成，企业对开票效率非常满意。

因部分供应商不接受财务公司开出的承兑汇票，为完善财务公司的功能，满足企业需求，能够开出银行承兑汇票用于支付，2015 年中电财务经过广泛了解和对比多家银行的票据池业务，最终选取了浙商银行的票据池业务做试点，为鼓励企业票据入池的积极性，入池票据给予年 0.35% 的入池收入，开票企业支付年 0.7% 的开票费用，一般不需要再交保证金。企业可以用自己入池的票据额度开票，例如，没有入池票据，只要在中电财务有授信额度，也可以占用授信额度开出银行承兑汇票。

票据池业务的开展即能使持有票据的企业增加收益，也能使有需求的企业开出银行承兑汇票，还丰富了财务公司的金融产品。

## 一、财务公司“票据池”管理流程

财务公司“票据池”的运作主要包括三个步骤：①票据流入财务公司“票据池”；②票据在财务公司票据池中的流转；③票据流出财务公司“票据池”。财务公司“票据池”划分为三个子池，分别为票据信息子池、票据行为子池和票据实物子池。其中，票据信息子池主要储存流入票据池的各种票据信息，票据实物子池负责票据实物的管理，票据行为子池主要决定票据流出票据池的各种方式。

财务公司“票据池”管理具体流程如下：

（1）票据流入财务公司“票据池”。企业集团的成员单位在收到票据后，要立即将票据传送到企业集团的财务公司，传送的票据包括商业承兑汇票和银行承兑汇票。财务公司将收到的成员单位的票据放入财务公司“票据池”中。

（2）票据在财务公司“票据池”中的流转。对于流入财务公司“票据池”的企业集团票据，首先要将票据的信息进行登记，将登记的票据信息存放在票据信息子池中。在票据信息登记的过程中也要完成票据真伪的审验。当确定票据的真实性之后，将票据实物存放入票据实物子池中，进行妥善的保管。票据信息子池中的票据信息与票据实物子池中的票据实物共同决定了票据行为子池中的票据行为。

（3）票据流出财务公司“票据池”。票据流出财务公司“票据池”主要是发生了票据行为，包括提示付款、质押贴现、背书转让以及票据的签发等票据行为。

## 二、财务公司“票据池”的实施效果

建立财务公司“票据池”对于企业集团的票据管理具有重大意义，可以对企业集团的经营管理发挥积极的作用。

（1）节约企业集团票据管理成本。企业集团票据的集中管理相对于分散管理，可以在很大程度上减少企业集团的票据管理成本。①相较于每个成员单位单独设置票据管理岗位，企业集团的票据集中管理，总体上减少了整个企业集团票据管理人员的数量，节约了管理的成本。②对于成员单位之间信息化程度的不同，信息化程度较低的成员单位票据管理过程复杂，管理成本高。企业集团集中管理票据，并采用与之相匹配的票据管理信息系统，从而降低企业集团整体的票据管理成本。③采用票据管理信息系统，解决了成员单位票据管理参差不齐的问题，提高了票据管理效率，降低了管理成本。

（2）提高企业集团资金管理效率。通过票据的统一提示付款、票据的签发，企业集团可以更好地掌握所有成员单位票据的运用情况，包括收到的票据以及签发的票据，从而更好地掌握未来资金的收支情况。通过企业集团的票据预算和资金预算更好地调动企业的资金头寸，以免出现资金头寸不足或闲置浪费的情况，提高整个企业集团的资金管理效率。

（3）降低企业集团资金成本。在企业集团票据集中管理的前提下，对于票据的贴现，要求所有成员单位首先向财务公司贴现，当财务公司无法满足其需求时，财务公司向其合作的商业银行提出贴现请求。财务公司作为银行的同业机构，可以获得更低的贴现息，降低企业集团票据融资的成本。

（4）减少企业集团资金流出。票据集中管理可以从三个方面明显减少企业集团资金的流出。①当企业集团的成员单位签发银行承兑汇票时，财务公司需要向开票银行统一缴纳保证金。作为银行同业机构的财务公司通过协商得到的保障金比率通常低于企业集团成员单位直接与商业银行签订的保障金比率，可以减少集团资金的流出。②对于成员单位票据贴现应首先在财务公司进行，减少企业集团对外的财务费用。对外贴现可以获得更低的贴现率，减少资金的流出。③对于票据的背书转让，票据的集中管理相较于票据的分散管理来说更加具有可行性，减少了企业集团资金的流出。

# 第八章　英大期货：规避风险的安全阀

英大期货有限公司是由国网英大国际控股（集团）有限公司、英大国际信托有限责任公司、英大证券有限责任公司等单位出资组建的期货公司，为国家电网公司直属单位。实际控制人为国家电网公司。公司法人治理结构规范，股东背景实力雄厚，是国家电网公司金融控股集团的重要组成部分。

## 第一节　英大期货的套期保值业务

套保是和期货市场紧密联系的功能。期货市场具有分散风险和价格发现的功能。套期保值分为买入套保和卖出套保两类。买入套保是指：在面临订单的情况下，提前在期货市场买入，能够规避原材料价格大规模上涨，对企业经营利润的吞噬，稳定企业生产经营，维护企业生产利润；卖出套保是指：企业如果存在一些库存产品或在产品和产成品，担心价格下跌，对销售利润造成损失，提前在期货市场通过期货工具进行对应品种的卖出套保，锁定企业销售利润，这是套期保值的基本做法。套期保值在国内期货市场应用非常广泛，国际上期货市场从 1848 年诞生以来，它诞生的支出承担着套期保值的功能，很多现代的企业，特别是农产品生产商、化工企业、有色金属企业和金融机构利用套期保值来进行规避价格波动的风险。

英大期货根据股东和行业的要求，提出了 123 个发展战略，即一个中心，两个专家，三个平台：以客户为中心，两个专家即期货能源专家、能源期货专家；三个平台即交易平台、服务平台、理财平台。在客户开发服务方面，我们立足于电力产业链上下游，为相关的电缆企业、有色金属加工、能源化工等产业客户提供优质服务，起到了较好的经济效益和社会效益。某电缆企业投资四五千万元参与套期保值以后，规避了原材料价格波动的风险，生产规模逐年扩大，企业利润获得了稳定的增长。

对于电缆企业来讲，套期保值可以稳定一个企业的生产经营，使其获得一个它自己的行业利润。因为电缆企业主本身都是实业家，最擅长的可能是做实业，那么现代金融的发展使得原材料大幅度波动导致无法不受到原材料的影响，导致无法专心获得产业利润。通过参与期货市场，可以把这个风险转嫁出去，让那些愿意承受原材料风险的人去获得利润，让企业家获得产业利润。在它经济周期波动内，不管怎么变，不管价格上涨还是下跌，都获得自己实业的产业平均利润，有利于他们生产经营的稳定。

在相同资本的情况下，可以获得一个扩大企业经营规模的优势。公司注册资本是防范风险的底线。如果不做套保，那么面对的就是原材料价格的波动风险。做套保，面对的就是现货与期货之差的风险，这样的风险相对于价格波动要低很多，大概是价格的1/3。因此，同等的注册资本，可以扩大三倍的规模，对企业也是可观的。

电缆企业面对的客户很多都是电力公司或者电网公司，电网公司都是通过招标，进行招标采购。在招标采购的过程，如果做了套期保值，一旦价格出现大幅波动，就不容易出现违约，合作关系就会很长久。许多电网企业担心签了订单，而价格波动便不履行合同，对国家经济损失也很大。利用期货进行套保，可以锁定价格，长此以往提高自己的竞争力，能够让企业在生产经营中更具成长期，对于和电网企业长期合作伙伴有很大的帮助。

根据统计，一般电缆企业毛利率大概在12%－13%，做得比较好的电缆企业例如远东、汉缆的毛利率大概在16%－17%，相差4－5个点，本来就很微利的一个行业如相差几个点的话影响就非常大了。

# 第二节 英大期货的投资咨询业务

期货业内通常将期货公司划分为券商系、现货系和传统系三类。就规模而言，虽然现货系不能与券商系期货公司匹敌，但也有着自身的特殊发展优势。英大期货是国家电网公司的直属金融平台机构之一，这家公司的特殊之处在于既有券商背景，又有现货企业背景。目前公司发展处于行业中等偏上水平，截至2014年底，公司的投资咨询业务已实现了1000多万元的收入，2015年在该项业务的服务模式上也有所创新。

自2011年5月期货投资咨询业务开始以来，英大期货公司投资咨询业务取得了不错的收益，在行业排名中靠前。总体来说，投资咨询业务重在产品创新、服务创新，突出期现结合、服务产业。该项业务主要侧重于五个方面的研究：①将咨询业务与产业客户的实际需求相结合；②与上市公司产品定价密切结合；③与股票等金融资产风险管理密切联系；④为机构客户提供参与套期保值的制度流程设计；⑤创新产业客户服务模式。

近年来，大宗商品价格剧烈波动，产业客户面临缺资金、缺人才、缺风险规避局面，这些需求较为迫切，对此，公司创新性地提出了“融资贸易服务产品”，期货公司联合物资贸易企业、商业银行等，一同为生产加工企业提供融资、物资采购、风险管理、产品定价等一揽子综合服务。以上措施有效实现了期货公司、银行、物资贸易商、生产加工企业的合作共赢，拓展了投资咨询业务的服务模式、收费模式等。

此外，在针对某些黄金类上市公司销售定价策略的实际需求时，为其量身定制了期现结合的产品销售、定价策略，通过日常持续策略提供、咨询、服务实现黄金销售价格超越年度均价的销售目标，实现双方共赢。

客户的需求是多样性的，不同类型的客户对于业务方案设计的侧重点也不一样。例如，针对一部分机构或上市公司股票等金融资产的持有风险，要提供基于期现结合的资产托管、风险托管、市值管理等咨询服务，具体包括制度设计、产品开发、策略设计、日常咨询、专题培训等。

在为相关机构提供参与期货套期保值业务的制度流程设计方面，应当侧重于研究设计相关制度文本、业务流程、产品开发、风险评价、人员培养、专题培训等一揽子咨询服务，协助其申请相关业务资格、发行相关产品、提供风险管理服务等。

此外，也要创新产业客户服务模式。传统产业客户开发中要重视开发、缺服务、无产品的现状，结合产业客户的实际需求和监管机构的具体要求，创新性地提出了产业客户服务的产品化，通过提供套期保值与套利交易策略等四大产品，实现产业客户服务的产品化、标准化、流程化，并提供年度的套期保值执行效果专题评价服务，满足国有企业参与期货套期保值业务的综合需求。

英大期货股东为国网英大国际控股集团、英大证券、英大国际信托和山东粮食中心批发市场，持股比例分别为 55. 44%、10. 86%、32. 86% 和 0. 84%，其中，国网英大国际控股集团为其发展提供了优势。公司目前拥有正式员工约 200 人，全国设立了 10 家营业部，分别是大连、青岛、上海、临沂、济南、潍坊、东营、沈阳、重庆和北京。

目前，公司机构客户规模占比较高，客户盈利能力较强。公司坚持以自主开发为主，着重服务电网系统产业链上下游客户，与此同时，在机制、产品、业务与服务的创新上，大胆进行实践探索，努力打造产业客户投融资风险管理供应商、产品客户专家理财服务商、能源行业特色期货服务商。

英大期货将结合股东背景和行业创新发展的需要，适时开展资产管理业务，例如，为相关上市公司提供基于市值管理的资产管理方案；为相关股票、国债等金融资产持有机构提供基于风险管理和收益的服务；为实体企业提供投融资、现货采购、风险管理、战略套保等资产管理服务；为产品客户提供不同收益与风险需求的特色资产管理服务等。创新期货公司资产管理业务运行模式，真正实现为产业客户和产品客户服务的目标。

此外，公司将重点关注产业客户与产品客户，对产品与服务的新需求，并为其提供相应的产品与策略咨询，培育期货公司资产管理业务和风险管理子公司业务的潜在客户群体，争取在取得业务资格的初期实现实质性突破。

# 第九章 英大财险：生产运营的稳定器

保险业由于业务范围的限制，其地位不能与银行业相比，而涉足保险业是许多工商企业选择金融渗透的重要方式之一。一方面，保险可以为工商企业带来巨额的稳定资金；另一方面，在工商企业规模扩大，自办保险可以分散风险，同时还可带来稳定的利润。保险业进入门槛较高，且是一个人才、技术高度密集的行业，风险巨大，未来势必将会有更多国内大型企业集团进军保险业，进一步加速保险业竞争格局的变化。国内企业中，中粮集团最早开始介入保险业，于1993年收购了新西兰保险公司，其后以战略投资者身份参股华泰财产保险公司。英大泰和财产保险股份有限公司则于2008年10月28日获准开业，公司由国家电网公司资产管理有限公司等31家国有大型骨干企业发起成立。

## 第一节 英大财险产融结合的机遇与挑战

### 一、机遇

英大财险公司首先面对的是财险行业的整体机遇。随着大数据和经济全球化时代的不断加深，中国财险行业的发展将有着巨大的发展机遇。中国经济的不断发展带来的是中国各项宏观政策的相应调整，使得居民收入迅速增长，人民生活水平不断提高。生活水平的提高带来的是人民人身和财产安全意识的加强，这为我国国内保险业的发展造就了大量的增长机遇。在中国保险市场的相应完善过程中，英大泰和财险股份有限公司这类产融结合类保险企业作为中国财产保险市场的重要组成部分，经历了火箭式发展，并通过自己在产业实体方面的优势为保险市场创造了大量的额外价值。特别是进入21世纪和工业化、城镇化、信息化和农业现代化的不断发展，随着加入WTO和“十二五”规划的提出，财产保险市场的需求对于居民来说越来越迫切，各类保险公司都会在保险这一朝阳行业中占据自己的一席之地，使财产保险行业的市场结构由寡头垄断型向垄断竞争型转变，这也为产融结合型保险公司迅速打开市场创造了有利条件。中国保险业进入了全面发展、不断深化、改革开放的快速机遇期，这使得保险业务不仅从规模上得到了扩张，而且从广度上得到了全面的加强，同时在服务质量水平的要求上，承担的社会责任越来越高。不管是玉树地震还是亚太经合组织会议、不管是社会保险制度实施还是房地产投资解禁、不管是预防经济危机带来的影响还是各种医患关系纠纷、不管是养老投资建设还是社会主义新农村的建设，这些都体现了保险业尤其是人身和财产保险正不懈追求着科学发展、持续发展、造福社会、服务人民的目标。随着人民币国际化和中国经济实力的提升，保险业将会立足新的高度，我国也会成为崛起的保险大国。中国保险行业协会会长朱进元在清华五道口金融论坛上说，“商业保险将成为市场经济体系的一个重要支柱”。中国保险市场具有广阔的发展前景和源源不断的发展动力，中国经济增长在保险方面的势头依然强劲。2014年，我国保险原保费收入为202亿万元，财产险原保费收入为72亿万元。在“十二五”建设的大潮之下，我国全面深化改革开放，优化产业发展结构，加快转变发展方式成了重中之重，这条道路带给保险业的是重大的机遇发展，同时也带来了许多挑战和风险。未来我国保险业发展方式也会不断改变，会从外延式发展向内涵式发展转型，另外我国保险市场的体系也会不断完善，市场参与者也会多样化，市场服务也会完善化，市场竞争也会有序化，促进东中西部保险市场的协同发展。

英大财险公司还需面对产融结合发展的机遇。在大数据和互联网不断发展的时代，全球联结成了一体，产融结合这一概念有了新的含义。在“地球村”的背景之下，跨国公司、跨国财团层出不穷，产业资本或者金融资本通过兼并收购和重组等方式融合对方，促进新的产业金融体系的形成。产融结合就是这样一种路径，通过外在的金融关系服务内部的产业关系（这主要是由产到融），最终达到金融服务产业、产业促进金融的协同发展的目的。产业集团通过参股、控股金融企业，在优化资本利用率、提高规模经济效益、降低交易成本和风险，拉动整个企业集团核心竞争力方面有着重要意义。另外，在产融结合的必要性方面，产业结构优化升级、创新驱动发展的新常态以及新型工业化、城镇化、信息化和农业现代的不断发展，也要求产融结合的紧密性不断加深。当前我国产业结构急需优化升级，资源配置效率亟待提高，是我国经济发展中的很大问题。因此，需要找到一个产融结合的最佳点，拉动经济结构的转变，促进创新协同。另外，大型国有企业集团的产融结合的发展已经取得了令人瞩目的成就，但是其中的问题也很突出，这需要产融结合的进一步发展和产业结构的优化升级。

## 二、挑战

英大财险公司也需要应对财险行业带来的系统性风险。不得不说，中国保险行业在搭乘经济腾飞和经济全球化这艘快船之后，在过去这些年中取得了迅速发展，而且得到了丰硕的成果。但是在这一成果的背后，整个保险业有着许多风险，任由它们发展，会对金融体系的发展造成巨大的障碍，影响社会和谐。另外，经济过快发展造成的深层矛盾也是不得不提的问题。在这其中最严重的问题是数据虚假，欺骗消费者，保险机构腐败退化，虚假退保等。保险信用机制和失信惩戒机制的不健全使得保险整体的社会形象不断下降，给保险行业的持续发展带来了巨大的威胁。民间甚至一度出现了“一人做保险，全家不要脸”的说法，大大降低了对新兴市场主体的吸引力。为此，中国保险监督管理委员会在 2014 年发布了《中国保险业信用体系建设规划（2015—2020 年）》文件，这一文件说明保险业信用体系建设在实践中与设想中的目标存在一定差距，主要表现在：保险行业信用信息系统建设未达预期，没有良好的信用记录制度、信息共享机制、保险征信系统和信用服务体系，同时守信激励和失信惩戒机制尚不健全。有些机构高杠杆、高风险运作，过度聚集资金资源问题依然严重。根据中国保监会主席助理陈文辉 2015 年 5 月 23 日在清华五道口金融论坛上的讲话，部分保险机构资金冲动性很强，就是发展短期高收益的保险产品，集聚了大量资金之后投资高风险，高杠杆的产品，从而博取高收益。另外，有些保险公司的内部腐败导致的非正常关联也是不容小觑的问题。个别公司的股东利用手中的权力，为自己谋利，这给整个财险市场埋下了重大的风险隐患。可以这么说，英大财险在其发展的方向道路，运营方式和组织结构与其他一般的中小型保险公司和大型老牌保险公司有着很大的不同，不能照搬国外保险公司的发展模式，应该有着自己的发展特色。虽然英大财险公司作为产融型保险公司，一样接受中国保监会的监管，但是其还是应该在保险行业的整体困境中探索出一条属于自己的发展道路。

英大财险公司同样面临来自产融结合方面的挑战。我国产融结合的历史比较短，而且一直都是学习国外的产融结合方式，缺少适合中国国情的完善的法律法规的约束。随着产融结合的紧密性的加深，很容易就越过前文中提到的最优点，造成经济效益的减少。在这种状态下，虽然各种交易成本会相应地减少，但是保险的信用机制就会不断弱化。例如，在中国平安这类由融到产的产融结合型企业的关联产业企业的信用评级下降时，主体保险公司可能通过降低抵押品保费等的方式维持对利益相关人的产品吸引力。其次是大型企业集团的多头监管状况。一个大型的产融结合型企业有很多下属子公司，可能分属银行、证券、保险等行业，那么整个企业集团可能受到国资委、银监会、证监会、保监会等多头监管，管理风险无疑增大。然后是产融结合过程中的金融方面的支持条件。产融结合对金融行业的要求有很多，例如，先对完善的金融市场、优质的投资者和发达的金融机构等。但是，我国目前的状况就是金融发展的历史短带来的金融市场的不完善和市场机制的不甚合理，这就表示我国产融结合的发展方式不能完全依靠市场，也需要政府的作用，所以，我国照搬其他国家的产融结合模式是行不通的。产融结合最大的风险是内部关联交易所带来的风险。对于监管部门或是产融结合部门的管理者来说，这种风险一直都存在。

## 三、优势

英大泰和财产保险股份有限公司依托强大的国家电网集团，得到了重大发展。2015 年 4 月 3 日的《21 世纪经济报道》节选发布了 2014 年度《亚洲保险竞争力排名研究报告》（以下简称“报告”）。报告显示，在亚洲 353 家财险公司中，英大财险竞争力排名第 39 位；在中国内地，英大财险竞争力排名第 9 位，成为中国财险公司十强企业之一。国家电网集团在 2005 年就成立了国家电网财产保险公司筹备组，之后不断发展，终于组建了英大泰和财产保险股份有限公司，组建之后，英大财险公司依靠自己的品牌战略、经营战略、业务发展战略和人力资源战略，逐步做大做强，有了自己的优势和特色。图 9 – 1 是英大财险总资产、营业收入和净利润图。英大财险公司总资产和营业收入柱形（如图 9 – 1 所示）。

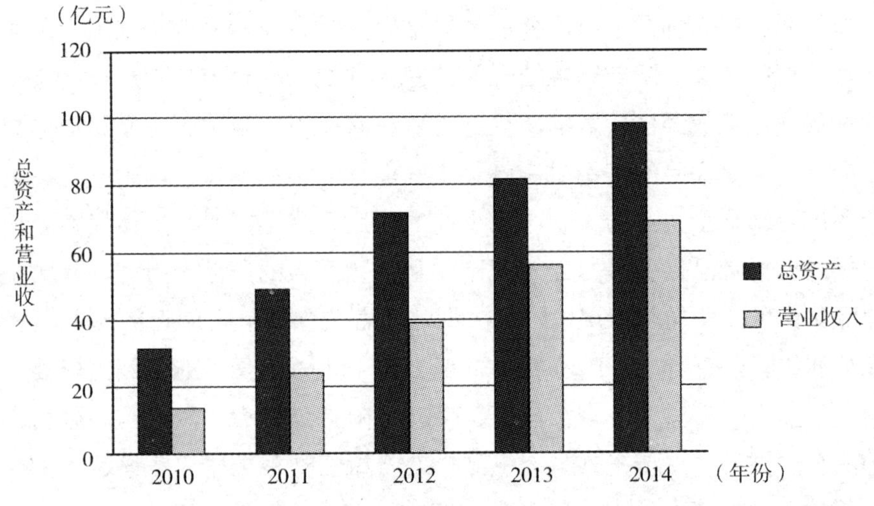


**图 9 – 1　英大财险公司总资产和营业收入柱形图**

首先，国家电网集团作为国家重要的电力企业，在中国乃至全世界有着举足轻重的作用，牢牢占据世界 500 强企业第 7 位。国家电网集团的能源产业的发展，正为我国能源产业国际化布局产生重大影响。在这个过程中，英大财险作为英大国际集团的一个重要组成部分，既为母公司的发展提供了巨大的战略帮助，也在国家电网集团国际化战略的指导下，渐渐走向国际化，在国家政策的许可下，得到更多来自国家层面的帮助。

其次，背靠国家电网集团的英大财险在资本上是不可或缺的。国家电网集团主营业务是输电、供电（经批准的供电区域）、对外派遣实施所承包境外工程所需的劳务人员等，当然还做实业投资等一系列副业。这种强大的企业集团给英大保险的资金链提高了强大的保障。随着英大财险公司的不断发展，国家电网英大国际集团的投资力度会不断加大。

再次，国家电网集团的商誉优势是英大财险一项很大的优势，对于一个这样的大型企业集团，很多投资者对其非常信任。在相同条件、相同收益水平下，投资者可能更加倾向于国家电网集团下属子公司英大财险的财产保险业务。财产保险的保费是财险公司的重要来源，在国网集团信用作担保的情况下，投资者可能更愿意支持英大财险公司的产品。另外，国网集团品牌效应带来的人脉资源也是一个重要的方面。电力行业这一行业的特殊性使得其产品在采购、生产、运输、销售等各个环节的人脉资源异常丰富。因此，英大财险公司可以利用这些人脉资源为自己谋利，同时使得整个国家电网集团的收益发生增值。

最后，英大财险具有信息化、专业化方面的优势。英大财险公司的品牌战略是“电力行业的保险专家，保险行业的电力专家”，所以英大财险公司的发展具有很强的行业特点，它的主要定位是电网业务为基础的财险公司。国家电网集团在中国甚至世界电力行业都是佼佼者，其拥有各种矿产资源进行发展供电，是中国的主要供电企业。在依托这样强大的资源优势的基础上，英大财险能够为能源资源安全提供相应的支持。从长远来看，能源行业的发展机遇带来的是英大财险主要业务的发展优势，英大财险在保险行业的发展将会有更重要的地位。

## 四、不足

英大财险公司的主要问题是经营能力有限，服务行业有限。英大财险公司主要服务的行业是电力行业，而主要服务的公司是国家电网集团和内蒙古电力集团。根据 2014 年年报，其 40.05% 的保费收入来自国网集团系统内关联交易，0.30% 保费收入来自内蒙古电力集团。所以其主要面向的顾客是电力行业企业的利益相关人，包括供应商、生产商、销售商，另外还有各个发电企业的电工、职员、工人等，其服务的能力受到了很大的限制。

经营规模的受限也是一个严重的问题。2014 年英大财险公司按原保费收入在中国保监会的数据统计中排名第 30 位，原保费收入为 651 万元。与人民财险、平安财险等这类成熟、稳定的财产保险公司而言，英大财险在业务范围、资产规模等方面落后太多。试想一下，注册资本仅仅只有 21 亿元，如何吃下大型的保单。在大型的客户面前，英大财险公司也只能跟着平安财险、人民财险、太平洋财险后面接受部分保单而已。由于公司规模的限制，英大财险公司的服务水平和竞争能力受到限制。

财险行业的产融结合型人才的匮乏也是一个不可忽视的问题。对于保险行业整个行业而言，能够非常熟悉产融结合运作模式的人才确实很稀缺。中国保险和产融结合不像西方发展的那么优良，因此，在产融结合型财险公司的实践方面英大财险虽然做得还不错，也引入了很多风险管理、保险精算方面的人才，但始终做得不如大型的财险公司好，更别提国外的财险公司了。高度专业化的人力资源的缺乏是英大财险公司产融结合实践中一个重要的问题。英大财险公司初始的大部分人才来自于国家电网集团，那么这些人才对财险业务开展的适应性不是想象中的那么专业。这种专业素养的不足情况在之后的公司发展中也存在很大的问题。

英大财险的信息技术和现代财险企业还有一定的差距。随着大数据和互联网金融的不断发展，英大财险公司急需的是信息化建设。利用互联网平台，英大财险才能进行产品创新；利用信息化的发展，它才能加速管理效率的提高和企业环境的改善；利用信息披露机制，它才能减少腐败浪费、增加企业信用和公告公信力。在现有的集中管控模式下，英大财险公司的信息平台建设还很不完善，守信奖励机制和失信纠察机制也有所偏颇。英大财险和国网集团的产业实体之间的信息沟通并不密切。故英大财险公司应该建立一个包括各种相关业务、管理有效的管理信息系统，以期达到企业和客户群体之间的信息沟通的方便。与此同时，信息沟通也能有效降低来自英大财险的道德风险。

与英大国际集团其他金融机构的协同还有很长的一段路要走。在协同效应的实现上，英大财险公司与英大寿险公司之间存在相互竞争，英大财险公司对国网集团的服务力度不甚强大。这主要是因为英大财险公司和其他机构的协同机制未能建立，英大财险公司的电力行业的协同优势未能完全发挥。

基于产融结合视角的英大财险公司 SWOT 分析（见表 9－1 所示）。

**表 9－1　基于产融结合视角的英大财险公司 SWOT 分析**

|  | S（优势） | W（劣势） |
|---|---|---|
| 内部因素 | 国网集团实力雄厚，产业链完善；<br>英大财险依托国网集团平台，具备行业特色，客户资源优势明显；<br>商业信誉良好 | 英大财险经营与服务范围有限；<br>业务规模偏小；<br>管控模式与信息化管理水平有待改进 |
|  | O（机遇） | T（威胁） |
| 外部因素 | 国内财产保险市场结构的优化；<br>大数据与互联网技术的推广，将推动整个保险行业的发展；<br>新常态下的工业化与城镇化，将客观上促进产融结合模式的发展 | 财产保险行业的系统性风险；<br>内部关联交易的风险；<br>国内金融体制尚不健全，中国化产融结合的实现路径仍在探索之中 |

## 第二节　英大财险产融结合的理论依据

本节对英大财险公司的产融结合实践进行价值链、制度变迁和交易费用理论的角度分析，以期达到协同效应。

### 一、从价值链角度分析

在改革开放和社会主义现代化的浪潮中，各种外资财产保险公司进入中国，中国的中小型财险公司也不断发展，财产保险公司的行业竞争也在这个大背景之下愈演愈烈。为了得到自己的优势，作为产融结合型财险公司的英大财险公司也以服务国网集团和电力行业为基础，不断进行产品优化和创新，对自己的价值链构成进行发展，从而获得自己的竞争优势，提高自身的核心竞争力。根据波特的价值链理论，财险公司的价值链可以做如下改动。在整个价值链的过程中，依旧分为辅助活动和基本活动。辅助活动包括信息管理系统（财务管理）等企业基础方面的管理，也包括人力资源管理、保险精算和投资活动，这些辅助活动是整个价值链中不可或缺的活动。另外，更重要的是基础活动，包括产品研发、销售、保险理赔、再保选择和服务等方面的价值链环节。这些环节在财险公司获得最终增值价值具有首要作用。

一方面，从辅助活动进行分析。首先，英大财险需要建立一个集中管理的信息化管理平台，既管理公司财务，又能在公司发展的内部管理和信息披露中发挥重要作用。英大财险现在也在建设信息化平台，这不仅可以为企业财险产品的开发等基本活动的各个环节提供资金和技术支持，也能为公司战略的制定和公信力建设提供前提条件。其次，是人才的获取。人力资源在公司发展中起到各项活动的操作者和实现者的作用。目前，英大财险公司的产融结合方面的专业人才的缺乏是一个较大的问题。因此，必须培养优秀的产融结合方面的专业化培养，不仅可以从专业财险人士转型，也可以培养高校人才。再次，是保险精算的发展。财险产品的各种特性，市场需求程度和满意度都要经过市场调研后进行精密的计算。在这时，财险产品保费计算也需要其提供精算支持。英大财险公司的发展因为关联交易等内部消化的作用，可能对保险精算不像其他活动一样重视，这可能对英大财险公司之后业务扩大、后期发展产生很大的负面效果。最后，重要的方面是投资活动。投资活动在大多数金融行业的企业眼中都是主要的利润获得来源。但是，财产保险作为保险行业的重要组成部分，其主要的作用是对其他金融活动可能产生的风险进行规避，因此不能说投资活动是保险活动的主要经济来源，只能作为基本活动的辅助者。英大财险公司在发展投资活动也占据了一定的地位，2014 年投资活动收益为 456 亿元，占营业收入的 4.6474%。这说明英大财险公司控制投资活动算是比较不错的。保险资金的运用必须是低风险的货币市场或债券市场产品。在这一点上，英大财险做得很好（见图 9－2 所示）。

另一方面，从基本活动进行分析。在产品开发和销售方面。财险产品开发是价值链过程的起始，而财险产品的销售是价值链过程中的关键。财险产品的开发必须在市场调研的基础上服务客户。英大集团依以发展电网业务为基础，按照服务优质的战略思路，发展了一系列产品，最重要的是信用保险类，然后是包括货运险类、特殊风险类、责任险类、综合保险类、家庭财产保险类等的其他各种财险产品。这些财险产品是根据新时代不断变化的市场需求而发展的，具有很高的价值。在保险销售方面，产品销售得越多带来的利润越多，公司价值也会越大，销售是价值链实现过程的重要环节。第一，英大财险公司在销售时有着巨大的优势，它能依托国网集团丰富的人脉资源进行销售，也能在供应链上下游企业的各个环节中得到销售机会。第二，保险理赔。在销售环节完成的时候，核保和理赔事项就成为一个重要的环节。核保和理赔也是之后再保选择和客户服务的前置条件。目前，英大财险公司的核保和理赔主要针对机动车辆保险理赔和非机动车辆保险，其在这一环节的投入有所欠缺，应该对其他险种的各项理赔方案做出公示。第三，再保选择。再保是对保险公司的风险分散的一种重要手段。保险公司在金融市场上吸收了大量的风险，可以通过再保的方式更好地分散风险。英大财险主要吸收的是国网集团产业实体的各个环节和其他金融结构的风险，它需要把风险转移到其他的保险机构，再保就是最佳的方案。第四，整个基本过程中的服务。服务质量的高低事实上就是这个企业信誉和产品质量的检测结果，这一环节所对应的是客户对于产品的满意度。英大财险公司服务集中于体系内，但是也不能忽略对于产业实体的服务，否则会严重影响产业企业的服务体验，导致产业企业的各项正常的工作难以精准正确地完成，会给整个企业集团的品牌和商誉造成不可估量的损失。从实际上讲，英大财险公司的服务水平比不上成熟的财险公司的服务质量，所以更应该投入更多资本进入这一环节，让服务更加优质。

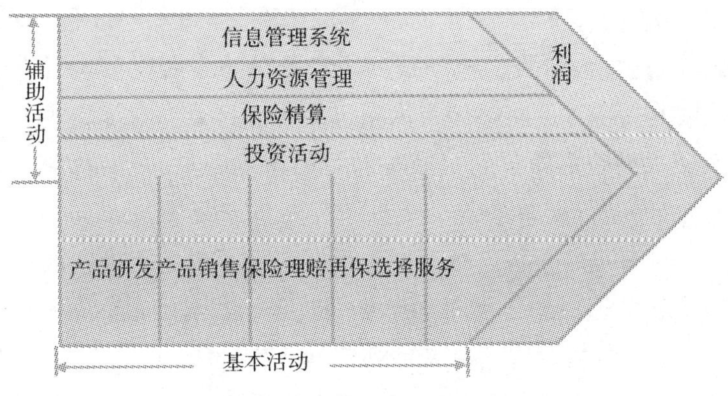


**图9－2　英大财险公司价值链构成**

## 二、从制度变迁论角度分析

根据诺斯的制度变迁理论，制度变迁主要是由新制度产生的效用大于先前制度的效用。这个过程会引发报酬的递增，同样会使得制度的自我优化，接着会使公司甚至于整个经济大环境转型。英大财险公司作为一个产融结合型财险公司，受到的依然是中国保监会的监管，也受到其政策和法规的限制。英大财险公司应该抓住国家经济发展的机遇期，在国家政策进行调整时进行相应地业务和服务方式的转变，提升自己在财险行业的地位。如保监会近日发布的《保险公司资本保证金管理办法》，在这一新兴制度的调整之下，英大财险公司相应要做的就是在不改变大的战略目标的基础上调动公司内部的积极性，提高资本保证金的利用效率。随着改革开放和经济全球化的趋势不断加深，这为财险的海内外发展提供了机遇。英大财险应该把握住新旧制度在变迁中的效用，完善自己在产融结合方面的实力。英大财险也需考虑制度变迁的自我强化机制，只有了解规律，才能够把规律为之所用。

## 三、从交易费用理论分析

英大财险公司对于国家电网集团的作用就是一块海绵，它是国网集团的风险承担者，是补偿经济损失，提供资金融通的金融机构，实现增加收益和降低风险的双重功能。国网集团在 2013 年完成利润 159.9 亿元，同比增加 35.4%，完成发电量 5332.5 亿千瓦/时，同比增长 8.9%，高于全国平均水平 1.4 个百分点。这样大量资金流动需要风险的分担，所以英大财险公司在保监会各项政策的支持下，能够代为承担风险，而且能够对损失进行补偿。例如，2014 年英大财险集团收到国家电网集团系统内单位保费 2997 亿元，对其赔偿支出为 851 亿元，单就这两项计算利润为 2146 亿元。如果国网集团选择投保其他公司的同类产品，对于整个系统而言，费用无疑增加了上述保费数额，得到补偿为上述支出，那么相对于投资英大财险而言，损失了为 2146 亿元。当然，上述分析过程没有考虑到其他支出和管理费用，但这基本上代表了一年内的市场的交易成本。自从国网集团建立了英大财险公司以来，既能减少交易成本，又能获得效益。国网集团通过产融结合在财险行业的实践，既可以节约一定的交易成本，又可以实现财险公司吸收风险的作用，对国网集团的内部风险进行控制，避免出现较大的经济损失，从而实现了增加收益和降低风险的双重目的。如果英大财险公司能随着时代的发展，进一步开发各种财险产品，就能进一步降低国网集团在生产经营过程中的各种风险，提供资金融通，把闲置的金融资本进一步投入到再生产过程中。

### 四、从协同效应角度分析

国家电网集团在国内外电力行业占据重要的地位，其供应链上下游企业形成了一个庞大的客户网群。英大财险公司可以利用这强大的客户网络，为这些客户提供各种保险的同时，产生经济效益。国网集团英大财险公司可以借鉴 GE 集团的交叉销售模式，针对同一个客户资源，为其提供多样化的金融产品和产业产品，实现在这个客户资源上的收益最大化。因为培养一个忠实的新客户的成本，远远高于抓住一个老客户的成本，产融结合也是降低成本的一种有效手段。国网集团既可以以这种客户资源共享的方式培养忠实的客户，又可以利用企业集团强大的商誉优势拉动新客户。因此，英大财险与国网集团产业实体的结合，实质是利用英大财险降低风险和增加收益的特性，推动国网集团不断向前发展。

## 第三节　英大财险产融结合的措施建议

本节将基于产融结合的视角对国网集团英大泰和财险公司提出协同战略，使国网集团尤其是英大财险公司在新的市场条件、战略环境中找准自己的方向和定位，实现战略转型，促进整个国网集团的协同创新发展，下面土要从英大财险公司和政府监管两个层面进行分析。

### 一、英大财险公司层面

（1）金融监管部门是风险的监控者，英大财险公司应该与监管部门进行良好的交流，既能保障自己的各项运作都符合法律的规范，又能完善企业治理方式，在产融结合型财险公司的实践上开辟新的途径。另外，政府在新的市场环境中的作用依旧不可忽视，也是推动市场发展的重要力量。英大财险公司应该在发展的过程中与政府协调步伐，努力在公司发展的同时提高经济水平。

（2）价值链的分析结果表明，基础设施建设在整个价值增值过程中具有基础的重要作用，而财险行业的基础设施是管理和信息。在基础设施的建设中，英大财险公司应该重视信息化水平对于保险行业的重要作用，努力建设一个高度现代化的管理信息系统；也应该建设优质的企业文化，提高内部管理效率，进行财务管控，促进资源的有效利用。基础设施的建设，最终目的是为了业务水平的提高。英大财险公司的业务在以电网业务为基础的前提下，应该发展多元化业务，尽量增加产险产品种类，争取为国网集团上下游企业提供风险管理和资金融通的主要功能。从宽度上来说，在服务好国网集团这一主体的基础上，逐渐向国际进行扩张，占据国际能源产业链的有利地位。从深度上来说，要转变业务的发展方式，其利润增长方式要从资本驱动粗放式向创新式增长过渡。

（3）应准确认识负面效应，加强风险控制。英大财险公司作为集团风险的集合体，不仅自身业务具有风险，同时承担着国网集团关联交易的风险。因此，英大财险公司应该建立完善的信息披露机制，打造一个健全的信息共享平台，从而提高自身公告的公信力，获得投资者的广泛认可。

英大财险在开业之初即承保了国家电网公司近45%的资产，然而伴随着保费规模的迅猛增长，各种问题和矛盾也接踵而来，急需解决。主要表现在：①以业务管理主要内容的风险管控能力不能完全适应开业初期井喷式、大规模业务的展业承保需要；②以查勘理赔为主要需求的服务能力不能适应短时期内在各省电力公司同时开展业务的需要；③市场业务发展速度不能适应公司发展战略的需要。在找准问题的同时，英大财险树立风险管理意识，将“风险管控能力”作为“六个能力”，即：风险管控能力、市场营销能力、综合服务能力、投资盈利能力、开拓创新能力和文化凝聚能力的重点来抓。

英大财险对电网资产风险具有深刻认识，公司聘请经验丰富的电力专家，广泛搜集历史承保资料，对电网风险进行了反复、深入研究，确保将风险摸透、吃准。依靠过硬的产品创新开发实力，将电网资产进行细分，对输电线路、配电线路、变电设备等各类资产进行分别定价，使之体现各类资产之间风险的差异性，为更好地管控电网资产风险提供了可靠支持。

目前，英大财险已开发完成包括电网专属产品、电网职工意外险、智能电网产品、公用事业产品等在内的保险产品145款主险，部分产品独具特色，填补了国内空白。英大财险还面临再保分出业务困难大，公司经营风险面临挑战的问题。为解决这一问题，英大财险组织公司技术骨干，聘请电力行业资深专家学者，在充分研究分析电网财产风险特性的基础上，按照保险行业的经营原则，编制了《电网财产保险危险单位划分指引》，不仅填补了国内外保险行业在电网业务危险单位划分方面的空白，也为公司的业务发展提供了技术支持（见附录）。

## 二、政府与监管层面

（1）完善相关政策，加速金融改革。从国内外产融结合的实践经验来看，政策的规范作用是不可或缺的，相关政策的不断完善，既是资本市场不断发展，产融结合的协同效应的前提条件。因为产融结合在我国发展的历史并不长，所以产融结合方面的规范和制度并不完整，只是分别对产业和金融进行分别的调控，缺乏统一的调控。因此，我国政策要建立统一约束产融结合的规章制度，打破现有分别支持和约束的局面，也要细化现有规范和事项，使之渐渐符合产融结合的发展变化。通过金融改革，促进保险业的进一步发展。

（2）实现差异监管，协调监管部门。国家政策制定部门和监管部门应该给予新兴的产融结合模式以政策支持，同时通过立法和修改现有法律的方式完善法律规范。国网集团的产业子集团是由国资委带头监管，而英大国际集团是由财政部等监管，因此，在差异化监管的同时，也要保证监管部门的步伐一致。否则，不同监管部门的不同要求会给国网集团带来很大的成本支出，不利于其长期发展。

（3）建立信用平台，鼓励金融机构。政府、产业集团、金融机构三者应该互相合作，形成一个产融结合的信用平台。政府可以通过信用平台，让产业集团和金融机构了解最新的产业政策和金融政策，提高政策公信力和接受程度。产业集团（国网集团）可以依靠这个平台对金融实体提供客户资源和品牌优势。金融机构（英大财险）通过与产业集团和政府、监管部门的合作，给予市场投资者更加有效的信息，提高自己的信用评级。政府建立守信奖励机制和失信惩戒机制，鼓励金融机构的发展，会推动产融结合的进一步发展，促进产融结合型企业的影响力。

目前来看，政府对风电保险进行补贴不太现实，但对于一些风险较高、影响面比较大的险种是否可以考虑实施强制性保险，建议政府部门出台更为详细的鼓励风电企业投保的政策，一方面可运用保险方式进行风险转移，以防止大规模的事故对行业造成损害；另一方面也有助于增强企业的风险意识。另外，希望政府在进行风电行业的标准制定、事故鉴定、数据收集和分析等工作时，让保险行业深入参与进来，这样有助于保险行业进一步加强对风电行业的了解和认识，加快风电保险的良性发展。例如，风电行业发展不错的丹麦，其风电设备认证评审委员会不仅是一个专业的技术机构，还有保险业和政府机构同时参与。另外，建议制定风电行业的纯风险损失率表，为保险公司的保险产品开发、保险费率的科学厘定提供依据。规范市场秩序，防止恶性价格竞争，促进风电保险效益提高，为风电保险的合理定价和良性发展奠定基础。以后还可以进一步建立新能源产品的损失率表和行业费率表。当然，还需要由政府部门带头，再联合保险业、风电行业、行业协会和第三方服务机构，在国内建立一个风电保险信息共享平台，实现保险业与风电行业的信息共享，从不同的角度利用各自的优势进行互补与协作，促进风电保险业的不断成熟与发展。

# 附录　电网供电用户损害或有责任保险条款

## 总则

**第一条**　本保险合同由保险条款、投保单、保险单、保险凭证以及批单组成。凡涉及本保险合同的约定，均应采用书面形式。

**第二条**　凡依法取得《供电营业许可证》正式投入运行的具有法人资格的供电企业，均可作为被保险人。

## 保险责任

**第三条**　在本保险有效期限内，在保险单载明的供电区域内，由于被保险人在电力供应过程中发生供电意外事故（以下简称“保险事故”），导致电力用户或其他第三者发生人身伤亡或财产损失，尽管在被保险人无过错的情况下，法庭依然判决其承担的损害赔偿金额，保险人按照本保险条款约定予以赔偿。

**第四条**　被保险人的下列费用，保险人也负责赔偿：

（一）事先经保险人书面同意的律师费用；

（二）法庭判决被保险人必须承担的法庭费用；

（三）发生保险事故后，经保险人同意的，被保险人为减少保险人的赔偿所支付的费用。

上述第三条和第四条项下每次事故合计赔偿金额不得超过本保险单明细表中列明的每次事故责任限额。

## 责任免除

**第五条** 下列原因造成的损失、费用和责任，保险人不负责赔偿：

（一）被保险人及其代表的故意及过失行为；

（二）战争、敌对行为、军事行为、武装冲突、罢工、骚乱、暴动；

（三）政府有关当局的没收、征用；

（四）核反应、核辐射和放射性污染；

（五）由于火灾、爆炸引起的保险事故；

（六）地震、雷击、暴雨、洪水、台风等自然灾害；

（七）被保险人有计划的安排停电、限电、调整负荷；

（八）被保险人管辖以外的电网故障。

**第六条** 被保险人的下列损失，保险人不负责赔偿：

（一）因保险事故造成产品、储藏物品的损坏和报废；

（二）由于第三方故意破坏、盗窃而给造成保险事故的第三方本身带来的损失；

（三）因保险事故造成第三者停工、停产等一切间接损失；

（四）被保险人或其代表、雇佣人员的人身伤亡；

（五）被保险人或其代表、雇佣人员所有的或由其保管、控制的财产损失；

（六）罚款、罚金或惩罚性赔款。

**第七条** 其他不属于本保险责任范围内的一切损失、费用和责任，保险人不负责赔偿。

## 保险期间

**第八条** 除另有约定外，保险期间为一年，以保险单载明的起讫时间为准。

## 责任限额与免赔额（率）

**第九条**　责任限额包括每次事故责任限额、累计责任限额、人身伤亡每次事故每人责任限额，由投保人与保险人协商确定，并在保险合同中载明。其中，每次事故责任限额由财产损失责任限额和人身伤亡责任限额组成，并在保险合同中载明。

**第十条**　每次事故免赔额（率）由投保人与保险人在签订保险合同时协商确定，并在保险合同中载明。

## 保险人义务

**第十一条**　订立本保险合同时，采用保险人提供的格式条款的，保险人向投保人提供的投保单应当附格式条款，保险人应当向投保人说明本保险合同的内容。对本保险合同中免除保险人责任的条款，保险人在订立合同时应当在投保单、保险单或者其他保险凭证上作出足以引起投保人注意的提示，并对该条款的内容以书面或者口头形式向投保人作出明确说明；未作出提示或者明确说明的，该条款不产生效力。

**第十二条**　本保险合同成立后，保险人应当及时向投保人签发保险单或其他保险凭证。

**第十三条**　保险人依据第十六条所取得的合同解除权，自保险人知道有解除事由之日起，超过三十日不行使而消灭。自保险合同成立之日起超过两年的，保险人不得解除合同；发生保险事故的，保险人承担赔偿责任。

保险人在合同订立时已经知道投保人未如实告知的情况的，保险人不得解除合同；发生保险事故的，保险人应当承担赔偿责任。

**第十四条**　保险人按照第二十条的约定，认为被保险人提供的有关索赔的证明和资料不完整的，应当及时一次性通知投保人、被保险人补充提供。

## 投保人、被保险人义务

**第十五条** 订立本保险合同，保险人就保险标的或者被保险人的有关情况提出询问的，投保人应当如实告知。

投保人故意或者因重大过失未履行前款规定的如实告知义务，足以影响保险人决定是否同意承保或者提高保险费率的，保险人有权解除保险合同。

投保人故意不履行如实告知义务的，保险人对于合同解除前发生的保险事故，不承担赔偿保险金的责任，并不退还保险费。

投保人因重大过失未履行如实告知义务，对保险事故的发生有严重影响的，保险人对于合同解除前发生的保险事故，不承担赔偿保险金的责任，但应当退还保险费。

**第十六条** 除另有约定外，投保人应当在保险合同成立时交付保险费。

投保人未按约定及时足额交付保险费的，保险人有权解除本保险合同，保险合同自保险人解除本保险合同的书面通知送达投保人时解除，保险人有权向投保人收取自保险责任开始之日起至本保险合同解除之日止期间的保险费。保险人对于合同解除前发生的保险事故，按照保险事故发生时投保人已交保险费与本保险合同约定应交保险费的比例承担赔偿保险金的责任。

**第十七条** 无论任何情况下，被保险人都不能向第三者披露已购买本保险的事实，除非法庭提出要求。

**第十八条** 被保险人应严格遵守国家法律、法规，接受有关部门和保险人关于安全供电检查和管理，做好防灾防损工作。

保险人可以对被保险人遵守前款约定的情况进行检查，向投保人、被保险人提出消除不安全因素和隐患的书面建议，投保人、被保险人应该认真付诸实施。

投保人、被保险人未按照约定履行上述安全义务的，保险人有权要求增加保险费或者解除合同。

**第十九条** 在保险合同有效期内，保险标的的危险程度显著增加的，被保险人应当按照合同约定及时通知保险人，保险人可以按照合同约定增加保险费或者解除合同。

被保险人未履行前款约定的通知义务的，因保险标的的危险程度显著增加而发生的保险事故，保险人不承担赔偿保险金的责任。

**第二十条**　知道保险事故发生后，被保险人应该：

（一）立即通知保险人，故意或者因重大过失未及时通知，造成损失扩大的，对扩大部分的损失保险人不承担赔偿责任，保险人有权对事故调查、抗辩、理赔实施控制，被保险人有义务向保险人提供其所能提供的资料和协助。

（二）根据保险人的指示，尽力采取必要、合理的措施，按照未曾投保本保险那样处理第三者索赔事件，以防止或减少损失。

（三）保护事故现场，允许并且协助保险人进行事故调查。对于拒绝或者妨碍保险人进行事故调查导致无法确定事故原因或核实损失情况的，保险人对无法核实部分不承担赔偿责任。

（四）发生本保险事故时，未经保险人书面同意，被保险人对受害人及其代理人作出的任何承诺、拒绝、出价、约定、付款或赔偿，保险人不受其约束。

**第二十一条**　被保险人获悉可能发生诉讼时，应立即以书面形式通知保险人；接到法院传票或其他法律文书后，应将其副本及时送交保险人。保险人有权以被保险人的名义处理有关诉讼事宜，被保险人应提供有关文件，并给予必要的协助。

对因未及时提供上述通知或必要协助导致扩大的损失，保险人不承担赔偿责任。

**第二十二条**　被保险人对可能发生的诉讼应积极应诉，如被保险人未能应诉或应诉不作为，导致因应该举证而没有举证，致使法院因此判决承担的赔偿责任，保险人不负责赔偿。

**第二十三条**　被保险人申请赔偿时，应向保险人提供下列证明和资料：

（一）保险单正本；

（二）事故证明书；

（三）损失清单；

（四）法院判决书；

（五）由保险人认可的县级以上（含县级）医疗机构出具的医疗证明；

（六）投保人、被保险人所能提供的与确认保险事故的性质、原因、损失程度等有关的其他证明和资料。

被保险人未履行前款约定的索赔材料提供义务，导致保险人无法核实损失情况的，保险人对无法核实部分不承担赔偿责任。

## 赔偿处理

**第二十四条** 在发生保险事故时，被保险人持有有效的《供电责任保险保险单》是本保险承担赔偿责任的前提。

**第二十五条** 保险人对每次事故的赔偿金额以法院依法裁定的或经双方当事人及保险人协商确定的应由被保险人偿付的金额为准，但不得超过本保险单明细表中列明的每次事故赔偿限额及所含人身伤亡每人赔偿限额。在本保险期间内多次事故的累计赔偿金额，不得超过本保险单明细表中列明的累计赔偿限额。

**第二十六条** 保险人收到被保险人按照法庭判决的赔偿保险金的请求后，应当及时作出核定，并将核定结果通知被保险人；对属于保险责任的，在与被保险人达成赔偿保险金的协议后十日内，扣除免赔额或依据免赔率计算的金额之后，在每次事故责任限额中的分项责任限额内履行赔偿保险金义务。

发生人身伤亡保险事故的，保险人在人身伤亡每次事故每人责任限额内履行赔偿保险金义务。

保险人根据本保险合同第四条的规定，对每次事故中被保险人为缩小或减少损失支付的必要的、合理的费用，事先经保险人书面同意的律师费用，以及法庭判决被保险人必须承担的法庭费用，在每次事故责任限额内予以赔偿。

在保险期间内，保险人的累计赔偿金额不超过保险单明细表列明的累计责任限额。

**第二十七条** 发生保险事故时，如果被保险人的损失在有相同保障的其他保险项下也能够获得赔偿，则本保险人按照本保险合同的赔偿限额与其他保险合同及本保险合同的赔偿限额总和的比例承担赔偿责任。

其他保险人应承担的赔偿金额，本保险人不负责垫付。若被保险人未如实告知导致保险人多支付赔偿金的，保险人有权向被保险人追回多支付的部分。

**第二十八条**　发生保险责任范围内的损失，应由有关责任方负责赔偿的，保险人自向被保险人赔偿保险金之日起，在赔偿金额范围内代位行使被保险人对有关责任方请求赔偿的权利，被保险人应当向保险人提供必要的文件和所知道的有关情况。

被保险人已经从有关责任方取得赔偿的，保险人赔偿保险金时，可以相应扣减被保险人已从有关责任方取得的赔偿金额。

保险事故发生后，在保险人未赔偿保险金之前，被保险人放弃对有关责任方请求赔偿权利的，保险人不承担赔偿责任；保险人向被保险人赔偿保险金后，被保险人未经保险人同意放弃对有关责任方请求赔偿权利的，该行为无效；由于被保险人故意或者因重大过失致使保险人不能行使代位请求赔偿的权利的，保险人可以扣减或者要求返还相应的保险金。

**第二十九条**　被保险人向保险人请求赔偿保险金的诉讼时效期间为两年，自其知道或者应当知道保险事故发生之日起计算。

## 争议处理和法律适用

**第三十条**　因履行本保险合同发生的争议，由当事人协商解决。协商不成的，提交保险单载明的仲裁机构仲裁；保险单未载明仲裁机构且争议发生后未达成仲裁协议的，依法向中华人民共和国人民法院起诉。

**第三十一条**　本保险合同的争议处理适用中华人民共和国法律（不包括港澳台地区法律）。

## 其他事项

**第三十二条**　保险责任开始前，投保人提出解除保险合同时，保险人扣除合同约定的手续费后退还剩余保险费；保险人也可以提前十五天书面通知投保人解除保险合同，但不得向投保人收取手续费并应退还收取的保险费。

保险责任开始后，除本保险合同和保险法另有规定外，投保人可随时书面申请解除保险合同，自通知保险人之日起，保险合同解除，退还保险费按照以下方式计算：保险期间未发生保险事故、保险合同解除的，按短期费率计算剩余保险期间的应退保费，保险期间发生保险事故被保险人已获取保险赔偿的，前述应退保费还应按累计责任限额扣除已付赔款金额后的金额和累计责任限额的比例折算；保险人亦可提前十五天书面通知投保人解除本保险合同，退还保险费按照以下方式计算：未发生保险事故的，按日比例计算剩余保险期间的应退保费，发生保险事故被保险人已获取保险赔偿的，前述应退保费还应按累计责任限额扣除已付赔款金额后的金额和累计责任限额的比例折算。

**释义**

1. 过失行为：指包括，但不限于以下行为：

（一）被保险人工作期间的疏忽和过失行为；

（二）被保险人造成的供电线路断路、短路、搭错线；

（三）被保险人造成的供电线路电压不符合国家规定的质量标准；

（四）被保险人机器设备由于其内部原因造成的机器损坏，造成运行事故而给第三者带来的损失。

2. 尽管在被保险人无过错的情况下，法庭依然判决其承担的损害赔偿金额：被保险人根据相关法律法规以及确凿的事实，认为自己对供电意外事故导致电力用户发生人身伤亡或财产损失不承担责任，并得到保险人的支持以及绝大多数法律界人士的认同，但法庭仅根据其他法律原则或仅出于保护弱势群体的目的而判被保险人承担全部或部分赔偿责任。

3. 被保险人持有有效的《供电责任保险保险单》：指被保险人在本保险合同项下提出索赔之时，必须同时持有由本保险人或其他保险人签发的，保险区域范围与本保险相同的，有效及可索赔的供电责任保险合同。

# 参考文献

[1] 白万纲．超级产融结合［M］．昆明：云南人民出版社，2012．

[2]［美］波特．竞争优势［M］．北京：中国财政经济出版社，1988．

[3]［美］波特．国家竞争优势［M］．北京：华夏出版社，2002．

[4] 薄仙慧，吴联生．国有控股与机构投资者的治理效应：盈余管理视角［J］．经济研究，2009（2）．

[5] 窦尔翔．产融结合新论［M］．北京：商务印书馆，2015．

[6] 法拉格，王子野等．美国托拉斯及其经济、社会和政治意义［J］．国际经济评论，1980（8）．

[7] 傅艳．产融结合简析［J］．中南财经政法大学学报，2004（2）．

[8] 古晓慧．大型国有企业产融结合及其效用分析［J］．商场现代化，2008（5）．

[9] 郭静红．产融结合的商业模式分析［J］．金融发展评论，2014（1）．

[10] 郝继伦．产业资本与金融资本的融合：理论分析与中国发展［J］．财经问题研究，1998（1）．

[11] 何韧．德国银行业关系融资的理论与实践［J］．世界经济研究，2004（10）．

[12] 何影君．金融混业经营的可选模式以及各自的优缺点［J］．法制与社会，2007（1）．

[13] 李翀，曲艺．国际产融结合模式的比较分析［J］．亚太经济，2012（3）．

[14] 李革森．我国产融结合的绩效检验——来自证券市场的证据［J］．开放导报，2004（4）．

［15］李姣．海洋战略性新兴产业金融支持体系研究［D］．中国海洋大学硕士学位论文，2012.

［16］李书华，李红欣．产融结合的风险管理研究［J］．黄河科技大学学报，2008（3）.

［17］李桐．后德隆时代的产融结合［J］．IT 经理世界，2004（1）.

［18］李扬，王国刚．产融结合：发达国家的历史和对我国的启示［J］．财贸经济，1997（9）.

［19］李有吉，金红．国外企业集团产融结合研究［J］．集团经济研究，2005（12）.

［20］梁琳琳，王敏．中石油产融结合模式与国际油价关系分析［J］．商业研究，2010（11）.

［21］林毅夫，孙希芳．经济发展中的最优金融结构理论初探［J］．经济研究，2009（8）.

［22］凌文．大型企业集团的产融结合战略［J］．经济理论与经济管理，2004（2）.

［23］刘翠琴．中国企业集团产融结合研究［D］．中国人民大学硕士学位论文，2005.

［24］刘军．我国产融结合的经济学分析［J］．经济导刊，2007（11）.

［25］朱渝铖．产融结合模式综述［J］．广西大学学报，2008（9）.

［26］卢萍．我国大型企业集团企业成长与产融结合之研究［J］．科技管理研究，2007（11）.

［27］马英俊．产业金融理论与对策研究［D］．上海社会科学院博士学位论文，2007.

［28］［美］诺斯．制度、制度变迁与经济绩效［M］．上海：上海三联书店，1994.

［29］欧阳三山，上官飞．论航空工业产融结合发展模式［J］．江西社会科学，2008（12）.

［30］任红亚，杜宏巍，高翔．协同战略的测度与实施［J］．改革与战略，2005（3）.

［31］尚美玲．产融结合：企业融资渠道的新视角［J］．经济理论研究，

2006（9）.

［32］孙晋，王薇丹．我国产融结合领域反垄断立法规制研究［J］．江西财经大学学报，中国法学会经济法学研究会2005年年会专辑.

［33］王辰华．我国产融结合的经济效应分析［J］．金融理论与实践，2004（8）.

［34］王继权．现代产融结合论［D］．西南财经大学博士学位论文，2004.

［35］王莉，马玲，郭立宏．产业资本与金融资本结合的相关理论综述［J］．经济学动态，2010（11）.

［36］王琳璘．大型企业集团产融结合战略的发展趋势及建议［J］．商业经济，2012（3）.

［37］王少立．发达国家产融结合模式变迁及其启示［J］．商业时代，2008（9）.

［38］王爽．企业步入集团化发展的资本运作——基于产融结合的战略视角［J］．管理与财富，2008（9）.

［39］王松华，胡敬新．我国产融结合的发展现状及实证分析［J］．金融理论与实践，2007（5）.

［40］王巍．企业集团产融结合［J］．中国金融，2012（19）.

［41］王玮．我国金融业混业经营的利弊分析与发展模式建议［J］．金融管理，2007（1）.

［42］王志明．中国钢铁企业集团产融结合研究［D］．东华大学博士学位论文，2014.

［43］万亿．探索国有大型企业走产融结合发展之路［J］．商场现代化，2008（7）.

［44］万亿，傅维，古晓慧．国有大型企业产融结合发展道路的选择［J］．企业管理，2008（9）.

［45］伍华林．企业产业资本与金融资本结合的条件分析［J］．商业时代，2007（11）.

［46］邬敏．投行应促进大型国企产融结合［N］．证券时报，2008（6）.

[47] 吴利军，张英博．我国产融结合现状及未来发展的有关思考［J］．经济社会体制比较，2012（4）．

[48]［美］威斯通．接管、重组与公司治理［M］．大连：东北财经大学出版社，2000．

[49]［奥］希法亭．金融资本论——资本主义最新发展的研究［M］．北京：商务印书馆，1994．

[50] 向君．产业结构调整中的金融模式与政策选择［J］．经济金融观察，2007（1）．

[51]［奥］熊彼得．经济发展理论——资本主义最新发展研究［M］．北京：商务印书馆，2001．

[52] 徐丹丹．产融结合的理论分析［J］．学术交流，2006（5）．

[53] 徐丹丹．国有商业银行产融结合的路径选择［J］．经济理论与经济管理，2006（4）．

[54] 徐焕章，魏娟娟．国际产融结合模式的比较分析［J］．财会研究，2007（1）．

[55] 许天信，沈小波．产融结合的原因、方式及效应［J］．厦门大学学报，2003（5）．

[56] 杨德权，梁艳．金融发展与经济增长：国外研究综述［J］．财经问题研究，2005（3）．

[57] 尹江亭，马晔华，逢诗伟．我国金融混业经营模式选择问题研究［J］．经济纵横，2005（2）．

[58] 应可福，薛恒新．企业集团管理中的协同效应研究［J］．华东经济管理，2004（5）．

[59] 于潇．日本主银行制度演变的路径分析［J］．现代日本经济，2003（6）．

[60] 张春．经济发展不同阶段对金融体系的信息要求和政府对银行的干预：来自韩国的经验教训［J］．经济学季刊，2001（1）．

[61] 张春梅．产融结合：中国企业的快速发展之路［M］．北京：经济日报出版社，2013．

[62] 张晋冬，张志军．对我国产融结合问题的探讨［J］．中国机电工

业，2002（20）.

［63］张立军．产融结合实现的条件分析［J］．金融研究，2002（1）.

［64］张柳梅．基于产融结合视角的企业集团财务公司优势分析［J］．经济论坛，2007（2）.

［65］张庆亮，孙景同．我国产融结合有效性的企业绩效分析［J］．中国工业经济，2007（7）.

［66］张庆亮，杨莲娜．产融型企业集团：德国的实践及其对中国的启示［J］．经济与管理，2005（7）.

［67］张庆亮，杨莲娜．基于产融结合的企业集团发展［J］．改革，2005（1）.

［68］张庆亮，王珍．产融结合：大企业集团发展的必由之路［J］．中国经贸导刊，2005（8）.

［69］郑文平，荀文均．中国产融结合机制研究［J］．经济研究，2000（3）.

［70］祝春山，张雪云．我国产业经济与金融业结合有效性的实证分析［J］．经济论坛，2007（12）.

［71］祝继高．银行与企业交叉持股的理论与依据——基于国际比较的研究［J］．国际金融研究，2012（2）.

［72］赵奎．昆仑银行产融结合探索［M］．北京：石油工业出版社，2015.

［73］赵文广．企业集团产融结合理论与实践［M］．北京：经济管理出版社，2004.

［74］周莉，韩霞．产融结合资本配置效应的理论分析［J］．中央财经大学学报，2010（2）.

［75］邹志勇．企业集团协同能力研究［D］．大连理工大学博士学位论文，2008.

［76］Ansoff H. I.. Corporate Strategy［M］. New York：McGraw－Hill，1965.

［77］Buzzel R. D. and Bradley T.. The PIMS Principle：Linking Strategy to Performance［J］. European Journal of Social Psychology，2002，32（32）：27－34.

[78] Carree M. and Thurik A.. The Effect of Entrepreneurial Activity on National Economic Growth [J]. Small Business Economics, 2002 (24).

[79] Coase R. H.. The nature of the firm [J]. Economica, 1937 (4).

[80] Itami Hiroyuki and Thomas H.. Mobilizing invisible assets [M]. Cambridge: Harvard University Press, 1987.

[81] Li S. X. and Greenwood R.. The Effect of within – industry Diversification on Firm Performance: Synergy Creation, Multi – market Contact and Market Structuration [J]. Strategic Management Journal, 2004, 25 (12): 1131 – 1153.

[82] Markides C. C. and Williamson P. J.. Related diversification, core competences and corporate performance [J]. Strategic Management Journal, 1994 (15).

[83] Maurer N. and Haber S.. Related Lending and Economic Performance: Evidence from Mexico [J]. The Journal of Economic History, 2007, 67 (3): 551 – 581.

[84] Pantzalisa C., Park J. C., Sutton N.. Corruption and Valuation of Multinational Corporations [J]. Journal of Empirical Finance, 2008, 15 (3): 387 – 417.

[85] Soto H. D.. The Mystery of Capital: Why Capitalism Triumphs in the West and Fails Everywhere Else [M]. Ealing: Bantam Press, 2000.